KB274175

조선인은
조선의 시를 쓰라

인물로 읽는 한국사 3
조선인은 조선의 시를 쓰라

저자_ 이이화

1판 1쇄 인쇄_ 2008. 7. 16.
1판 1쇄 발행_ 2008. 7. 21.

발행처_ 김영사
발행인_ 박은주

등록번호_ 제406-2003-036호
등록일자_ 1979. 5. 17.

경기도 파주시 교하읍 문발리 출판단지 515-1 우편번호 413-756
마케팅부 031)955-3100 편집부 031)955-3250 팩시밀리 031)955-3111

값은 뒤표지에 있습니다.
ISBN 978-89-349-3005-1 04900
978-89-349-2814-0 (세트)

독자의견 전화_ 031)955-3200
홈페이지_ http://www.gimmyoung.com
이메일_ bestbook@gimmyoung.com

좋은 독자가 좋은 책을 만듭니다.
김영사는 독자 여러분의 의견에 항상 귀 기울이고 있습니다.

조선인은 조선의 시를 쓰라

이이화 지음

김영사

역사의 주역은 누구인가

역사인물의 발자취를 따라가는 일은 흥미롭고 재미있다. 그들을 통해 한 시대사의 흐름을 알 수 있고, 여러 유형의 인간이 어우러져 사는 모습도 들여다볼 수 있다. 그래서 인물로 읽는 역사책이 사건으로 이어진 역사책보다 더 흥미를 유발하는 것이다.

흔히 인물이 역사를 만들고 시대가 영웅을 낳는다고 한다. 어김없는 사실이다. 하지만 근대 역사학에서는 이러한 생각을 비판적으로 본다. 역사의 주역을 어느 계층으로 보는가에 따라 평가가 달라지기도 하고, 누구를 위한 영웅인가에 따라 바라보는 눈이 달라질 수도 있다는 것이다. 또 시대 상황에 따라 객관적 평가의 잣대가 얼마든지 다를 수 있다.

필자는 한국사를 공부하면서 역사인물에 대한 탐구를 멈추지 않고 그들의 역할과 업적을 여러 모로 따져보았다. 그리하여 역사 속 인물에 대한 평가에 절대적인 기준이 있는 것이 아니라는 점을 곱씹었다. 정말로 진실은 어디에도 없다. 어느 시대에는 아주 막돼먹은 인물로 치부되었더라도 시대적인 안목에 따라 평가 기준이 달라지기도 한다.

우리 역사의 경우에도 예외는 아니다. 왕조시대에는 체제에 순응하여 충신으로 추앙받았던 인물이 오늘날에 와서는 그 이면

이 재조명되고 있는가 하면, 왕조시대에 역적으로 몰려 죽었으나 그런 인물의 저항이나 개혁의지가 오늘날에는 시대정신을 구현했다는 높은 평가를 받기도 한다. 충신으로 추앙받았던 성삼문, 역적으로 몰려 죽은 허균이 이 시대에도 여전히 충신, 역적일 수만은 없다는 뜻이다.

필자는 역사인물을 기술하면서 예전의 어떤 기준을 맹목적으로 따르지 않았다. 필자 나름의 가치판단에 따라 기술한 것이다. 그에 따라 김방경, 정여립, 광해군, 강홍립, 정인홍, 허균, 장혼, 이필제, 전봉준 등 재조명 작업이 필요한 인물과 이름이 별로 알려져 있지 않은 인물들의 이야기를 열심히 써왔다. 물론 그 중에는 긍정적인 인물도 있고, 부정적인 인물도 있다.

그러나 한편으로는 아무리 그 인물의 의식과 행동을 높이 평가하더라도 자료가 부족하거나 제한적이어서 약전略傳조차 제대로 쓰기 어려운 인물도 많았다. 당나라에 맞서 나라를 지킨 을지문덕, 지도 제작에 일생을 바친 김정호가 그러하며, 신분사회 속에서 그 한계를 극복하고 의학, 과학, 예술 등 한 분야에서 뛰어난 업적을 남긴 허다한 인물들의 사례가 그러하다.

이렇게 모은 약전 형식의 역사인물 전기가 어느덧 한국사 전시대를 통틀어 260여 명을 헤아리게 되었다. 이 글들을 다시 수정하기도 하고 보충하기도 하여 집대성해보니 원고지 1만 매가 넘는 방대한 분량이 되었다. 원고를 주제별로 분류해보니 제왕, 위정자, 변혁을 꿈꾼 혁명가, 의학·과학자, 문학가, 예술가, 종교가, 사상가, 실학자, 개화기 지식인, 동학농민전쟁 지도자, 국내외 독립운동가, 한국사의 명장면을 연출한 라이벌과 동반자, 광복 이후 해방공간의 정치가와 현대사의 주역들 등 자연스럽게 '인물로 읽는 한국역사'가 되었다. 필자가 이미 펴낸『한국사이야기』와 더불어 짝을 이룬 셈이다.

이 시리즈의 세 번째 권으로 펴내는『조선인은 조선의 시를 쓰라』에는 자유분방하면서도 시대의 고뇌를 안고 살았던 시인, 소설가와 예술가들의 이야기를 담았다. 이들의 삶은 범상한 일상사와 달리 치열했다. 문장으로 겨레문학사의 한 페이지를 장식한 명문장가에서부터, 여성으로서 시대의 굴레를 깨고 사랑과 삶의 애환을 노래한 여성문인, 세상 속으로 들어가 민중과 어울려 한바탕 유희판을 벌인 문인 재사, 암울한 일제시기를 보내며 지조를 지키기도 하고 굴절하기도 한 근대 문학가, 천재와 광기로 한 시대를 풍미한 예술의 전도사들이 그들이다.

이들은 시대의 질곡과 굴레 속에서도 주체할 수 없는 예술적 끼로 재능과 열정을 펼쳐 한국사에 다채로운 채색을 더한 인물들이다. 때로는 현실에 저항하고 때로는 민중 속으로 뛰어들었는가 하면, 봉건사회에 순응하며 살기도 했고 불우한 시대 환경에 좌절하기도 했다. 흥미진진한 이야기들이다.

그러나 이들의 삶의 행적은 그동안 거의 알려져 있지 않았다. 장혼, 조수삼, 홍명희, 이원영, 정율성 등등. 필자는 오랜 기간 이들의 삶을 단편적인 자료나 새로운 자료를 통해 추적하고 발굴했다. 또 기왕에 잘 알려진 인물이라도 오늘의 시각에서 새로운 평가를 내리기도 했다.

어떤 인물은 광기로 예술혼을 불살랐고, 어떤 인물은 신념을 지키기 위해 죽음도 두려워하지 않았다. 이 책을 통해 인간의 다양한 성격과 행동을 각 인물들의 열정적인 삶을 통해 접하게 될 것이다.

임진강가의 서실에서

이이화 쓰다

【 차례 】

1부 겨레문학사의 새 길을 열다

2부 굴레를 벗고 문밖을 나서니

3부 세상 속 민중의 벗이 되어

1부

겨레문학사의
새 길을 열다

변계량 / 서거정 / 김시습 / 임제 / 허균 /

허균은 글을 지으면서 뜻을 중시했지, 중국의 고사를 현학적으로 늘어놓지 않았다.
그의 문장에는 현실비판이 강하게 깔려 있어서, 중국의 인물이나 경전을 따져 견해
를 밝히는 따위의 일반적인 풍조를 배격했다. 시를 지을 때에도 부질없는 미사여구
나 재주를 부리지 않았다. 뜻을 나타내고 시세를 한탄하고 질박하게 감회를 읊었다.
그의 시는 당대인들에게 표본처럼 널리 퍼졌다.

변계량

정몽주와 정도전을 사사한 명문장가

대중국 외교문서를 직접 쓰다

춘정春亭 변계량卞季良(1369~1430)은 조선왕조 초기의 명신이다. 그는 어릴 때부터 남달리 총명했고 학문 익히기를 게을리하지 않아 유교 경서와 성리학에 많은 연찬을 쌓았다. 이색·정몽주·정도전·권근 등 당대 최고 학자들의 문하에서 두루 공부했으며, 열네 살에 고려조에서 진사에 급제한 이후 주부에까지 올랐다.

조선왕조에 들어와서는 스승 이색·정몽주가 고려조에 충성하여 희생당하거나 은둔한 것을 외면하고, 정도전을 따라 의학교수관醫學敎授官을 시초로 하여 직제학·대제학·예조판서 등 여러 고관을 지냈다.

그는 20여 년을 대제학 직에 있으면서 중국에 보내는 외교문서를 대부분 직접 지어 올려서 명문장가로 이름을 떨쳤고, 유교적 학문에 철저한 명관으로 손꼽혔다. 또한 『태조실록』 편찬과 『고려사』 개수에 참여하여 업적을 쌓았으며, 태종 곁에서 국사 전반에 걸쳐 진언하여 조선왕조 초기 국기國基를 다지는 데 공헌했고, 혁혁한 문화적 업적을 이룩한 세종에게도 많은 도움을 주었다.

'사대'와 '자주'의 양면을 지니다

변계량은 명나라를 받드는 존화의식이 팽배한 사회에서 활동하면서 '사대'와 '자주'라는 양면이 상충하는 모습을 자주 보였다. 우선 기우제 문제에서 그는 자주적인 태도를 취했다. 고려 때에는 기우제를 환구단(圜丘壇, 또는 圓丘壇)에서 지냈다. 환구단이란 천자가 천지를 대상으로 기우제를 지내는 곳이다. 중국에서 제후는 산천을 대상으로 영단靈壇에서 기우제를 지냈다. 곧 제후는

변계량 초상화 변계량은 황희와 함께 조선왕조 건국 초기의 2대 명신이자 명문장가로 손꼽힌다.

천지를 대상으로 기우를 해서는 안 되고, 산천을 대상으로 기우
해야 하는 것이다.

그런데 조선왕조가 건국되자 사대주의 명분론에 젖어 있던 당
시의 유신들은 고려시대 이후 전래되어온 환구단의 제천의식을
폐지하자고 건의하여 마침내 1412년(태종 12)에 실현했다. 천자의
예인 제천을 제후와 다름없는 조선조가 거행해서는 안 된다는
것이다. 이에 변계량은 태종 14~15년 사이 2년 동안 극심한 가
뭄이 닥쳤을 때, 제천이 동방의 고례古禮임을 역설했고, 환구단
을 다시 세울 것을 주장했다. 이를 반대하는 의견에 대해 그가
반박한 논거의 요지는 다음과 같다.

첫째, 하늘에 비를 비는 것은 당연하다. 그러나 천자가 천지에,
제후는 산천에 비는 것이 법제이므로 하늘에 비를 비는 것은 참칭
僭稱인 것이다. 우리나라는 중국의 제후가 아니다. 단군을 시조로
하고, 단군은 하늘에서 내려왔다. 그러기에 천자가 봉한 나라가 아
니다. 또한 단군은 당요唐堯(요 임금이 도당씨陶唐氏인 데서 비롯된 말)와
동시대에 건국했고 제천은 1천여 년을 지켜온 의식이다. 그러기에
제천의 예는 폐할 수 없다.

둘째, 단군조선은 바다 밖에 있어서 중국과 통행하지 않았다. 그
래서 중국과는 군신의 예가 성립되지 않았다. 또한 기자도 조선에
봉함을 받았지만 신이라고 자처하지는 않았다. 그래서 제천을 행
했다. 그 뒤 중국과 통행이 열리면서 군신관계가 성립되었으므로
제천을 해서는 안 되었다. 중국에서도 주공周公(조카인 어린 성왕을 도

움)의 공적을 감안하여 주공의 후손인 노나라가 교천郊天(천신에게 제
사함)했고, 기송杞宋은 조종祖宗에 힘입어 교천을 허락받았다. 우리
나라도 명의 고종에게 제천을 인정받은 적이 있다. 뿐만 아니라 법
은 옛것을 섬김을 급선무로 해야 하는 것이다.

셋째, 노나라가 교천한 것을 두고 공자가 예가 아니라고 했고,
또 소공김소(주공의 동생)이 시켜서 성왕이 노나라에 교천의 예를 준
것을 정자程子는 그른 처사라고 했다. 우리나라에서 이 예를 원용
하는 것은 옳지 않다. 물론 성현의 논의를 안다. 그러나 주공이 죽
고 난 뒤 소공에게서 대경대법大經大法이 나왔다. 교천의 예를 주지
말자는 것이 중의였다면 소공이 행했겠는가?

넷째, 소공이 강왕康王을 도우면서 실수를 저지른 적이 있다. 소공
의 이 처사는 도에 합당하지 않은 것이다. 소공은 3세(무왕·성왕·강
왕을 보필함)의 원로로서 사리에 따라 임한다. 가볍게 논의하지 말라.

변계량은 결론적으로 임금에게 고금을 잘 살펴보고 치도를 밝
혀서 나라의 근본을 삼으라고 촉구하고 옛 법을 따져 제천을 건
의했다.(『태종실록』 16년 6월 신유조)

하지만 그는 제천 문제에서 어줍잖은 이론을 전개하면서 결국
그 논거 자체를 중국의 고사에서 찾고 있다. 우리나라는 단군이
세운 나라로 중국의 제후나 속국이 아니라는 것, 그래서 고래의
제천의식이 옳다는 주장은 타당한 것이다. 하지만 비록 그렇다
하더라도 노나라와 기송의 고사를 인용하여 그 타당성을 찾으려
는 것은 중국을 종주로 받드는 시유時儒들의 가치관과 별반 다름

이 없다. 물론 변계량은 유자였다. 또한 사대교린을 표방하는 조선조의 충실한 신하였다. 더욱이 유교적 '신조'로 살고 있는 그에게 고유·자주적 가치관을 지니라고 요구하는 것은 사실 무리이다.

『고려사』 개수 과정에서 보인 철저한 사대의식

이와는 조금 달리, 그는 『고려사』 개수 과정에서 수많은 시빗거리를 만들었다. 조선왕조에 들어와서 『고려사』는 정도전이 편찬을 시작한 뒤 여러 사람의 손을 거쳐 50여 년 만에 『고려국사高麗國史』라는 이름으로 완성되었다. 정도전은 조선조의 국시가 사대주의를 표방했으므로 사대적 명분을 내세우기 위하여 『고려국사』에서 고려의 주체적 사실史實과 자주적 왕실·외교 등의 용어를 삭제했다.

또 조선왕조 건국의 정당화 또는 논리적 근거를 찾기 위하여 공민왕 이후의 사실에 많은 곡필을 가했고, 사감私感을 동원하여 자신의 정적들을 깎아내리기도 했다. 자주적이고도 남다른 역사의식을 지닌 세종은 이를 보고 "없는 것만 못하다"고 얼굴을 찡그리면서, 당시 학식과 문장에 뛰어난 중신인 변계량과 유관흥柳寬興에게 그것을 수정하는 소임을 맡겼다.

이에 변계량은 정도전이 찬한 것을 토대로 하자고 우겨댔고, 유관흥은 주자강목의 방식에 따르자고 고집을 피웠다. 변계량은 끝내 자기 주장을 관철, 고려 원종 이전의 여러 왕의 묘호廟號를 참칭이라며 깎아버렸다. 또한 『고려실록』에 나타난 '태자太子'를 '세자世子'로, '칙勅'을 '교敎'로, '주奏'를 '계啓'로 하자고 강경하게 주장했다. 고려의 격을 제후의 지위로 낮추려는 것이다.

이에 사관 이선제李先齊 등은 "그런 용어는 당시에 썼던 것이니 사실을 왜곡할 수는 없다. 비록 명분을 바로잡고자 할지라도 고쳐서는 안 된다. 제천의식의 경우와 같다"고 역설하며 변계량에게 반기를 들었다. 그러나 변계량은 해동국의 명분을 들어 굽힐 줄을 몰랐다. 3년 만에 완성된 『수교讎校 고려사』를 받아본 세종은 다음과 같이 일갈했다.

"사실은 사실대로 기록하여 뒷사람의 판단에 맡겨야 한다."

그리고는 변계량을 파면해버렸다. 그리고 다시 윤회尹淮 등에게 재개수를 명했다.

이처럼 『고려사』 개수 과정에서 나타난 변계량의 태도를 보면 그가 철저한 사대적·유교적 명분론에 사로잡혀 있음을 알 수 있다. 제천의식의 의론에서 보인 엷은 자주의식이 여기에서는 전혀 반대로 나타나고 있다. 어쩌면 고려를 의식적으로 깎아내리고서 조선왕조 건국의 정당성에 도움을 주고자 해서인지는 모르지만, 그의 편협한 일면을 볼 수 있음은 사실이다. 어쩌면 스승 정도전이 편찬한 것을 제자의 입장에서 깎아내릴 수 없어서였을지도 모르나, 이 또한 공보다 사를 앞세우는 처사라는 비난을 받을 수밖에 없다.

그는 어릴 적에는 이색·정몽주의 문하에서 수학했고, 나중에

는 정도전·권근에게서 수학했다. 이색·정몽주는 고려왕조에 충
성을 다한 거유였으며, 정도전은 이성계의 오른팔이 되어 조선
왕조를 건국했고, 권근은 조선왕조에서 대제학까지 지냈다. 그
는 이색·정몽주의 정신을 따르지 않고 정도전·권근 같은 현관
顯官의 길을 좇았다.

그의 아버지 변옥란卞玉蘭은 공양왕 아래에서 호부판서·병부
판서·이부판서 등을 지냈다. 그 뒤 조선왕조 건국의 일익을 담
당해 이성계를 추대하는 데 공을 세워 개국원종공신이 되었다.
이런 환경에서 자란 변계량은 곧고 청렴한 선비, 당대를 풍미한
문장가로 이름을 날렸다. 그러나 오늘날의 안목으로 볼 때 그는
교조적 가치관에서 헤어나지 못하고 명분론에 급급했던 면모를
보여준다.

변계량은 황희와 함께 조선왕조 건국 초기의 2대 명신이요,
명문장가로 손꼽힌다. 그러나 황희와는 달리, 그의 경색된 의식
은 후세 사람들에게 그가 혼란한 가치관을 지닌 정치가였음을
알려준다.

서거정
천재적인 글솜씨로 문단을 빛낸 자유인

조선왕조 최초의 양관 대제학이 되다

글을 무척 숭상했던 예전에는 시를 짓고 글을 쓰는 일이 비단 시인이나 문사에게만 맡겨진 것이 아니었다. 벼슬아치나 선비 할 것 없이 하나의 생활의 멋으로 여겼다. 그러니 글 잘하는 사람, 이를테면 한문 문장을 잘 다루는 사람은 어디서나 대접을 받았다.

조정에는 글을 전담하는 예문관(주로 조정의 글을 맡은 곳)과 홍문관(주로 중국에 보내는 외교문서를 맡은 곳)을 두었고, 여기에 드는 사람은 당대의 문장가들이었다. 이곳에는 각각 총책임자로 대제학을 두었다. 대제학은 비록 품계는 영의정 아랫자리였지만 영의정보다 훨씬 영광스러운 자리로 여겨졌다. 이렇게 중요한 자리이고 보니 대제학 직은 엄선을 거듭했고, 또 초기에는 한 사람이 두 곳의 대제학 곧 양관兩館 대제학을 차지하지 못하게 했다. 그런데 조선조 최초로 이 두 곳의 대제학을 한꺼번에 차지하고, 그것도 장장 23년간이나 누린 사람이 있으니 그가 바로 사가정四佳亭 서거정(徐居正, 1420~88)이다.

낙천적이고 기백 넘치는 정치인이자 학자

서거정은 대구에서 태어났다. 그의 아버지는 안주목사를 지냈을 뿐이니 혁혁한 가문이라고 말할 수는 없었다. 그러나 저 유명 학자인 양촌陽村 권근權近이 바로 그의 외할아버지였다. 그러니 그는 '누구의 아들'이라기보다 '누구의 외손자'라는 칭송을 많이 들었다. 그는 같은 시대에 살았던 김시습처럼 대여섯 살 적부터 신동으로 소문이 자자했다.

그는 찬란한 문화의 꽃을 피우던 세종이 임금으로 있던 시절 청년기를 보냈다. 그가 과거에 합격하고 벼슬길에 나오자 세종은 어김없이 그를 발탁해 집현전 박사로 삼았다. 집현전의 제제다사濟濟多士인 성삼문·신숙주·정인지 들 틈에 당당히 끼어든 것이다. 그러나 어린 단종이 들어섰다가 뒤이어 수양대군이 임금 자리를 빼앗을 때에 그는 조용히 지켜보고만 있었다. 그의 나이나 벼슬로 보아 그 소용돌이에 끼어들 만한 처지가 아니었기에 그저 귀추만 보고 있었다고 해야 옳을 것이다.

그는 나이가 들어 호를 사가정이라고도 또는 정정정亭亭亭이라고도 했다. 앞의 것은 1년의 네 계절이 모두 아름다운 정자라는 뜻이요, 뒤의 것은 해가 저녁나절 산마루를 넘어갈 때에도 기운을 잃지 않는 기상을 뜻한다. 그의 인생관도 이들 아호처럼 낙천적이요 기백에 차 있었다. 그러니 벼슬살이도 그의 이런 인생관에 비추어 즐겁고 당당했다.

그는 새 임금인 세조 아래에서 문명을 더욱 떨쳤다. 임금이 그의 글을 보고 "보통 사람이 아니로다"라고 칭찬해 마지않으면서 세자에게 글과 학문을 가르치는 일을 맡겼고, 중국에 사신으로 보내 그곳 문사들과 글재주를 겨루게 했다. 임금이 이런 일에 그를 내세운 뜻은 모두 충족되었다. 중국의 문사들도 그를 보고 "참으로 천하의 기재奇才다"라며 감탄을 했다고 한다.

이렇게 능력을 인정받은 서거정은 대사헌·형조판서 같은 높은 자리를 거쳐 1467년(세조 13)에는 예문관 문형文衡(대제학의 별칭)에 올랐고, 얼마 뒤에는 홍문관 대제학도 겸하게 되었다. 두 곳의 대제학을 한 사람에게 맡긴 것은 조선왕조 최초의 사례였다. 조야가 그를 부러운 눈으로 바라보았다.

그후 그는 6조의 판서를 거의 거쳤고 세종에서 성종까지 6대의 임금 아래에서 한때는 감사가 되어 지방의 행정을 맡기도 했으며, 한때는 한성부의 책임자도 되었다가 찬성贊成의 자리까지 올랐다. 이러한 그를 두고 조야는 이렇게 칭송했다.

"조정에서 임금을 모신 것이 45년, 문형으로 일한 것이 23년이다."

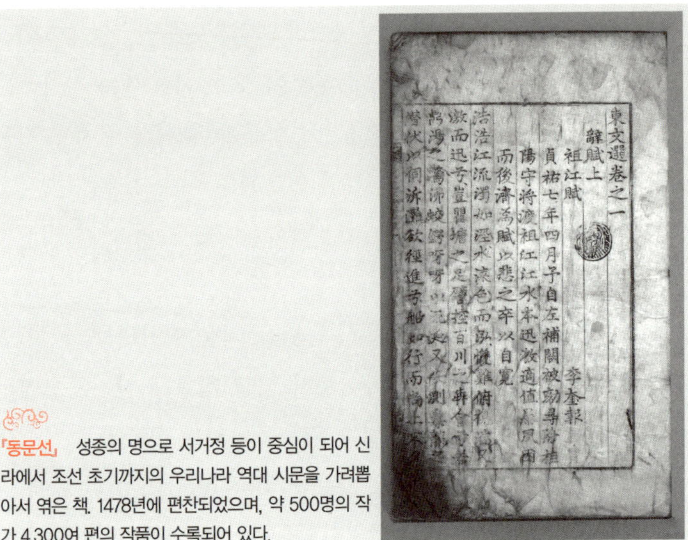

『동문선』 성종의 명으로 서거정 등이 중심이 되어 신라에서 조선 초기까지의 우리나라 역대 시문을 가려뽑아서 엮은 책. 1478년에 편찬되었으며, 약 500명의 작가 4,300여 편의 작품이 수록되어 있다.

서거정은 학문적으로도 많은 업적을 남겼다. 조선시대의 기본 법전으로 통치의 원칙이 된 『경국대전經國大典』의 편찬에 참여했고, 역대 우리나라 역사를 담은 『동국통감東國通鑑』을 찬수했으며, 각 지방의 연혁·풍물을 담은 인문지리서 『여지승람輿地勝覽』을 엮었고, 우리나라 시인의 얘기를 담은 시평론집 『동인시화東人詩話』를 저술했다. 그는 바쁜 벼슬살이 속에서도 부지런히 글을 짓고 학문을 익혀 많은 글들, 곧 『사가집四佳集』·『필원잡기筆苑雜記』 같은 시문집도 남겼다. 이밖에도 풍수설이나 운명을 따지는 학문에도 조예가 깊었다고 전한다.

술꾼에게 베개와 책보가 무슨 차이가 있으랴

그의 집에는 책들이 가득 쌓여 있고, 그의 집 정원 한가운데에는 연꽃이 만발한 연못이 있다고 『성종실록』에 전한다. 그는 책 속에 파묻혀 있다가 연못의 연꽃을 바라보며 마음을 가라앉히고 머리를 식혔다. 이런 면모는 자칫 그가 학문만 아는 건조한 사람이라는 인상을 줄지도 모른다. 그러나 그는 술과 해학, 여유를 즐긴 시인이었다.

그는 이른바 '말술'을 사양하지 않았다고 한다. 많이 마셨을 뿐 아니라 때를 가리지 않고 마셨다. 집에 손님이 오면 언제나 술상을 차리게 하고 잔을 주거니 받거니 하며 담소를 나누었다고 한다. 문사 서거정은 술자리에서는 학문이나 글 따위는 입 밖에 내지도 않고 잡담이나 객담을 늘어놓았다. 술상 앞에서 세상을 논하거나 학문 따위를 지껄이거나, 더욱이 시나 주고받는 일은 싫어했다.

서거정이 이조판서 구치관 밑에서 참판으로 일할 때의 일화다. 어느 날 정방政房에서 벼슬자리를 두고 인사를 전형하는데 서거정은 술에 곯아떨어져 자고 있었다. 같이 술을 먹어도 늘 맨송맨송하기로 이름난 구치관이 그를 깨워 함께 전형에 참여하게 했으나, 그는 술이 덜 깬 채 일어나 부스스한 상태로 눈만 멀뚱거렸다고 한다.

또 어느 날은 책보를 끼고 길을 가다가 한 주막에 들렀다. 그는 선비의 체통도 아랑곳없이 옷고름을 풀어헤치고 마음껏 술을 마

서대고는 책보는 까맣게 잊은 채 주막집 베개를 옆구리에 끼고 주막을 나왔다. 술꾼에게 베개와 책보가 무슨 차이가 있겠는가? 그는 친구를 만나도 언제나 먼저 술 한잔을 마시고서야 이야기를 나누었다. 그러니 사람들이 그의 성품을 두고 제멋대로라고 한 것이다. 이런 성품이니 시를 지어도 도통 격식을 싫어했다. 그는 운자韻字(시를 지을 때 기본이 되는 일정한 운을 가진 글자)를 아무렇게나 놓았다. 그리고 고저高低니 평측平仄도 그리 따지지 않았다.

형식을 중시하는 시인들은 그의 이런 시작 태도를 나무랐지만, 그는 뛰어난 시인으로 칭송을 받았다. 뿐만 아니라 고금의 유명한 시나 시화들을 그는 모조리 알고 있기도 했다. 이런 행동거지에 더해진 것이 있는데 그것은 그의 유명한 '해학'이다.

골계집으로 세상을 풍자하다

젊었을 때 서거정은 사신으로 중국에 간 적이 있었다. 사신으로 가는 벼슬아치에게는 으레 벼슬 한 등급을 올려주는 게 관례였던 터라 그는 이조참의가 되었다. 인사권을 맡은 이조참의는 다른 참의보다 한 등급 높아 2품직에 해당하는데, 2품직은 금띠를 두르게 되어 있었다. 그는 은띠를 벗어버리고 부랴부랴 금띠를 빌려 두르고 중국에 갔다. 승진했다는 기분으로 약간 의기양양했던 것이다.

그런데 일을 마치고 압록강에 이르자, 의주목의 판관이 마중

나와서는 그의 관직이 다시 한 등급 낮은 예조참의로 바뀌었다
고 전갈했다. 그는 또 부랴부랴 금띠를 벗고 은띠를 둘렀다. 그
리고 마중나온 의주목사와 서로 눈짓을 하며 웃었다. 여기에는
조정 대신의 장난이 숨어 있었지만 그는 아무렇지도 않은 듯 술
이 거나하게 취해 이렇게 읊조렸다.

> 일찍이 귤이 북쪽 물을 건너면
> 탱자가 된다는 말은 들었지만
> 금이 물을 건너서
> 은이 되는 것은 처음 보았네

  곁에 있던 사람들이 이 시를 듣더니 손뼉을 치며 한바탕 웃었
다고 한다. 이처럼 그는 이치에 어긋나는 경우를 당해도 성을 내
거나 어느 누구를 손가락질하며 매도하는 대신 느긋이 익살을
부려 사람들을 웃겼다. 일찍이 그가 중국의 맹교孟郊라는 사람을
두고 이렇게 읊었다.

> 문을 나서자 곧 길 막히니
> 뉘라서 천지가 넓다던고

  중국의 문사 맹교가 어렵게 벼슬을 얻어 조정에 들어갔는데
그를 시기하는 무리들에 의해 초췌한 모습으로 쫓겨났다. 이 시
는 이것을 읊은 것이다. 권남權擥이 물었다.

"그대는 맹교의 처지를 어떻게 생각하는가?"

"얻거나 얻지 못함은 운명이 아니겠소?"

많은 벼슬을 누린 그는 자리에 연연해하지 않았다. 권남은 이러한 서거정이 큰 인물임을 알아보았다. 그는 자유롭게 술을 마시며 속사俗事에 얽매이지 않는 문인 기질도 다분히 지니고 있었다. 이 때문인지 실록의 사관은 그의 인물됨을 이렇게 평했다.

> 서거정은 기량이 좁아서 사람을 용납하는 도량이 모자랐다. 또 일찍이 후생들을 장려하고 끌어주지 않아 세상 사람들이 조금 낮추어 보았다.
>
> 『성종실록』19년 12월조

아마 이것은 제멋대로 살아가면서 굳이 후배들을 밀어주지 않는 그의 태도로 인한 비판일 것이다. 이런 사람이니 그에게는 많은 일화가 따랐다. 사관이 비록 '도량이 좁다'고 했으나 김시습을 대한 그의 태도는 이러했다.

그가 어느 날 벽제辟除(높은 벼슬아치가 행차할 때 길 앞에 잡인들의 통행을 금하는 신호)를 울리며 대궐로 들어가고 있었다. 김시습이 누더기를 입고 새끼로 띠를 두르고 패랭이를 쓴 모습으로 길에서 서거정을 만났다. 김시습은 길 한가운데 버티고 서서 말했다.

"강중剛中(서거정의 자)이 평안한가?"

높은 벼슬아치에 대한 무례가 이만저만이 아니었다. 서거정은 초헌을 멈추게 하고 아무렇지도 않게 김시습과 얘기를 나누고 조정으로 들어갔다. 길가의 백성들이 보고 모두 놀랐고, 벼슬아치들은 이 말을 듣고 떠들었다.

"조정 대신에게 반말 짓거리를 해대고 무례한 짓을 한 김시습을 벌주어야 한다."

그러자 서거정은 머리를 흔들며 대꾸했다.

"그만들 두게. 미친 사람을 상관할 것 있나. 지금 이 사람을 벌하면 뒷날 반드시 자네들 이름에 누가 될 것이네."

그런데 김시습이 도성 안에 들어오면 서거정은 번번이 그를 찾아갔다. 그러나 김시습은 인사도 하지 않고 누운 채 두 발을 벽에 대고 까딱거리며 애기를 했다. 이를 본 사람들이 수군댔다.

"서거정이 다시는 찾아오지 않을 것이다."

하지만 그는 번번이 찾아와 김시습과 애기를 나누었다. 이런 그를 어찌 도량이 좁다고 하겠는가?

그는 해학도 무척 즐겼다. 그의 많은 저술 중에 『태평한화골계전太平閑話滑稽傳』이라는 책이 있다. 온갖 우스갯소리를 모아놓아 우리나라 최초의 '골계집'으로 간주되는 이 책은 사대부와 서민들의 기지에 찬 이야기들을 통해 찌든 세상에 웃음을 던져준다.

그중에 이런 이야기가 있다. 장가든 첫날, 신랑이 술에 취해 변소에서 곯아떨어졌다. 그때 마침 지나가는 배고픈 과객이 혼삿집을 찾아들고 있었는데, 신랑을 찾아 나선 종들이 이 과객을 신랑으로 착각해 신방에 들여보냈다. 그래서 이 과객이 그 집 사위가 되었다는 이야기다.

또 하나. 어느 날 한 가까운 일가붙이의 딸(조카딸이라는 말도 있다)

혼례식에 가게 되었다. 그날 그 동네에는 마침 두 집에서 혼례식이 있었다. 한 집은 내수사 별제라는 낮은 신분의 집안이었고 한 집은 서대감 집이었다. 공주에 사는 박가 성을 가진 구실아치가 내수사 별제 집으로 장가들게 되어 있었다. 박가는 동네 어귀에 들어서자마자 마중 나와 있던 서씨집 종들에게 호령했다.

"어서 서대감 댁으로 모셔라."

이리하여 박가는 버젓이 서대감 집으로 들어가 혼사를 치렀고, 일찌감치 신방에 들어가 재빨리 신부를 품었다. 하객 중의 한 사람이 신랑감인 '민 모'의 얼굴과 다르다는 의견을 내자, 일은 크게 벌어졌다. 늦게야 진짜 신랑 민 모를 불러다가 신방에 들여보냈다. 박가가 서씨 집에서 쫓겨나 내수사 별제 집으로 간 것은 말할 나위도 없다.

그런데 서씨 댁 규수는 다른 남자를 받아들일 수 없다고 완강히 버텼다. 하지만 이 집에서 쫓겨 내수사 별제 집으로 간 박 모는 거기에서도 신부를 이미 품에 안았던 것이다. 결국 구실아치 박모는 하루에 두 신부를 얻고 게다가 대감댁의 사위가 되었다. 그런데 막상 양반인 민 모는 어리어리하다가 장가도 못 들었다는 것이다.

이 이야기는 어디까지나 야담이다. 그런데 서거정은 이와 비슷한 이야기를 그의 『골계전滑稽傳』에 담았다. 그러면서 박가의 처지를 두둔했다. 그는 직접 겪은 일을 바탕에 깔고, 타고 난 유머감각으로 어리어리하고 되지못한 양반들을 은근히 비꼬았다. 그는 이렇게 자기가 직접 겪은 얘기, 들은 얘기들을 모아 『골계전』이라는 이름을 붙여 세상에 퍼뜨렸다.

유교적 권위를 벗어난 자유로운 영혼

『골계전』에는 우스개나 기지·해학에 찬 얘기뿐만 아니라 음담패설 따위도 담았다. 그 가운데 몇 가지만 들어보자. 평생 선비로 늙은 '배리'라는 이름의 샌님이 있었다. 그는 운명론을 지나치게 믿었다. 한 점쟁이가 그에게 아무 날 아무 시에 이르면 죽을 운수라고 말했는데, 그는 그때가 되자 관을 짜놓고 그 안에 드러누워 죽은 체하면서 처자들에게 곡을 하게 했다. 그러나 밤이 깊어도 죽지 않자 그는 자기 스스로 살아나는 묘방을 썼다고 생각했다.

나중에 점쟁이가 와서 또 어느 때에 죽을 것이라고 하며 덧붙였다.

"집을 나가 중이 되면 죽음을 면할 수 있지."

그러자 배리는 머리를 깎고 수염만 남겨두었다. 여러 선비들이 떠들어댔다.

"배리가 지금 공자의 도를 배반하고 부처를 따르니 마땅히 함께 공격해야 합니다."

그러자 배리가 시를 지어 말했다.

"머리를 깎아 처자를 버리고 수염은 남겨두어 대장부임을 나타냈소."

이 이야기는 선비의 이름을 '배리'(背理와 음이 같음)라 설정해놓고, 어리석고 가벼운 선비들을 풍자한 것이라고 할 수 있다.

또 김가 성을 가진 한 샌님은 우스갯소리를 잘했는데, 그가 어느 날 친구 집을 찾아갔다. 주인이 술상에 나물만 차려 내오면서 미안한 표정으로 말했다.

"집은 가난하고 저자는 멀어 맛있는 음식을 준비하지 못해서 보잘것없는 안주를 차려 매우 부끄럽네."

그런데 마침 닭들이 뜰에서 모이를 쪼며 놀고 있었다. 샌님이 닭들을 물끄러미 바라보다가 말했다.

"대장부는 천금도 쓸 데는 써야 하는 것이니 내 타고 온 말을 잡아 안줏감을 만들게나."

"말을 잡수면 무엇을 타고 돌아가려는가?"

"저 닭을 빌려 타고 가겠네."

이 이야기는 한갓 농담이 아니다. 인색한 인간을 꼻려주었을 뿐 아니라 예의니 체면이니 겉치레로만 떠드는 자들에게 일침을 놓은 것이다.

『골계전』에는 호사가 계집종을 예사롭게 훔치는 것을 여덟 가지 광경으로 익살스럽게 묘사한 대목이 있다. 첫째는 주린 호랑이가 고기를 탐하는 꼴, 곧 주인이 계집종을 낚아채는 것을 말한다. 둘째는 여우가 언 물을 건너면서 얼음 깨지는 소리를 듣는 꼴로, 주인 아내가 발소리를 죽여 감시하는 것을 말한다. 셋째는 가을 매미가 껍질을 벗는 꼴로, 계집종의 옷과 이불을 벗기는 것을 말한다. 넷째는 물건을 훔친 이리가 뒤 밟는 소리를 듣는 꼴로, 일을 끝낸 주인이 아내가 두려워 살금살금 방에 기어드는 것을 말한다. 다섯째는 백로가 물고기를 엿보는 꼴로, 계집종을 맛보는 모양을 형용한다. 여섯째는 솔개가 꿩을 낚아채는 꼴인데 계집종을 낚아채는 모양을 형용한다. 일곱째는 옥토끼가 약을 찧는 꼴로, 계집종과 방사를 즐기는 모양을 말한다. 여덟째는 닭들이 싸우는 꼴로, 질투하는 아내와 싸우는 모양을 말한다.

서거정이 이 얘기를 늘어놓은 의도는 무엇일까? 계집종을 넘겨다보며 아내와 싸움질하는 양반의 모습을 탓한 것일까? 계집종을 함부로 범하는 상전의 횡포를 고발한 것일까? 그저 떠도는 얘기를 주워 모은 것만은 아닐 것이다. 이런 얘기들을 담은『골계전』을 국문학사에서는 우리나라 최초의 소설류 설화라고 말한다. 대문장가요 사대부 신분으로서는 입에 올릴 얘기가 아닌 것을 그는 무슨 마음에서인지 열심히 모아 후세에 전했다.

그가 선비의 몸으로 거드름만 피우는 벼슬아치가 아니었던 것만은 확실하다. 또한 학문이 깊은 유학자였음에도 당시 천시하던 언문으로『향약집성방鄕藥集成方』을 심혈을 기울여 번역한 것만 보아도, 성품이 편협하지 않고 융통성이 있었음을 짐작할 수 있다. 그리하여 그의 후손들은 서거정을 증시조로 받들며 가문의 영광으로 여기고 있다. 대구 지방에 살았던 그의 후손들은 조선 후기에 많은 인물을 배출했다.

이처럼 그는 명문장가로서의 이름만 남긴 것이 아니었다. 유교 엄숙주의에 빠져 공리공담과 번문욕례를 일삼는 선비들에게 따끔한 일침을 놓았다.

김시습
방랑과 저항의 일생

세종도 감탄한 천재소년

　매월당梅月堂 김시습金時習(1435~93)은 도대체 무슨 생각을 하고 어떻게 행동했기에 그 많은 사람들의 입에 오르내렸는가? 사람들은 그를 방랑한 천재시인으로 꼽기도 하고, 절의를 지킨 생육신의 한 사람으로 꼽기도 하며, 선비 출신이면서 중이 되어 기행을 벌인 기인이라고, 또 최초로 남녀간의 사랑을 주제로 한 소설 『금오신화金鰲新話』를 지은 작가라고 말하기도 한다. 그런가 하면 한편으로는 농민의 고통을 대변한 저항의 시인으로, 철저하게 기일원론氣一元論을 주창한 성리학자로 평가하기도 한다. 어느 것 하나 틀린 것은 없을 것이요 또 그는 이런 모든 모습을 고스란히 갖추었다.

김시습 초상화 김시습은 냉철하게 현실을 보고 비뚤어진 세상을 등졌다. 그는 조선 전기에 나타나기 시작한 현실 모순에 철저히 저항한 시인이었고 사상가였다.

최초로 그의 전기를 쓴 명신 이이와 또 김시습의 시문집을 수집하고 또 다른 전기를 쓴 윤춘년 등은 그를 흠모하고 공자에 비길 정도로 극찬했다. 이처럼 그는 비록 불행한 삶을 살았지만 사후 1백 년도 못 되어 이런 흠모와 찬탄을 받았다. 그러므로 그를 단순한 시인이나 충절로만 평가해서는 그의 깊은 삶을 제대로 조명하지 못한다.

이제부터 그의 삶의 궤적을 찾아 참모습을 그려보자.

1455년(단종 3) 여름, 스물한 살의 김시습은 삼각산 중흥사에서 글을 읽고 있었다. 그는 한 가지 일에 빠지면 거기에만 몰두하는 성격이었으니 시원한 산속에서 독서삼매경에 빠져 있었을 것이다. 그런데 어느 날, 서울 나들이를 하고 온 사람이 말했다.

"수양대군이 금상今上이 되었다 하오. 금상은 상왕으로 모셔지고……."

김시습은 '올 것이 왔구나' 생각하고 책을 덮고 문을 닫았다. 그리고 사흘 동안 문 밖으로 나오지 않았다. 그는 무슨 생각을 했을까? 지난 어린 시절도 돌아보고 오늘의 현실도 따져보았을 것이다. 사흘째 되던 날 저녁, 그는 갑자기 통곡을 해댔다. 그리고 읽던 책을 모두 불살라버렸다. 그러고는 미친 척하며 칙간(뒷간)에 빠져 들어가 있다가 중흥사를 빠져나왔다(윤춘년의 전기).

이 후부터 그는 통곡하거나 거름통에 빠지는 일을 곧잘 되풀이한다. 이런 모습의 김시습은 당시 어떤 청년이었고 어떤 출생 배경을 지니고 있었던가?

그는 서울의 성균관이 있는 북쪽 마을 반궁리泮宮里에서 태어났다. 그가 태어날 때 성균관에 있던 사람들이 모두 공자의 꿈을 꾸었다고 한다(그에 대해 말할 때 이런 과장된 이야기가 많이 보인다. 김시습 역시 자신에 대해 과장되거나 잘못 전해지는 이야기들이 있다고 말했다).

그는 강릉 김씨인 김일성金日省의 첫 아들로 태어났다. 이 집안은 신라 알지왕의 후예였고, 고려 때에 그의 선조들은 시중侍中과 같은 높은 벼슬을 했으며, 그의 증조부 윤주允柱는 안주목사, 아버지 일성은 조상 덕분에 음직의 낮은 벼슬을 받았다.

이렇게 그의 집안은 뼈대는 약간 있지만 별로 행세는 하지 못했다. 세도도 그다지 없고 재산도 넉넉하지 않았다. 그는 태어난 지 8개월부터 배우지 않고도 글을 알았다고 한다. 마침 이웃에 먼 할아버지뻘 되는 최치운이라는 학자가 살았다. 최치운이 그

의 재주를 보고 그의 외할아버지에게 '시습'이라는 이름을 지어
주었다.

'시습'의 뜻은 바로 『논어』의 첫머리에 나오는 "배우고 때로
익히면 또한 기쁘지 않은가學而時習之 不亦說乎"에서 따온 것이니,
재주만 믿지 말고 끊임없이 노력을 계속하라는 뜻이 담겨 있다.
최치운은 이조참판을 지낸 명신으로 세종의 총애를 받은 청렴한
벼슬아치였다.

그는 다섯 살에 이웃에 사는 수찬 이계전의 문하에서 『중용』
과 『대학』을 배웠다. 보통 10대에 배우는 사서 중 두 가지를 다
섯 살에 배운 셈이다. 이계전은 고려의 학자 이색의 손자요 사육
신의 한 사람인 이개의 아버지이다. 소문을 들은 정승 허조가 그
의 집으로 찾아와 그를 시험했다.

> 허조 내가 늙었으니 늙을 노 자를 넣어 시를 지어보거라.
> 김시습 늙은 나무에 꽃이 피었으니 마음은 늙지 않았네.老木開花
> 心不老

이렇게 해서 그는 신동으로 소문이 자자하게 나 대궐에까지
불려가게 되었다. 세종은 신동 시습의 이야기가 사실인지 알아
보라고 지신사知申事(도승지의 별칭)인 박이창에게 명했다. 박이창
은 대궐에서 어린 시습을 무릎에 앉히고 말했다.

> 박이창 동자의 공부는 백학이 푸른 하늘 끝에서 춤추는 것 같도다.

　　김시습 성주聖主의 덕은 황룡이 푸른 바다 가운데를 뒤집는 형국이로다.

　　박이창은 벽에 걸린 산수도를 가리키며 시를 지어보라고 말했다. 김시습은 이에 또 화답했다.

　　작은 정자와 배 안에는 어떤 사람이 있을지. 小亭舟宅何人在

　　이 말을 들은 세종은 이런 전지를 내렸다.

　　"내가 불러 보고자 하나 남들이 해괴하게 여길까 두렵다. 너무 드러내지 말고 잘 가르치도록 하라. 나이가 들고 학업이 성취되면 내가 크게 쓰겠노라."

　　그리고 비단 50필을 내려주면서 혼자 힘으로 가져가라 했다. 그러자 김시습은 모든 벼슬아치들이 보는 앞에서 비단의 끝을 죄다 묶어서 끌고 나갔다. 이를 계기로 어린 그를 '오세'라고 불렀다. 이 '오세'라는 별칭은 평생 그를 따라다니는 이름이 되었고, '오세암'이란 사찰명도 그로 인해 생겼다.

세상에 대한 저항으로 방랑의 길을 떠나다

　　그는 어릴 때부터 성균관 언저리에 살아서인지 여러 명사에게서 글을 배웠다. 그의 나이 열세 살에 어머니가 세상을 떠났다.

그리하여 그는 외가로 옮겨가 외할머니의 손에서 자랐다(열다섯 살에 어머니를 잃었다는 기존의 설은 오류이다). 외할머니는 어머니를 잃은 시습을 애지중지 키워, 그 자신이 뒷날 "아들처럼 길러주었다" (『해동잡록』)고 감회에 젖어 적고 있다.

그의 어머니가 죽자, 병골인 그의 아버지는 양양의 농장으로 가족을 거느리고 내려가서 다시는 그를 서울로 보내지 않았다. 어린 시습은 3년 동안 관례대로 어머니의 묘소에서 복상했는데, 이 기간을 채 마치기도 전에 외할머니마저 세상을 떠났다.

불행은 계속되었다. 이제 아버지마저 병석에 누워버려 더 이상 가사를 돌볼 수가 없게 되었다. 가세가 기울 수밖에 없었다. 이어 계모가 들어왔고, 그 자신도 당시로서는 늦은 나이인 스무 살에 장가를 들었다. 그의 아내에 대한 이야기와 아버지의 죽음에 대해서는 뒷날 더 이상 알려진 것이 없다. 그는 이 무렵 서울로 올라와 다시 글공부를 하고 친구들과 사귀었다. 이때의 심사를 그는 이렇게 말하고 있다.

어릴 적부터 영달은 좋아하지 않았으며 또 친척과 이웃이 지나치게 칭찬을 하여 부끄러웠다. 이미 심사가 어긋나서 고꾸라지고 엎어질 무렵, 세종과 문종이 연이어 승하하셨다

「상유양양진정서上柳襄陽陳情書」

여기에서 왜 심사가 어긋났다고 했을까? 그것은 가정적인 불행보다도 시세를 한탄한 것이다. 그는 불의를 보면 참지 못하는

성미였고 또 누구보다도 애민의식에 철저했고 불우한 사람들의 벗이었다.

당시 조선왕조가 건국하고 난 뒤, 토지제도 개혁으로 지주와 사찰의 토지가 몰수되어 공전으로 편입되었다. 그리하여 농민들이 토지를 경작할 수 있는 제도적 조건이 이루어졌다. 그러나 공신이나 벼슬아치들에게 다시 토지를 나누어주고 보니, 새로운 지주가 생겨나고 따라서 조세·지대 따위로 농민들은 점차 토지를 잃고 조세에 뜯기면서 비참한 생활로 돌아가고 있었다.

또 공신들과 그 자제들은 많은 토지와 큰 저택을 가지고 있으면서 권세를 잡고 위세를 부리고 있었다. 그들은 과거제도를 문란하게 하며 할아버지·아버지의 덕택으로 벼슬을 받았다. 이런 속에서 수양대군은 정인지·한명회·정창손 같은 무리들과 음모를 꾸미고 자신이 영의정으로 앉아 권력을 흔들면서, 세종이 기르고 아끼던 학자와 문사들을 압제하고 있었다.

이와 같은 현실에서 그는 영달을 누릴 수 있는 벼슬을 포기했고 그로 인해 심사가 틀어져 있었던 것이다. 그가 삼각산에서 글을 읽었던 것도 과거공부를 하기 위함이 아니었다. 마침내 수양대군이 왕위에 오르자, 그의 인생에는 새로운 계기가 만들어졌다. 비탄에 젖은 그는 현실에 저항하는 방법으로 끝내 방랑의 길을 떠났다. 결코 세종에 대한 은의와 충성, 그리고 단종에 대한 충절만으로 삼각산을 나와 방랑의 길을 떠난 것이 아니었다. 그 뒤의 그의 행적을 살펴보면 이런 이야기가 충분히 납득될 것이다.

중 '설잠'이 되어 사육신의 시체를 거두다

그는 삼각산에서 나와 어디로 발길을 돌렸던가? 어떤 행색을 했던가? 그는 서울을 떠나오자마자 세상 돌아가는 꼴을 여기저기서 얻어들었을 것이다. 그는 조상치, 박도 같은 몇 사람과 뜻이 맞았다. 조상치는 집현전 부제학으로, 박도는 깨끗한 선비로 처신하고 있던 터였다. 두 사람은 김시습의 선배였다. 이들과 함께 강원도 금화로 발길을 돌렸는데, 이때 박도의 동생인 박제와 두 사람의 아들과 조카인 규손·효손·천손·인손·계손 등이 따라왔다. 모두 김시습보다 나이가 많았다.

모두 아홉 명이었다. 이들은 금화현에서 남쪽 10리 지점인 사곡촌 산골짜기에 초막을 짓고 머물렀다. 이곳에서 때로 담소도 나누고 한탄도 하고 돌소리·물소리를 들으며 스스로 방외인方外人으로 자처했다. 나무 잎사귀에 시를 쓰며 통곡하다가 물에 띄우기도 했다.

방외인이란 어떤 사람들인가? 한마디로 세상을 등지고 사는 사람이다. 사림士林은 조정에서 벼슬을 하다가 마음에 맞지 않으면 향리로 돌아가 독서에 열중했다. 그러다가 시세가 흡족하다고 생각되면 다시 슬슬 조정에 나와 절개와 지조를 은근히 자랑했다. 하지만 방외인은 이들과 전혀 달랐다. 방외인은 시속의 통념에 맞추지 않고 몸가짐을 흐트러뜨리며 아무렇게나 살았다.

그들은 산속에서 갓끈을 씻다가 싫증이 나면 바위에 올라가 바위에 시를 새기기도 했다. 박효손이 김시습의 화상을 바위에

새겼고, 또 김시습이 손수 새긴 시구도 있다고 한다.(『매월당집』 부
록: 구운사 상량문)

그들은 이곳에 오래 머물지 않았다. 서울에서는 수양대군이
임금이 된 이듬해, 상왕 복위의 음모를 꾸몄다고 김질金礩이 장
인 정창손에게 고해바쳐, 정창손이 주동이 되어 성삼문·박팽
년·이개 등을 재빨리 잡아들여 참형시켰다. 김종서·황보인 등
을 죽인 뒤에 이어진 2차의 대량살육이었다. 이런 상황이 닥치
자 이들 아홉 은사들은 뿔뿔이 흩어졌다. 각기 새로운 행로를 모
색했다. 나날이 닥치는 위험도 느꼈다.

사육신 등의 시체는 길가에 버려져 있었다. 그들의 가족은 모
두 잡혀가 있었으니 누가 시체를 거두지도 못할 절박한 현실이
었다. 이때 한 중이 나타나더니 이들의 시체를 거두어 노량진 길
가 남쪽 언덕에 묻었다고 한다. 이 중이 바로 김시습이라고 한
다.(『연려실기술』)

이때 김시습은 중이 되어 있었다. 그런데 중치고는 형상이 괴
이했다. 머리는 깎았지만 수염은 기르고 있었다(필자는 관련 기록을
검토한 끝에 이때 중이 된 것으로 판단했다). 이에 대해 그 자신은 이렇게
말했다.

머리를 깎은 것은 세상을 피하기 위해서요, 수염을 기른 것은 장
부의 기상을 나타낸 것이다.

『계곡만필溪谷漫筆』

김시습은 작은 키에 얼굴은 오종종하고 못생겼다(자신이 그린 자화상이 있다). 거기다 머리에는 중의 모자가 아닌 시커먼 벙거지를 쓰고 다녔다. 형색도 기인의 차림이었다. 승명을 '설잠雪岑'이라 했는데 깨끗함을 나타내는 '눈 설' 자를 쓴 의미가 있었을 것이다. 이제부터 그의 방랑과 기행이 본격적으로 시작된다.

백성이 무슨 죄인가

그는 맨 먼저 평안도 지방으로 발길을 돌렸다. 이때 동행자가 있었는데 아마 앞의 박씨 중의 두어 사람이 함께 길을 떠난 것으로 보인다. 그는 개성을 거쳐 평양에 도착했다. 이어 청천강을 거쳐 압록강 언저리에서 백두산을 바라보기도 했다. 이때 중국에 사신으로 가는 김수온을 만나기도 했다. 이 만남에서 그들은 학문을 토론했고, 김수온은 김시습이 중이 된 것에 대해 타일렀다. 김수온의 형 역시 고승이 된 신미信眉였다. 그 뒤 김수온은 남달리 김시습을 돌봐주었다.

그는 스물네 살 되던 가을에 이 지방의 여행을 마치고, 역사의 흥망, 곧 고조선·고구려·고려의 성쇠를 시로 남겼다.(『매월당집』 「유관서록」) 이어 발길을 강원도로 돌려 임진강 상류를 건너 금강산에 이르렀다. 그는 금강산 만폭동의 절벽에 이런 석각을 해두었다.

산수를 좋아하는 것은 사람의 상정이지만 나는 산에 오르면 웃고 물에 다다르면 통곡한다.樂山樂水 人之常情而我則 登山而笑 臨水而哭

최남선「금강예찬」

최남선은 이를 보고「금강예찬」에 이렇게 썼다.

이 새긴 글씨를 보고 그를 조상하는 동시에 도로 그 눈물로써 저를 조상하게 됩니다. 아름다움의 덤불이요 기쁨의 더덕인 금강산에서 오직 한 군데 눈물로 대할 곳이 여기입니다.

금강산에 이어 오대산과 강릉을 돌아보고 돌아온 김시습은 이 여행에서 자연의 장관을 보았고, 자신을 '창해의 좁쌀 한 알'로 비유했다. 이 두 지방을 여행하고 돌아와서 각각 두 권의 시집 『관서록關西錄』·『관동록關東錄』을 꾸미고 그 내력을 썼다. 이것이 자신의 시를 손수 모아 엮은 최초의 시집이다. 그는 시를 쓰면 모두 불태우거나 내버리거나 물에 띄워버렸는데 이들 시는 기행시라 시세와 관계없어서 엮어둔 것인가?

그는 발길을 남쪽으로 돌렸다. 청주를 거쳐 전주·금산사·나주·영광·무등산·송광사·지리산 그리고 함양을 거쳐 해인사를 두루 돌아보았다. 이 지방에서 그는 매화와 대나무와 남국의 정취를 보았고, 풍부한 물산에도 감탄했다. 다시 그는 경상도로 발길을 돌려 경주를 두루 구경했다. 이제 그는 나라 안의 사정을 두루 돌아보았고 따라서 세상물정도 알 만했다. 또한 나라 안을 돌아다니며 말로만 듣거나 관념으로만 알고 있었던 농민의 참상을 목도했다. 이 무렵 그는 이런 시를 남겼다.

> 10년 동안 떠돌이되어 이리저리 떠돌아다니다 보니
> 이내 몸은 도시 밭둑가의 쑥대로구나
> 세상 살아가는 길은 모두 험하고 위태로우니
> 아무 말 없이 꽃떨기나 냄새 맡고
> 지내는 것이 좋으리로다.

신세는 고단했다. 술을 통음하며 울어보았자 마음에 얼마만큼 위안을 얻겠는가? 그가 데리고 다니는 상좌는 아주 맑은 목소리로 구슬픈 소리를 곧잘 했다. 그는 달 밝은 밤에는 이 상좌를 시켜서 「이소경」을 읽게 했다. 그 소리를 들으며 그는 울음으로 옷깃을 적셨다. 이래본들 무슨 소용이랴. 그는 이때쯤 어딘가에 정착하고 싶은 소망을 마음속에 품고 있었다. 그는 새로운 심적 갈등을 겪으며 정착을 결심했다. 그러던 중 1463년(세조 9) 책을 사러 서울로 올라왔다.

당시 임금 세조는 불사佛事를 크게 벌이고 있었다. 자기 손에 죽은 사람들의 명복을 빌기 위해서였다. 이성계 역시 수많은 살육을 거쳐 새 나라를 건설했다. 그리고 그 또한 불사를 벌였는데 그중 하나가 『묘법연화경妙法蓮花經』 간행이다. 그 뒤 세종은 소현왕후가 죽자, 효령대군의 도움을 받아 내불당을 세웠고, 이어 수양대군의 도움을 받아 『석보상절釋譜詳節』을 국문으로 지어 반포

했다.

세조는 다시 효령대군의 도움으로 『묘법연화경』 번역사업을 벌이고 있었다. 이때 많은 중들이 이 일을 맡을 사람으로 김시습을 추천했다. 효령대군이 김시습에게 이 일을 간청하자 그는 신미·학조學祖 등 이름난 중과 함께 내불당에 들어갔다.

김시습은 일단 임금의 공덕을 칭송했다. 그답지 않게 이제 굴절하는 모습을 보이고 있는 듯했다. 임금은 그에게 융숭하게 대우했다. 때는 가을이었다. 임금은 햇과일이 들어오면 관례대로 궁중과 종친에게 나누어주었는데 내불당에 있는 김시습에게도 포도·배 따위를 번번이 보내주었다. 이에 김시습은 이렇게 썼다.

"물건은 비록 작은 것이지만 성의는 크다."(『매월당집』 부록)

그가 내불당에 한 열흘쯤 머물고 있었는데 이때 또 이런 일화가 전해진다. 임금이 내전에서 중들을 불러들여 법회를 열었는데 중 설잠도 여기에 끼여 있었다. 그런데 설잠이 이른 새벽에 도망을 쳐버려 간 곳이 없었다. 사람을 시켜 행방을 찾으니 거리의 거름 구덩이에 빠져 얼굴만 내놓고 있었다고 한다.(『용천담적기』)

그는 열흘 남짓 내불당에 있다가 다시 금오산으로 돌아왔다. 돌아올 때 『성리대전』·『노자도덕경』 등의 책을 사왔다.

왜 그는 일단 내불당에 들어갔다가 다시 나왔을까? 당시에는 영의정 정창손 등 이른바 공신들이 판을 치고 있었다. 또 많은 권신들은 서울 주변에 많은 농장과 노비를 거느리고 대지주 노릇을 하기도 했다. 그가 결코 조정 일에 무관심한 게 아니었다. 어떤 벼슬아치가 다시 자리를 받으면 늘 한탄했다고 한다.

"이 따위 인물이 이런 자리를 차지하다니, 이 백성이 무슨 죄인가?"

당시 그의 동료들도 높은 관직을 차지하며 출세를 하고 있었다. 그러나 깨끗한 선비들이 숨어 살고 있는 판에 자신이 초라한 모습으로 조정을 기웃거릴 수는 없었을 것 아닌가?

농민의 참상 앞에 시로 통곡하다

그는 경주를 돌아보고 복거지ㅏ居地(살 만한 곳을 가려 찾는 일)를 했다. 경주의 남산 곧 금오산에 폐허가 된 빈 절 하나가 있었는데 이것이 용장사茸長寺였다. 용장사는 금오산의 남쪽 동구에 터를 잡고 있었다. 절이 폐허가 된데다 골짜기도 깊어서 사람의 발자취가 거의 닿지 않았다. 그는 이곳에 토굴을 짓고 매화를 심었다.

이 토굴은 '금오산실' 또는 '매월당'이라고 했다. 이렇게 해서 그의 호가 매월당이 된 것이다. 그의 나이 서른한 살이 되었을 때다. 남향의 금오산실에는 봄볕이 따스하게 들고 매화도 꽃망울을 잘 피우고 있었다. 그런데 3월 그믐날, 서울에서 종자가 말 한 필을 끌고 내려와 말했다.

"효령대군께서 보내서 왔습니다. 성상께서 옛 흥복사를 새로 이 세우고 이름을 원각사圓覺寺라고 지었습니다. 스님들을 모시고 낙성회를 갖는데 여기에 참석하시게 하라는 분부를 받고 왔습니다."(『매월당속집』)

이 낙성회에 효령대군이 그를 설법사로 천거했던 것이요, 임금이 이를 승낙하여 그를 불러 올리라 한 것이다. 이에 효령대군은 "어기지 말고 올라오라"는 당부를 단단히 했던 것이다. 그는 대답했다.

"이런 좋은 모임이 늘 있지 않을 것이요, 훌륭한 세상을 만나기 어렵다."

그는 그날로 말을 타고 서울로 올라왔다. 이때 그는 "남은 나이를 마치겠다"는 기록을 남기고 있다. 그가 이때 무슨 기대를 걸고 있었던 건지, 아니면 보신을 위해 얕은 꾀를 쓴 것인지, 세조에게 빌붙는 몸짓을 보인 점이 오늘날 사람들로서는 헤아리기 어렵다.

그는 서울로 올라와서 세조의 성덕을 칭송하는 시를 지었고, 또 낙성회 첫날 임금이 대사령大赦令을 내리자 또 이를 찬탄하는 시를 지었다. 이어 효령대군이 그에게 「원각사 찬시」를 지어 임금에게 올리라고 부탁했다. 이에 찬시를 지어 올리자, 임금은 이를 보고 효령대군에게 분부했다.

"이 찬시는 매우 아름답소. 내가 궁으로 돌아가 인견引見할 터이니 이 절에 거처하도록 하시오."

그러나 그는 뒷날 다음과 같이 기록했다.

내가 그때 무심히 성명聖明(임금을 가리킨다)을 우연한 기회에 만나기는 했으나 오직 천석泉石에 노닐기로 뜻을 삼았기에 서울에 있은 지 며칠이 못 되어 끝내 길을 떠났다.

『매월당속집梅月堂續集』

하지만 이 찬시는 지금 전하지 않는다.

그는 경주로 내려가는 길에 임금이 보낸 사자를 중간에서 만나 다시 올라오라는 분부를 받았지만 병을 핑계대고 끝내 다시 서울로 올라가지 않았다. 이때 그는 또 "법사法事가 이미 끝났으므로 홀연히 돌아왔다"라고 쓰기도 했다. 이런 행적이 정신적 방황인가, 아니면 10년의 세월로 인해 감정이 무뎌진 탓인가? 아니면 높은 벼슬을 얻지 못한 처지에서 다시 방외인으로 돌아온 것인가?

김시습은 방랑생활을 하면서 절간에서 기식하기도 하고, 관가에 밥을 청하기도 하고, 때로는 마을의 여염에서 잠자리와 밥을 얻기도 했다. 그런 가운데 추위와 굶주림에 떨었다. 이 때문인지 금오산실에 있을 때 실제로 그는 건강이 좋지 않았다. 이런 와중에서도 그는 술에 취해 차가운 달빛 아래에서 매화를 바라보기도 하고, 대나무에 부는 바람소리를 듣기도 했다. 그리고 시를 토해냈다.

그가 시 짓는 버릇은 괴상했다. 서 있는 나무에 시를 새겨놓고는 한동안 읊고 난 뒤 한바탕 통곡을 하며 깎아버렸다. 그런가 하면 종이에 시를 써서 한참 바라보다가 물에 던져버렸다. 특히 금오산실에서부터 이런 버릇이 유난히 들기 시작한 것으로 보인다. 그는 틈틈이 바닷가를 거닐기도 하고 또 교외나 시선에 나가 구경하기도 했다. 그는 체질적으로 방 안에나 산속에만 처박혀 시나 짓고 책이나 읽는 꽁생원은 아니었다.

그러면 무엇을 먹고 살았는가? 그는 일하지 않고 먹는 사람을 싫어했다. 지주를 싫어하듯, 유식배를 미워했다. 때문에 그는 약한 몸으로 손수 밭을 일구고 씨를 뿌렸다(그 후에도 여러 번 농사를 지었다). 그는 누구보다 애민의식이 강렬한 사람이었다. 이 애민의식을 실천으로 보여주는 것은 그의 노동이었다. 그 자신이 노동을 하여 먹고 살려는 의지가 평생을 통해 나타나니 그는 결코 유식배나 기생寄生의 존재가 아니었다.

그는 산가山家의 고통을 이렇게 읊고 있다.

> 물 건너 등성이 너머 10리쯤에
> 비탈진 쪽 눈에 띄는 작은 띠집
> 소 부리는 소리 공중에 울리니
> 화전민이 늦갈이하는 줄을 알겠도다
> 해 지면 호랑이 무서워 사립문 닫아 걸고
> 동이 트면 움직여 고사리나물 삶는도다
> 깊숙한 산골에 더 깊은 곳일지라도
> 부역이나 조세를 안 내고야 못 배기지

화전민의 사정을 읊은 것이다. 밭에 싹이 나면 산짐승이 먹어대고, 남은 곡식 거두어들이면 새나 쥐가 훔쳐 먹는다. 그러고 나서 관가에 세금 바치면 남는 것이 없고 사채 때문에 소와 말을 빼앗긴다고 한탄했다. 이어 이렇게 읊었다.

> 원님이 어질고 자애로워도 허덕이는 살림일 텐데

이리 같은 벼슬아치 만났으니 백성은 정말 가엾구나
며느리 짐 이고 시아비 손자 끌어 길에 가득하니
어찌 주리고 얼어 죽는 것이 풍년 아니기 때문이랴

　수탈에 못 이겨 유랑하는 농민의 참상을 그린 이 시에서 김시습은 농민의 고통을 여러 모로 따져 고발하고 있다.(『매월당집』「고산가」) 부정한 관리만을 고발한 것이 아니라, 토지를 겸병하고 사채로 땅을 빼앗는 대지주 그리고 사치와 음탕으로 지새우는 위정자를 질타한 것이다. 또 그가 겪었음직한 사실을 다음과 같이 읊기도 했다.

자갈밭에 바윗돌이 울퉁불퉁
온통 가시덤불 등넝쿨 얽혀 있네
땅은 토박한데 잡목만 자라고
밭둔덕 경사져 곡식 자라지 못하는구나
굶주린 까마귀 나무 끝에서 울어대고
여윈 송아지 둔덕에 누워 있네
이같이 깊은 산골인데도
해마다 세금이야 면할 수 있으랴

　이것은 금오산 일대 화전민의 참상뿐만 아니라 오대산과 지리산에서 그가 본 화전민의 실상이었고, 그 자신도 겪은 고통이었다. 이런 농민 수탈에 대한 시들을 그 시대 어느 누구보다도 많이 남기고 있다. 이런 시를 지어놓고 그는 통곡하다가 찢어버리지 않았겠는가?

그는 어떤 때는 나무로 농부의 모양을 새겨서 책상 위에 두고 하루종일 바라보다가 통곡하고 불태우기도 했고, 어떤 때는 자기가 심은 벼가 자라 이삭이 탐스러운데도 술에 취해 낫을 휘둘러 한 이랑을 다 베어놓고 목놓아 울기도 했다 한다.(『장릉지』) 이런 행동이 광인의 짓일까? 그는 자신의 애민의식을 이런 방식으로 표현해, 실제로 그가 형상화한 농민시는 극히 일부분에 지나지 않았다. 그는 금오산실에서 많은 시를 남겼고 또 다른 저작에도 몰두했다.

사랑을 이야기한 최초의 소설 『금오신화』

금오산실의 김시습은 몸은 병들었지만 동가식 서가숙東家食西家宿할 때보다 고달프지는 않았다. 그 덕분에 저술에 몰두할 수가 있었다. 이즈음 그는 소설을 썼다. 다음과 같은 작품들이다.

첫째는 「만복사저포기萬福寺樗蒲記」이다. 남원 땅 늙은 총각 양생梁生은 부처님과 처녀를 얻는 내기놀이를 해서 이겼다. 한편 한 처녀가 부처님께 배필을 점지해달라고 기도했고, 이때 양생이 구애해 허락을 받았다. 두 남녀는 며칠 함께 지내며 사랑을 나누었지만 그 여자는 원통하게 죽은 영혼이었다. 얼마 후 그녀는 인연이 다하였다며 다시 사라졌다. 그러자 양생은 여자의 부

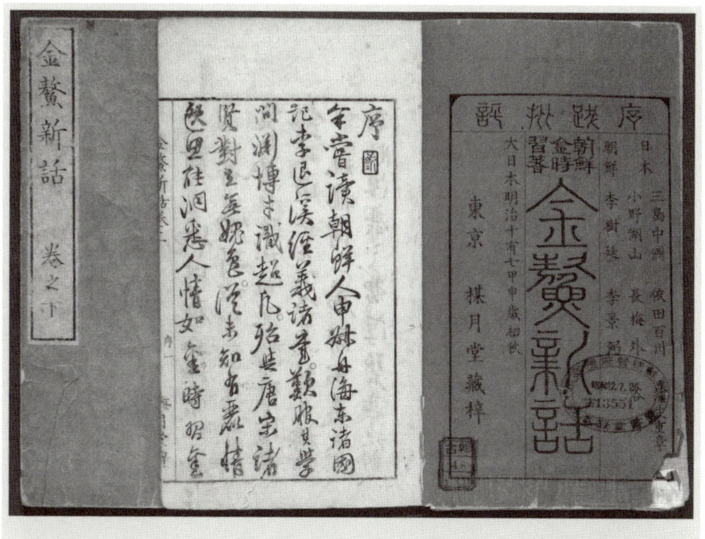

『금오신화』 이 목판본 『금오신화』는 1653년(효종 4) 일본에서 초간되었던 것을 1884년(고종 21) 일본 도쿄에서 재간한 것이며, 상·하 2책으로 되어 있다.

모를 만나 재물을 얻고 또 죽은 혼을 위로해주었다.

둘째는 「이생규장전李生窺墻傳」이다. 개성 땅에 사는 이생은 글도 잘하고 외모도 잘생긴 총각이었고, 또 선죽교 옆에 사는 양반 최씨 집 딸은 아름다움과 손맵시로 소문이 났다. 어느 날 이생이 연모의 시를 써서 던지자, 최씨 처녀는 황혼녘에 만나자고 언약을 했고 그리하여 그날 밤 그들은 가연을 맺었다. 이 일이 발각되어 이생은 울주 땅으로 쫓겨가고 최씨 딸은 병이 들었다. 이렇게 되자 그들은 결국 혼인을 하게 되었고 행복하게 살았다. 난리 때 이생의 아내가 죽자 이생이 홀로 고향에 돌아왔는데, 아내의 혼이 그에게 찾아와 그들은 다시 몇 년 살다가 이별했다. 그후 얼마 안 있어 이생도 죽었다.

셋째는 「취유부벽정기醉遊浮碧亭記」이다. 개성 부호인 아들 홍생이 부벽루에 올라 시를 읊조리자, 난데없이 시녀를 거느린 여자가 나타났다. 그 여자는 예전 기자箕子의 딸로 천계에 있다가 부왕의 묘를 돌아보고 가는 길에 홍생이 읊는 시를 듣고 반하여 왔다는 것이다. 그들은 서로 사랑의 시를 주고받다가 헤어졌다. 홍생이 그 뒤 병이 들어 누웠는데, 꿈에 한 미인이 나타나서 "우리 아가씨께서 당신을 견우성 아랫자리에 벼슬을 주었으니 속히 가자"고 했다. 이에 이생이 목욕을 하고 자리에 눕자 곧 숨을 거두었다.

끝으로 「남염부주지南炎浮洲志」와 「용궁부연록龍宮赴宴錄」이다. 이 소설은 경주 선비 박생이 꿈에 염라대왕과 세상일이나 치도治道·이단 등을 문답한 내용이요, 「용궁부연록」은 개성의 한생이 꿈에 용왕에게 극진한 대접을 받은 뒤 꿈에서 깨어났는데 용왕이 준 선물이 실제로 있어 이것을 가지고 명산에 들어가 세상과 인연을 끊었다는 내용이다.

김시습은 이것들을 묶어 『금오신화』라고 이름지은 뒤 석실石室에 간직하고 뒷날 이 소설을 알아줄 사람이 있을 것이라고 말했다고 한다. 그런데 앞의 세 작품은 자유연애를 구가한 것이요, 뒤의 두 작품은 자신의 정치관을 보여주고 자신을 이상화한 것으로 보인다. 그는 어려서 부모를 여의고 또 사랑하는 아내마저 본의 아니게 버렸다. 세상을 떠돌면서 이름은 떨쳤지만 남녀의 오붓한 사랑을 나누지 못했던 것이다.

『금오신화』는 남녀의 사랑에 대한 유교의 철저한 속박을 빗대어 소설에서 자유연애를 구가한 것으로, 사랑을 주제로 한 최초의 소설이기도 하다. 이들 작품이 중국의 『전등신화』를 모방했다고 하나, 소설 속에 그의 자유분방한 인생관과 불교·도교 등 폭넓은 사상이 짙게 깔려 있음은 말할 나위도 없을 것이다.

그가 6~7년을 금오산실에서 보낼 때 세조도 죽고 그 뒤를 이은 예종도 죽었고, 이제 새 임금 성종이 문치를 표방하며 널리 인재를 구하고 있었다. 김시습이 다시 서울로 올라올 무렵 정창손·한명회·노사신 등 이른바 공신들은 막강한 권세를 누리고 있었고, 선배인 신숙주·김수온·서거정 등은 고관의 대열에 있었다.

반면 그와 가까이 지내던 남효온·홍유손·이정은·이우·박제 등은 영락하여 서울 언저리에서 맴돌고 있었다. 그의 지기들은 그에게 서울로 올라오라고 당부했다. 그리고 새로운 기운을 맞고 있으니 벼슬살이를 하라고 권고하기도 했다.

이런 사람들의 주선 때문인지, 그는 서울 변두리 성동에 폭천정사를 지어 거처할 곳을 마련했고 궁방전宮房田(왕자나 공주에게 딸린 토지) 몇 뙈기도 소작하게 되었다. 그는 일단 폭천정사에 거처하면서 서울생활을 준비하고 있었다. 이곳에서 그는 동쪽으로 흐르는 시냇가를 거닐기도 하고 가까운 남산에 올라가 약초도 캐보았다.(『매월당집』「화정절귀원전시」) 도연명의 생활을 완연히 본받으려 한 것이다. 그러나 이곳은 서울과 너무 가깝지 않은가? 도

연명이 고향으로 돌아가 버드나무를 심으며 산 뜻과는 사정이 사뭇 다르다.

그가 정든 금오산을 버리고 행장을 말끔히 챙겨 폭천정사로 옮긴 때는 서른아홉 살 되던 봄이었다. 성종이 한창 문치를 펴고 있을 적이었으니 태평성대라 말하는 시대였다. 그를 늘 아끼던 김수온·서거정이 그에게 벼슬을 권고했다. 당시 김수온은 판서의 자리에, 서거정은 대제학으로 있었다.(「상유양양진정서」)

그가 서울에 올 때 거처로 삼은 곳은 남소문동의 수천부정秀川副正(왕손들을 관리하는 종친부에 딸린 벼슬) 이정은의 집이었다. 이곳은 폭천정사와 가까운 곳이니 늘 들렀음직하다. 이 집의 주인이 선비를 좋아하고 또 시 읊기를 즐겼기에 많은 방외인들로 사랑방을 가득 채웠다. 먹고 살 만도 했으니 술이나 음식 대접도 소홀하지 않았다.

어느 날, 김시습이 이 집에 들러보니 사랑방은 손님들로 만원이었다. 그는 방 안에 들어서면서 조우祖雨라는 중이 있음을 알아차렸다. 김시습은 큰 소리로 떠들었다.

"조우는 노사신에게 글을 배운 중놈이오. 이 자리에 낄 수가 없소. 만일 여기에 오기만 하면 내가 죽여버리겠소."

이 소리를 들은 조우는 분을 이기지 못하여 김시습 앞에 불쑥 튀어나와 외쳤다.

"생원이 감히 드러내놓고 큰 재상 욕을 퍼부어도 되는가? 만약 나를 죽이고 싶으면 마음대로 죽여보시오."

이에 김시습은 조우의 목을 틀어쥐고 때리려는 시늉을 했다.

옆 사람들이 모두 떼어말려 조우는 겨우 몸을 빼서 도망쳤다.(『월
정만필』)

노사신은 권신으로 당시 재상의 자리에 있었다. 이런 노사신에
게 조우가 『장자』를 배우러 간 사실을 알고 김시습은 이런 행패
를 부린 것이다. 어떻게 권신에게 장자의 소요유逍遙遊를 배우려
는 것이냐? 필시 아첨하려는 것으로 생각한 것이다. 조우는 조
계산 송광사의 주지로 김시습과는 오랜 인연이 있었고 또 김시
습은 그에게 신세도 지고 있었다. 김시습은 비록 폭천정사에 은
거한다고 말했지만 남산에서 약이나 캘 위인이 아니었다. 서울
주변에 살면서 세상일에 초연할 기질이 전혀 아니었던 것이다.

권신들을 거침없이 조롱하다

정승 정창손이 벽제소리를 울리며 지나가고 있었다. 마침 술
이 거나하게 취한 김시습이 이를 보고 그 앞에 나서며 소리쳤다.
"너 이놈, 그만 해먹어라."
정창손은 그 위인이 김시습인 줄 알고 못 들은 체하며 지나갔
다. 이 이야기를 들은 김시습의 벗들은 그와 사귀면 위태롭다고
여겨 하나 둘 발길을 끊었다.(『사우언행록』)
권신 한명회는 한강가에 화려한 압구정을 짓고, 서강가에 별장
을 두고 이를 감탄하는 현판들을 걸어놓았다. 보통 사람들은 감히
함부로 여기에 오르지 못했다. 어느 날 김시습이 서강에 갔다가

한명회 별장의 현판을 보았다. 현판에는 이런 시가 씌어 있었다.

> 청춘에는 사직을 붙들고
> 늙어서는 강호에 누웠네
> 青春扶社稷
> 白首臥江湖

김시습은 재빨리 이렇게 고쳐놓았다.

> 청춘에는 사직을 위태롭게 하고
> 늙어서는 강호를 더럽혔네
> 青春危社稷
> 白首汚江湖

곧 부扶자를 위危자로, 와臥자를 오汚자로 고쳐놓으니 영락없이 맞아떨어졌다. 사람들이 이를 보고 그럴듯하다고 수군거리자, 한명회는 현판을 아예 없애버렸다.(『매월당집』 부록)

신숙주는 김시습이 서울에 들어왔다는 말을 듣고 숙소 주인과 짜고 술을 실컷 먹이게 했다. 김시습이 술에 곯아떨어지자 신숙주는 그를 가마에 태워 자기 집으로 데리고 갔다.

김시습은 얼마 뒤 술에서 깨어나 자신이 신숙주 집에 누워 있는 것을 알았다. 그가 일어나 가려 하자 신숙주는 손을 잡고 "어째서 말 한마디도 없는가?"라고 물었다. 그는 입을 꾹 다물고 옷

자락을 뿌리치고 가버렸다.(『연려실기술』. 이들 일화는 연대가 밝혀져 있지 않다) 이런 김시습이었으니 벼슬을 주자고 한들 제대로 받을 수 있겠는가? 한명회나 정창손이 방해했을 법하지 않은가?

서거정은 그를 유달리 아꼈다. 서거정은 그가 서울에 왔다는 소식을 들으면 자주 찾아가서 선비로 예우했다. 그런데 김시습은 서거정과 이야기를 나눌 적에는 벌떡 드러누워서 두 발을 벽에다 대고 흔들어대며 이야기를 나누었다. 이 짓거리가 종일 가기도 했다. 그러자 이를 본 사람들이 수군거렸다.

"김시습이 예의도 차릴 줄 모르는데, 서 상공께서 지나치게 허물없이 대해준 탓에 버릇없이 굴어대니 후회하여 다음번에는 오시지 않을 것이다."

그러나 서거정은 며칠 뒤에 또다시 찾아와 담소를 나누었다.

서거정은 나이로도 김시습보다 15년 이상이었고, 또 젊을 때부터 대제학을 지낸 이름난 문사였다. 서거정은 권신은 아니었지만 대농장을 가지고 관계에도 탄탄하게 진출하고 있었다. 서거정은 오랫동안 대제학을 지낸 뒤 만기가 되어 후임자를 추천하게 되었다. 임금은 사림 출신 김종직을 늘 마음속에 두고 있었는데, 서거정은 후임자로 홍귀달을 추천했다. 다음 대제학으로 모두 김종직을 꼽고 있었는데 서거정은 자기보다 나은 김종직을 시기하여 평범한 문사 출신인 홍귀달을 대제학에 앉게 한 것이다. 이 말을 들은 김시습은 이렇게 풍자했다.

"천하에 가소로운 일은 홍귀달이 문장에 능통하다는 것이네."

이 말은 널리 퍼졌다.

김수온은 또 남달리 그를 돌봐준 벼슬아치였다. 김수온이 ‘맹자가 양 혜왕을 만나본 일’에 대해 생원들에게 시험을 보게 했다. 한 생원이 이 글제를 삼각산에 있던 김시습에게 보여주니, 김시습이 답을 휘갈겨 써서 주면서 말했다.

“이 글은 자네가 썼다고 하게.”

이를 받아본 김수온은 채 읽기도 전에 물었다.

“열경悅卿(김시습의 자)이 지금 어느 산 어느 절에 있는가?”

그러자 그 생원이 어쩔 수 없이 사실대로 말했다고 한다.

그 내용은 바로 “양 혜왕은 거짓 왕이기 때문에 맹자가 만나보아서는 안 된다”는 것이었다. 그 당시엔 맹자의 이 구절을 놓고 맹자의 인의仁義를 천명한 것이라고들 배우고 있는 현실이었다. 김시습의 이 견해는 근본적으로 맹자의 잘못된, 다시 말해서 명정名正하지 못함을 나무란 것으로 탁견이었던 셈이다.

뒷날 김수온이 죽으며 좌화坐化(선승들은 곧잘 죽을 적에 앉아 죽는 것을 높이 평가한다)했다는 말을 들었다. 그러자 김시습은 뇌까렸다.

“괴애乖崖(김수온의 호)가 욕심이 많은데 어찌 좌화할 수 있느냐? 좌화는 어림없는 소리네.”

김수온은 높은 벼슬살이를 했고 또 그의 형인 신미는 고승으로 이름을 떨쳤다. 그렇기에 김시습은 노사신이 신미에게 『장자』를 가르친 것이나 김수온이 좌화했다는 것이나 모두 욕심꾸러기요 권세에 찌든 인물들에게는 걸맞지 않은 모습이라고 생각한 것이다.(이이 『본전』)

이렇게 고관일지라도 거침없이 비판하는 그를 신숙주나 서거정이나 김수온은 국사國士로 대우하여 돌봐주었다. 김시습의 재주와 본심을 알고 있었기 때문이 아니겠는가?

기인에서 평범한 지아비가 되었으나

그에게는 이름 없는 제자들도 따랐으나 친구 또는 후배들 중에서 그를 남달리 따르는 부류가 있었다. 그들은 바로 앞에서 언급한 이정은을 비롯 남효온·홍유손·김일손 등이었다. 적어도 김시습은 금오산에서 서울로 온 뒤 이들과 늘 어울려 다녔다. 수천부정 이정은은 태종의 손자이니, 세조와는 6촌간이 되며 뒷날 영의정을 지낸 이원익의 할아버지이다. 이정은은 종친부의 직책인 수천부정을 지내면서 청렴결백하게 살았고 김시습을 늘 도와주었으며 조정의 일에는 초연하게 지내면서 일사逸士들과 어울렸다. 그래서 그의 사랑채에는 많은 선비와 식객이 들끓었다.

남효온은 김종직의 제자로 젊을 때 소릉昭陵의 복위를 상소했다. 곧 단종의 어머니인 현덕왕후의 능을 세조가 물가로 옮겨놓았는데 이를 바로잡으라고 한 것이다. 이 상소가 올려진 뒤, 정창손·임사홍 등 권신들이 가로막아버리자 벼슬을 단념하고 방랑을 일삼으며 살았다. 남효온이 김시습과 언제 만났는지는 확실하지 않다. 그러나 김시습이 서울로 왔을 적부터 교우가 두터웠던 것으로 보인다. 남효온은 김시습을 스승처럼 섬겼는데 어느 날 김시습에게 물었다.

남효온 제 소견이 어떻습니까?
김시습 구멍난 창으로 하늘을 보지.
남효온 선생님 소견은 어떻습니까?
김시습 넓은 뜰에서 하늘을 보지.

남효온은 이런 대답에 심복했다.

홍유손은 김종직의 제자였으나 나이는 김시습보다 네 살 위였다. 그는 아전 출신이었으나 뛰어난 문사로 인정받아 아전 신분을 면제받았다. 수양대군이 왕이 된 뒤, 그는 죽림칠현을 자처해 호를 광진자狂眞子라 하고 청담淸談으로 세월을 보냈다. 홍유손도 자연스레 이정은·김시습과 어울리게 되었다.(『성호사설』 인사문)

또 한 사람은 김일손이다. 김일손은 다 알다시피 사초에 스승 김종직이 지은 「조의제문弔義帝文」을 실어 세조의 찬탈을 풍자했다가 이것이 발각되어 죽음을 당한 사림파의 벼슬아치였다.

그런데 김시습이 성동 폭천정사에서 나와 다시 삼각산 중흥사에 머문 적이 있었다. 김일손은 남효온의 손에 이끌려 술병을 차고 김시습을 찾았다. 이들은 주위 사람들을 물리치고 밤새도록 이야기를 나누었다. 그리고 모두 함께 백운대에서 시작하여 도봉산에 이르기까지 닷새 동안 산놀이를 벌이고 헤어졌다.(『매월당집』 부록)

이때 이들은 시세를 논하고 세상 돌아가는 이야기를 나누었는데, 그때 김시습이 사관인 김일손에게 김종직의 「조의제문」을 사초에 올리라고 권고했다는 것이다. 다시 말해서 불의의 왕인 세조에 대한 비판이 역사에 올려져야 하므로 이를 수록하도록 했다는 것이다. 이로 따지면 김일손 등 사림파가 떼죽음을 당한 무오사화의 꼬투리는 김시습이 만든 셈이다.

이후 그들과 절친하게 사귄 남효온은 생육신으로 있다가 갑자사화 때 언행과 상소 등이 빌미가 되어 비참하게 죽었고, 홍유손은 무오사화 때 종이 되었다가 풀려났다. 만일 김시습이 연산군 때까지 살아 있었더라면 이들처럼 비참한 운명을 맞이했을지도 모른다.

이처럼 그는 은사·지사·현관 등 세 부류의 사람들과 때로는 어울리기도 하고 때로는 그들에게 경원을 당했던 것이다. 그중에서도 정창손·한명회가 그를 못마땅하게 여겼을 것은 너무나 당연하다. 이들이 그를 죽이지 않은 것은 온 나라에 이름을 떨치고 있는 방외인을 함부로 죽였다가는 쏟아지는 비난을 감당하지 못할 것임을 염두에 두었기 때문이었다.

그의 나이도 이제 40대 후반이 되었다. 온갖 것을 다 겪고 보았으니 불혹의 나이에 걸맞게 인생관이 결실을 맺었을 법도 하지 않은가? 그의 친구들과 후배들은 그에게 아내도 얻고 자식도 낳고 조상들에게 제사도 지내고, 그렇게 평범한 가정과 사회로 돌아오라고 권고했다. 또 일부에서는 낮은 벼슬이라도 얻어 생계를 꾸리고 행동거지도 선비의 기품을 지니라고 권고했다.

그는 자신의 행동에 지쳤는지, 아니면 어떤 커다란 심경의 변화가 있었는지, 그도 아니면 친지들의 권유를 뿌리칠 수가 없었는지 아무튼 안씨 성을 가진 아내를 맞이했다. 그는 지난날 스물한 살 나이에 가정생활을 불과 1년도 채 못하고 매정하게 아내를 버리지 않았던가? 그의 첫 아내인 남씨에 대한 소식은 그 뒤 전혀 알 길이 없다. 죽었는지 아니면 재가를 했는지 기록에 일절 나타나지 않는다. 어쨌든 적어도 그녀 입장에서 보면 김시습에게 배신당한 꼴이었다.

이제 새 아내를 맞이했으니 부모의 제사를 받들고 아들을 두어 대를 이을 결심이 섰을 것이다. 그는 머리를 길러 중의 행색에서 벗어났다. 그리고 부모와 조상에게 이런 제문을 지어 올렸다.

제왕이 다섯 가지 가르침을 베풀면서 부모에게 효도하는 조목을 제일 첫머리에 두었고 또 3천 가지 죄를 늘어놓으면서 불효를 가장 큰 죄라고 했습니다. 무릇 천지 사이에 살면서 누군들 길러주신 은혜를 저버릴 수 있겠습니까?

어리석은 소자는 자손의 도리를 이을 듯도 했으나 이단에 빠졌다가 말로에 바야흐로 회개하옵니다. 이에 예전禮典을 상고하고 성인의 가르침을 찾아보아 조상을 추모하는 큰 의식을 강정講定하고 청빈으로 살아가는 계책을 참작해서 간소하게 정성 어린 제사를 올리나이다. ……만일에 속죄를 하려면 몸을 하늘가에 던져야 되겠습니다. 무슨 면목으로 지하에 가서 조상을 뵈오리까?

『사우언행록』

그는 이제 머리를 기르고 아내도 얻었으며, 제사도 지내고 고기도 먹으며 사는 일상 선비의 모습으로 돌아왔다. 의관을 정제

하고 나들이를 나가면 제법 위엄 있는 행동도 했다. 그리고 제문
의 내용대로, 지난날 부모와 조상의 제사를 저버린 행동을 깊이
뉘우치고 유가의 예법대로 봉제사奉祭祀를 하기로 결심했다.

멈추지 않는 기행, 네 것 내 것이 어디 있느냐?

그런데도 그의 기행은 멈추지 않았다. 1년도 채 안 되어 그의
아내가 죽은 탓이었다. 그의 아내가 나이든 남편을 받들기에 얼
마나 어려움이 있었겠는가? 원래의 성격이 제멋대로인데다가
30여 년의 방랑생활에 젖어 절제와 절도라고는 조금도 찾아볼
수 없었으니 말이다. 하지만 그에게도 지난날을 회개하고 새로
꾸민 가정에 마음을 붙이려는 몸부림이 있었다.

그는 방랑 속에서도 손수 농사를 짓고 제자들에게도 이를 가
르친 사람이다. 그러니 이때에도 분명히 농사를 지었다. 하지만
비록 그가 농사를 지었다 해도 제대로 재산관리를 하지 못했을
것이다. 이 무렵 그는 종들과 가옥·전답을 모두 음흉한 사람에
게 빼앗겼다. 성동의 폭천정사에 있을 때 궁방전을 갈아붙여 밥
을 먹었는데 이때에는 궁방전을 비롯, 집안에서 물려받은 토지
와 또 누군가 마련해준 종도 있었다. 이것을 어떤 구실로 빼앗긴
것이다. 그는 재산을 빼앗긴 줄 알고도 아무렇지 않게 지냈다.
그러던 어느 날 갑자기 그 사람을 찾아가서 재산을 돌려달라고
요구했다. 그 사람이 거절하자 김시습은 한성부에 고소했고, 두

사람은 대질을 하게 되었다. 보통 양반들은 이런 송사가 있으면 종을 대신 보내고 자신은 뒷전에서 하회를 기다리고 있어야 양반의 품위를 지킨다고 생각했다.

어쨌든 이들을 대질하는 과정은 두 사람이 서로 시끌벅적하게 떠들어대는 것이 마치 시장판 같았다. 김시습은 그야말로 입에 거품을 물고 자기 재산을 입증하며 장사꾼처럼 굴었던 것이다. 본래 그의 재산을 빼앗긴 것이니 승소한 것은 너무나 당연했다. 그는 송사에 이기고 문서들을 도로 받아 관아 문 밖으로 나와서는 하늘을 보고 크게 웃었다.

"아하하, 네 것 내 것이 어디 있나?"

그러더니 문서들을 갈갈이 찢어 개천물 속에 내던져버렸다. 그는 옷깃을 펄럭이며 돌아왔다.(『해동명신록』) 그는 왜 애써 찾은 재산문서를 찢어 내버렸을까? 그는 이 무렵 이런 시를 남겼다.

지난해 일찍 가뭄이 들고 늦장마도 휩쓸어
물가에 수렁이 한 자 깊이나 패고
모래가 메워져 채전을 졸지에 흙탕물로 뒤엎고
쑥쑥 자라는 것은 잡초뿐이로다
아녀자는 배가 고파 길가에 울부짖으며 나앉고
길가에서 이를 보니 탄식뿐이노라
사채와 조세를 밤낮으로 독촉하는데
나도 백정(일반 평민)의 노역을 하기 어려워라
내 한 몸에 부과된 정역丁役(장정의 부역)이 삼처럼 얽혀

이리저리 빼앗는 부세 너무나 가혹하구나

올해 거둔 토란과 밤으로도 지탱하기 모자라

봄밭에 씀바귀 캐는 손길 밭둑에 꽉 찼도다

올해 갈고 심은 모가 이삭 팰 무렵

으스스 흙비 내리고 흐린 날 한 달 내내 이어져

보리이삭 싹이 터 누룩이 되고 벼뿌리 누렇게 썩고

철 어려우니 백성의 살 길 막막하도다

8월도 늦게 벼꽃이 한창 필 무렵에

동북풍이 불어닥쳐 쭉정이 여물지 않도다

도토리에 좀벌레, 채전에 황충, 오이덩굴 말라죽어

기근이 해마다 드니 살아갈 길 없네

내 기름진 땅 수십 이랑까지

지난해에 세도가에게 강탈당해버렸고

또 건장한 일손 있어 밭갈이 부리려 해도

지난해 지은 보保(군에 가는 대신 경비를 무는 장정)되어

군액軍額을 채워야 하네

어린아이 옆에서 시끄럽게 울어대고

서로 나에게 매달리는데도 못 들은 체

구중궁궐 깊고도 깊은 곳에

날개 달고 날아가 대궐문 두드리고 고소하고 싶네

『매월당집』「기농부어」

이런 현실은 그 자신을 빗댄 것이었다. 다시 말해서 천재와 인

재가 겹쳐 농민이나 백성은 살 길이 막막했다. 그러니 자신의 빼앗긴 재산을 찾은들 제대로 농사를 지을 수 있으랴. 이런 현실을 고발하는 그의 시는 애절하기 그지없다. 아무리 자신이 뼈빠지게 일해보아야 아내 입에 풀칠도 못해주게 되는 것이다(다른 이야기에 따르면, 이때 아이가 태어났는데 아내와 함께 곧 죽었다고도 한다).

그는 이 무렵, 또 서울 거리를 종횡으로 휩쓸고 다녔다. 더욱 술에 취하고 몸가짐을 흐트러트렸으며 어떤 것에도 구애받지 않았다. 그는 거리를 지나다가 무슨 색다른 것을 보면 한없이 응시하고 있었다. 이렇게 바보처럼 거리구경을 하다가도 소변이 마려우면 사람이 있든 큰 거리이든 가리지 않고 냅다 골마리를 열고 오줌을 갈겨댔다. 옷은 너덜거리고 패랭이는 찌그러진 채 새끼띠를 두르고 거리를 종횡하고 있으니 아이들 눈에 영락없는 거지꼴이 아닌가? 그의 뒤를 아이들이 졸졸 따라다녔다. 그리고 "늙은 거지야"라고 놀려대며 깨진 기와 조각이나 돌멩이나 막대기를 던졌다. 그는 이런 아이들을 꽁무니에 달고 다니며 때로는 호령도 하고 때로는 웃기도 했다. 이러다가 밤이 되면 아무 곳에서나 잠을 잤다. 거리의 무뢰배들과 어울려 떠들썩하게 담소하기도 하고 함께 술을 마시며 농지거리를 했다.

남효온은 이렇게 적었다.

그가 마흔여덟 살 이후 세상이 더욱 쇠해가는 것을 보고 인간의 일을 하지 않아 점점 더 여염에서 버림받게 되었다.

『사우언행록』

'큰 쥐' '작은 쥐'를 피해 수락정사로 들어갔으나

'세상이 더욱 쇠해간다'는 것은 무엇을 뜻하겠는가? 가정의 안락도 찾을 수 없음은 물론이고, 권신들이 점점 더 많은 요직을 차지하고 앉아 대토지를 넓혀가고 있는데 농민들의 생활은 더욱 참상을 빚고 있는 현실을 두고 말함이 아니겠는가? 이럴 때 그는 정창손이나 한명회를 조롱했고, 때로는 예전에 거처했던 삼각산 중흥사에 들어가 미친 듯 시를 지어 내버리기도 했다. 남효온이나 홍유손 등 그의 지우들이나 제자들은 그를 서울 거리에 내버려둘 수가 없었다. 약 10년 동안의 서울 생활은 오히려 새로운 가정의 좌절을 맛보게 했고, 더욱 현실에 안존할 수 없음을 증명하는 꼴이 되었다. 그리하여 수락산에 새로운 거처를 마련해주었다.

수락산은 도봉산 동쪽의 양주 땅에 자리잡고 있다. 서쪽으로 긴 골짜기가 이어지고 그 골짜기를 따라 시냇물이 흐른다. 경치로 따지면 산세야 도봉산보다 처진다지만 포근함은 한수 위로 치기도 한다. 서쪽 골짜기 위에 바위와 나무가 어우러진 만장봉이 있다.

김시습은 만장봉 아래에 수락정사를 짓고 새 터전을 마련했다. 갈아먹을 땅 몇 뙈기도 있었다. 그는 이곳에서 일을 하며 제자들을 가르쳤다. 그가 이곳에서 다시 도를 닦았다고 하니, 새 터전에서 새로운 마음으로 살아보려는 의지가 있었던 것 같다.

이때는 유생들이 찾아오면 '공자와 맹자의 가르침'에 대해서

만 말했지 결코 불법佛法을 말하지 않았다고 한다. 또한 유생들이 도가의 수련법에 대해 물으면 그다지 답하기를 즐기지 않았다고 한다. 이제 그의 나이 마흔여덟. 그가 공자·맹자를 말하고 불법을 말하지 않은 것이 사람들의 입방아 때문인지, 아니면 불법을 말해보아야 그 깊은 뜻을 알아듣지 못한다고 생각했기 때문인지 모르지만, 이때는 그러했다는 기록이 전해진다. 그렇다고 하여 그가 예의 바른 유생 흉내를 낸 것은 아니다.

이곳으로 그를 찾아오는 인사들도 더러 있었다. 앞에서 조우라는 중이 정승 노사신에게서 『장자』를 배웠다고 하여 김시습에게 혼쭐난 적이 있었다. 예전의 잘못을 뉘우쳐서 사과하러 왔는지, 아니면 한번 대판 따져보러 왔는지 조우는 수락정사로 그를 찾아왔다. 김시습은 그를 흔연스레 맞이하며 말했다.

"자네가 고맙게 나를 찾아보러 왔는가? 자네가 글을 배우겠다면 내 마땅히 가르쳐주어야지."

이어 일꾼(종이라고도 함)에게 밥을 지어 먹이도록 했다. 밥상이 들어오자 김시습은 조우의 옆에 높직이 걸터앉았다. 조우가 시장하던 차에 밥을 먹으려고 입가로 숟가락이 갈 때마다 김시습은 발로 바닥을 꽝꽝 차 먼지를 일으켰다. 숟가락에 먼지가 하얗게 앉았다. 조우는 참고 계속 숟가락질을 했지만 김시습은 계속 먼지를 일으켰다. 그리하여 조우는 끝내 한 숟가락의 밥도 먹지 못했다. 이에 조우가 볼멘소리로 말했다.

조우 생원은 밥을 지어 나를 주고서 한 숟가락도 먹지 못하게 하니 이 무슨 심사요?

　김시습　자네가 노가에게 글을 배웠으니 어찌 사람 노릇을 하겠는가?

　조우는 어쩔 수 없이 김시습의 마음을 돌리지 못하고 돌아갔다.(『월정만필』) 그러나 조우는 뒷날 이 이야기를 박지화라는 선비에게 들려주며, 김시습은 정말 알 수 없는 사람이라고 말했다고 한다.

　더러 그에게 글을 배우러 사람들이 오면 그는 나무나 돌로 두들겨 패기도 하고 활을 쏘아보라고도 했다. 이런 모욕을 지레 짐작하고 견뎌내고 글을 배우면 이번에는 화전을 일구게 하거나 밭일을 시켰다. 글을 배워 선비가 되려는 청년들이 화전을 일구거나 밭일을 즐거이 하겠는가? 그런데도 그는 이렇게 노동을 시켰다. 비록 더러는 화전이나 밭일을 견뎌내면서 글을 배우기도 했지만 대부분은 얼마의 기간을 견디지 못하고 달아나기 일쑤였다.(『연려실기술』)

　이런 그의 깊은 뜻은 어디 있었던가? 이런 사람들만 수락정사에 찾아오는 것이 아니었다. 그를 따르는 남효온은 그가 거처하는 곳을 찾아다녔는데 수락정사를 찾아올 때 길을 헤맨 적이 있었다고 한다. 그와 만나면 다시 시를 화답하며 시세를 한탄하고 흉금을 털어놓았다. 이렇게 노동을 하고 도를 닦으며 살아가는 그에게 끊임없이 시련이 따라붙었다. 그도 농민이요 화전민이었다. 화전 몇 뙈기 갈아먹고 더러 일꾼이나 제자들을 시켜 수확을 해도 남는 것은 거의 빈손이었다.

　아무리 농사를 지어본들, 그는 나이도 들고 몸도 약한 일개 선비였다. 그리고 처자도 없는 몸이었다. 한 몸의 호구를 위해서는 어디 마음 맞는 대가의 사랑채에서 훈장 노릇이나 하며 밥을 얻어먹을 수도 있을 것이다. 그러나 그는 굳이 일을 했고 또 농부들과 어울리며 그들의 비참한 생활상을 몸소 겪고 보았다. 그 때문에 깡그리 조세니 도조니 하며 명목을 붙여 수탈을 일삼는 벼슬아치나 지주들을 미워했다. 그리하여 또 이런 시를 남겼다.

큰 쥐야 큰 쥐야

내가 거둔 곡식 먹지 말거라

삼 년씩이나 너에게 바쳐왔는데

나에게 적은 곡식도 남겨주지 않는구나

가리라, 너의 땅을 떠나가리라

저 즐거운 낙토로 가 노닐리라

큰 쥐야 큰 쥐야

네 어금니가 칼날같이 날카로워

내가 잘 갈아놓은 곡식을 해치고

내 수레바퀴마저 물어뜯어

나에게 길을 갈 수 없게 하고

다시 앞으로 나아갈 수도 없게 하네

큰 쥐야 큰 쥐야

소리내 늘 찍찍 울어대며

교활한 밀로 사람 해치고

사람 마음을 두려움으로 떨게 한다

어떻게 하여 모진 고양이 얻어다가

한번 너를 잡아 남은 종자 없게 할까

큰 쥐가 한번 새끼를 낳으면

내 집안에 젖먹이 쥐 가득 차니

내가 너를 기르는 게 아니어서

쥐를 잡아 처형하던 옛 옥사에 붙여

너의 깊숙한 소굴 구멍을 메워

종적을 멸하게 하겠노라

「석서碩鼠」

이 '큰 쥐'는 누구를 뜻하는가? 『시경』의 「석서」편에 나오는 이 시가는 조세를 마구 매기던 통치자들을 풍자하는 내용으로, 민간에 떠돌던 것이었다. 그러니 여기에서 말하는 '큰 쥐'는 누구를 가리키는지 알 만하다. 이 '큰 쥐'는 여느 농부만이 아니라 자신의 삶까지도 방해하고 오도가도 못하게 하는 재앙 덩어리였던 것이다.

그가 당초 수락산에 들어갈 적엔 몇몇 친구와 독서도 하고 농사도 지으며 자급자족할 작정이었다. 해마다 골짜기에 씨를 뿌리면 보리에서 조까지 많은 곡식을 거둘 수 있을 것이라고 생각했다. 또 벼와 밤 따위도 땅이 걸어 가을이 되면 수십 가마니를 수확하리라 생각했다.

이렇게 먹을거리를 만들어놓고 다음해에는 좀더 차분한 마음으로 독서와 학문에 힘쓰기로 마음먹었다. 가을걷이가 끝난 뒤에 그는 서울 나들이를 나왔다. 그리고 흡족한 마음으로 서울 거리를 돌아보았다. 그러던 어느 날 그가 수락정사로 들어가 보니 곡식이 한 톨도 남아 있지 않았다. 산쥐들이 깡그리 먹어치워 버렸던 것이다. 그는 망연자실해서 눈물을 삼키며 곡식섬을 바라보았다. 그리고 한숨을 쉬며 말했다.

"궁핍하다고 사람들에게 빌붙어 먹고, 입에 풀칠하기 위해 관에 몸을 조아리고 아양을 떨며 먹을 것을 구하는 것은 선비의 지조가 땅에 떨어진 것이다. 아아, 어찌할까?"

그때 옆에 있던 사람이 말했다.

"궁해지면 처먹으라고 내주는 음식도 받아야지요."

"옛 사람이 말하지 않았소. 늙을수록 더욱 장건해지고, 궁할수록 더욱 견고해져야 한다고……."(「상유양양진정서」)

그의 자존심은 또다시 서울의 대갓집에 빌붙어 얻어먹게 허락하지 않았다. 이에 그의 심사는 또 뒤틀어지기 시작했다.

그런데 여기에서 설명을 덧붙일 필요가 있다. 그의 시나 글을 보면 쥐를 미워하는 표현이 자주 나온다. 이 쥐가 앞에서 말한 '석서'인지, 아니면 산쥐·들쥐인지는 모를 일이다. 도둑질하고 빼앗는, 사람 탈을 쓴 큰 쥐와 작은 쥐, 그리고 사람의 먹을것을 요리조리 훔쳐 먹는 산쥐와 들쥐로 구분해서 나타낸 것이리라. 이 두 종류의 쥐를 그는 미워했을 법하다. 분명히 '쥐'는 그의 천적이었다. 그런 쥐를 다스릴 능력이 그에게는 없었다. 다만 그

쥐를 피해 다니면서 저주와 원망만을 퍼부어댈 뿐이었다.

이제 그는 10여 년이 넘는 서울 생활이나 서울 언저리 생활에 넌덜머리가 났다. 1년쯤의 수락정사 생활에서 그는 '동봉東峰'이라는 호 하나를 얻고는 또다시 떠날 차비를 했다.

그는 용산의 수정水亭에 잠시 머물렀다. 아마도 친구와 후배들을 만나보고 길을 떠날 작정이었을 것이다. 어느 날 수정에는 남효온을 비롯한 많은 명사들이 몰려들었다. 여러 사람들과 이야기를 나누던 김시습이 갑자기 정자 밖 두어 길 밑으로 떨어졌다. 그리하여 심하게 다쳐서 숨도 제대로 쉬지 못하게 되었다.

여러 사람들이 눈이 휘둥그레져 달려가 몸을 끌어올리고 주무르고 물을 먹이고 법석을 떨었다. 이윽고 김시습이 깨어나자 사람들이 물었다.

"그대가 이렇게 많이 다쳤으니 내일 어떻게 길을 떠나겠소?"

"자네들은 내일 다락원으로 나와서 나와 송별할 것을 기다리고 있게. 곧 조섭을 잘해서 조금이라도 나으면 웬만한 아픔은 참고 길을 나서겠네."

다음날 아침 여러 사람이 다락원에 가니 그는 벌써 와 있었다. 다친 기색이라고는 조금도 없이 아무렇지도 않은 듯 웃고 있었다. 남효온이 말했다.

"선생은 어찌 환술을 써서 우리들을 속이시오?"(『월정만필』)

마지막 방랑의 길

마흔아홉 살 되던 해 늦은 봄날 3월 19일, 그는 강원도로 길을 떠났다. 많은 책을 싸 짊어지고 가면서, 그는 관동의 산수를 돌아보고 수수라도 심어 먹고 살 땅뙈기를 구해 살리라며 다시는 서울로 올 뜻이 없다고 했다. 그러자 남효온은 이렇게 썼다.

> 내가 술을 가지고 가서 손을 잡으며 슬픈 마음으로 이별했는데 다시 만나볼 기약이 없었다.
>
> 『추강집秋江集』

그는 예전에 잠깐 머물던 설악산·강릉·양양 등지로 발길을 돌렸고, 다시는 서울로 돌아오지 않았다.

그는 서울을 떠나 소양강을 거슬러 올라가다 춘천의 청평산 청평사에서 한동안 지냈다. 그리고 오대산 한계령을 돌아보다가 동지 때에는 강릉에 이르렀다. 이때 그는 두 사람을 데리고 간 것으로 보인다. 종자인 어성갑於成甲과 친족인 김효남金孝男이었다. 두 사람은 그의 손발이 되어주었다.

이 방랑길에서 그는 병든 몸을 이끌고 또 백발이 된 자신을 돌보며 격렬한 감정의 표백보다는 과거를 돌이켜보는 감상에 젖은 심정을 드러냈다. 그리하여 시에도 새삼 자기 일생을 돌아보는 내용들을 많이 담고 있다. 쉰한 살이 되던 해 정월에 지은 것으로 보이는 다음의 시에서 이런 자신의 모습을 읊조리고 있다.

어머니를 열세 살에 잃고
외할머니에게 이끌려 길러졌네
얼마 뒤에 또 유명을 달리하시자
생업이 뒤틀어졌네
벼슬살이할 심정이 적고
숲속에 노닐 뜻 많아
오직 생각은 세상을 잊는 것이어서
멋대로 산언덕에 누워 지냈구려

이 무렵 또 이런 시를 남기기도 했다.

늙음 병이 찾아든 속에
삼 년 동안 강릉을 떠돌았네
옛 친구는 만날 길 없고
꽃떨기만 마주하는구려
공중에 매달린 달을 금禁할 수 없겠으나
나무에 부는 바람도 미워지는구나
금년에는 어느 곳에 잘꼬
천지 사이에 하나의 떠돌이

이렇게 그는 늙음과 질병과 그리고 흰 머리털을 보며 옛 친구들을 그리워하다가 설악산에 자리를 잡았다.

이때의 양양부사는 유자한이었다. 유자한은 1486년(성종 17) 이곳 부사로 왔다. 그는 비록 벼슬자리에 있었지만 사림파들과 어울렸으며, 뒷날 갑자사화로 유배지에서 죽은 절의의 벼슬아치였다. 이런 유자한이 설악산에 있는 김시습의 이야기를 못 들었을 리 없었다. 유자한은 김시습을 지극히 후대하며, 조정에 벼슬을 천거할 것이니 늙은 몸을 돌보아 다시 머리를 기르고 서울로 가기를 권고했다. 그리고 가업을 잇고 범상한 생활을 도모해보라고 일렀다. 이때 김시습은 이런 편지로 회답했다.

> 앞으로 긴 괭이를 만들어서 복령(약이름)과 창출(약이름)을 캐리로다만 나무에 서리가 내리면 중유(공자의 제자)의 더러운 옷을 수선하여 입고 천산에 눈이 쌓이면 장공(진나라 때 사람. 학창의를 입고 눈 위를 걸어다녀 신선이라 일컬었다 함)의 학창의를 고쳐서 입으리로다. 비굴하게 사는 것이 마음 펴고 사는 것만 하겠소. 천년 뒤에나 나의 뜻을 알아주기 바라오.
>
> 『해동명신록海東名臣錄』「상유자한진정서」

그는 유자한의 뜻을 한사코 거절하며 산속에서 자족하며 살기를 바랐던 것이다.

속인의 경지를 벗어나다

유자한은 김시습의 마음을 달래고 그의 생활을 도우려 애썼으나 잘 받아들여지지 않자, 한번은 계집종을 보내 그를 돌보게 했다. 그는 계집종을 그윽이 바라보았다. 계집종은 김시습이 영 마땅치 않았다. 꾀죄죄한 모습에 쉰이 넘은 늙은이인데다, 돈도 땅도 없는 방랑객이니 시종을 들거나 첩살이할 마음이 없었다. 하지만 당시 계집종은 상전의 지시에 따라 움직여야 했을 뿐만 아니라, 상전이 시키면 첩이 되어 수발을 들어야 했다. 만일 이를 거역하면 벌을 받게 되어 있었다. 김시습도 그 계집종을 별로 내켜하지 않았다.

마침 달빛이 환히 비추자, 김시습은 짐짓 계집종에게는 관심이 없는 척 달구경을 하며 그녀의 행동을 살펴보았다. 그랬더니 계집종은 그가 자신에게 관심을 기울이지 않음을 보고 눈치를 살피다가 가버렸다. 계집종은 돌아가 부사에게 이런 사실을 알렸고, 부사는 그녀를 크게 나무랐으나 어쩔 수 없는 일이었다.

그는 왜 계집종을 곁에 두고 일도 시키지 않고 노리개로 삼지도 않고 돌려보냈을까? 설명하지 않아도 알 것이다. 자신의 이기심에 충실했더라면 그 계집종은 어떤 처지에 놓였을 것인가?

그가 설악산의 암자에 있을 때 강릉의 선비들이 그에게 글을 배우러 올라왔다. 최연 등 대여섯 명의 청년들이 글을 가르쳐달라고 하자 그는 한사코 거절했다. 그러나 최연만은 끝까지 버티고 앉아 글을 배웠다. 최연은 김시습이 시키는 대로 일도 하고 글도 배우며 아침저녁으로 극진히 모시면서 제자의 도리를 다했다.

그런데 달이 밝고 밤이 깊을 적에 최연이 자다가 눈을 떠보니 김시습이 잠자리에 없었다. 이러한 일이 여러 번 있었지만 최연은 물어보지도 못하고 혼자 궁금증을 삭이고 있었다. 어느 날 달 밝은 밤, 그는 김시습이 또다시 망건을 쓰고 나가는 모습을 보고 몰래 뒤따라 나섰다. 김시습은 깊은 골짜기에 있는 넓은 반석 위로 올라가 앉았다. 그러자 어디선가 두 사람이 더 왔고 그들은 서로 이야기를 나누며 즐겁게 웃었다.

최연은 멀리 떨어져 숨어서 살피느라고 이야기 내용은 알아들을 수가 없었다. 이들이 대화를 마칠 때쯤 최연은 재빨리 돌아와 잠든 척하고 예전처럼 누워 있었다. 다음날 아침 김시습이 최연을 불러 앉혔다.

"너를 가르칠 만하다고 생각했는데 지금 조급한 것을 보니 가르칠 수가 없구나. 가거라. 가서 네 일이나 하여라."

최연은 말할 나위도 없이 돌아왔다. 김시습과 대화를 나눈 게 사람인지 신선인지 모를 일이라고 한다.(『어우야담』)

그가 거처하던 설악산의 암자를 세상 사람들은 '오세암'이라고 했다. 곧 그의 어릴 적 별명을 따서 붙인 이름이다(오세암의 유래는 사실 이와 다르다). 설악산 오세암에서 그는 신선의 행적을 보인 것으로 전해졌지만 그가 도가에 깊은 관심이 있었던 것은 아닌 듯하다. 물론 『노자』와 『장자』를 읽었고, 또 수련과 같은 양생의 법을 몸소 익혀보기도 했지만 신선술에는 깊이 빠지지 않았다. 그는 삼각산에서 책을 내던지고 설잠이라는 중이 되었을 때 '이교異教'가 크게 일어나는 세태를 한탄해서 방랑생활을 하게 되었다고도 토로했다. 그러나 이것은 그가 중년에 심적 갈등을 겪으며 토로한 말일 뿐이다.

그가 삼각산에서 지었다는, "삼각의 높은 봉우리 태청太淸(도가의 세계)을 꿰었고 올라보니 두우성斗牛星을 딸 만하네"라는 시는 도가 분위기를 풍기는 내용인데, 자신은 이것을 지은 적이 결코 없으며 세상 사람들이 만들어 퍼뜨렸다고 했다. 그가 방외인이 되었다고 해서 도가류라고 말할 수는 없으며 시속을 멀리했다고 도인은 아니다.

불교에 대한 그의 깊이가 단순히 절간에서 밥을 얻어먹으며 귀동냥으로 들은 지식이 아니었음은 여러 군데에서 증명된다. 그는 30대에 불경 번역, 곧『묘법연화경』의 번역에 참여할 만큼 불교 지식을 인정받고 있었다. 그는 이어 이와 관련된 저술을 남기기도 했다. 특히 의상義湘의『화엄일승법계도華嚴一乘法界圖』에 대한 주석을 저술했다. 이는 보통 '법계도' 또는 '법성게法性偈'라고 부르며 우리나라 불교의식에서 빼놓지 않고 염송하는 것이다. 여기에는 화엄사상을 요약하여 담았는데, 이 화엄사상을 간단히 말하면 법계평등法界平等과 무차별상無差別相을 그 기저로 하고 있다.

그가 초기와 중년에 방외인의 모습을 보이며, 불경에 깊이 빠져 있으면서도 이단의 부흥을 나무라고 또다시 머리를 기르고 공맹의 도를 말하자, 많은 유자儒者들은 그의 근본은 어디까지나 유교라고 변호했다. 이이도 그를 두고 "심유적불心儒蹟佛"이라고 했다. '마음은 유학에 두고 행동은 불교였다'는 뜻이다. 이런 말이 어느 시기에는 맞았다.

그러나 그가 50대의 나이로 다시 방랑을 시작했을 적에는 사뭇 달랐다. 앞에서 본 대로 그가 송광사의 주지 조우를 비웃으며 욕한 것도 권문에 아부하는 조우의 행동 때문이었지, 불교와 관련된 그 무엇 때문은 아니었다.

또 세조의 명으로 불경언해에 참여했을 때 알게 된 '학조'라는 스님이 있었다. 학조는 유자 집안 출신이었다. 그리고 앞에 나온 김수온의 형인 '신미'라는 중이 있었다. 이들은 속리산 복천사에서 세조를 모시고 대법회를 열기도 하고 왕명으로 금강산 유점사 중창의 주역으로 일을 벌였다. 김시습은 이들과 어울렸는데 학조와는 이런 일화가 있다.

학조는 김시습에게 굴복하지 않고 매양 맞섰다. 어느 날 산속을 함께 가게 되었는데 마침 비가 개고 길 옆에 산돼지가 칡뿌리를 캐 먹느라 파놓은 웅덩이가 있었다. 그 웅덩이에는 흙탕물이 가득 차 있었다. 김시습이 말했다.

"내가 이 흙탕물에 들어갈 터이니 자네도 함께 따라 들어오겠는가?"

학조는 그러자고 했다. 두 사람은 흙탕물을 휘젓다가 나왔는데 학조는 얼굴과 옷이 흙탕물에 범벅이 되었지만 김시습은 아주 깨끗했다. 이에 김시습이 말했다.

"자네가 어찌 나를 본받을 수 있겠는가?"(『월정만필』)

이런 야담에는 김시습을 의인으로 만들려는 뜻이 숨어 있겠지만 불승을 얕잡아보았다는 이야기는 전혀 전하지 않는다. 그가 두 번째로 서울을 떠나 방랑의 길에 나섰을 때 다시 승복을 입고 머리를 깎은 것은 절에서 밥이나 얻어 먹으려는 얕은 생각에서 나온 게 아니었다. 그가 여느 승려처럼 조용히 불교를 익히거나 참선에 빠져든 것은 아니나 결국 불교로 종장을 삼았던 것으로 보아야 한다.

그는 성리학에서는 기일원론氣一元論을 철저히 주창했다. 만물은 '기'로 이루어진다고 본 것이다. 이는 성리학에서 이원론을 펴서 이는 선, 기는 선악의 혼잡으로 보는 일반적인 학설에 큰 반기를 든 것이다. 따라서 그는 물질이나 현상이 정신을 좌우한다는 논리에 접근했다고 볼 수 있고, 또 이것은 인간은 기에서 태어난 평등한 존재라는 논리로도 발전하는 것이다.(「태극설」)

그가 줄기차게 농민의 생활을 동정하고 그 자신이 노동을 신성시한 것 등은 애민사상에서 나왔다. 그런데 그는 인간의 생활이나 차별의 궁극적 책임을 통치자인 왕이나 지배계층인 벼슬아치에게 두고 있다.(「고금제왕국가흥망론」) 밑으로부터의 개혁, 곧 민중적 역량이나 동력을 중요시하지는 않았지만, 그의 애민사상은 매우 철저했다.

그리하여 그의 기철학은 뒷날 화담 서경덕에게 전수되었고 애민사상은 율곡 이이에게 영향을 주었으며, 그의 평등관·무차별관의 불교사상은 현실과 밀접한 행동불교로 이어졌다고 볼 수 있다. 이런 투철한 사상을 지니고 말년의 허무와 감상에 빠진 그는 결국 홍산(지금의 부여군 내)의 무량사로 발길을 돌려 삶의 마지막 안식처로 삼았다.

처절한 자기성찰의 진보적 지식인

강원도에서 충청도로 발길을 돌렸지만 그가 병든 몸을 의탁할 곳은 역시 절간이었다. 절간에 머문다고 하여 법회를 열고 설법을 하는 것도 아니었다. 하루는 무량사의 여러 중들이 설법을 청했다.

"빈승들이 대사를 받든 지 오래되었으나 설법을 한 번도 들려주지 않으셨습니다. 대사의 청정하신 법안法眼을 끝내 누구에게 전하시렵니까? 빈승들이 향할 곳을 알지 못하니 눈에 가린 것을 금집게로 긁어주소서."

"너희들은 크게 설법의 자리를 열라."

김시습은 가사를 걸치고 법상에 가부좌를 틀고 앉았다. 중들이 법당을 가득 메우고 꿇어앉아 있었다. 김시습이 소리쳤다.

"소 한 마리를 몰고 오라."

중들이 소를 끌어다가 뜰 아래에 매어놓았다. 그는 또 소리쳤다.

"소 먹일 꼴을 가져오너라, 그리고 소 꽁무니에 놓아두거라."

소와 꼴이 놓이자 그는 다시 껄껄 웃으며 말했다.

"너희들이 불법을 듣고자 함이 이와 같다."

설법은 이것으로 끝이었고 중들은 얼굴을 붉히고 수군거리며 물러났다. 무식한 사람을 '소 꽁무니에 있는 꼴뚜기'라고 일컫는 속담에 빗대어 불법에 어두운 중들을 질타한 것이다.(『용천담적기』. 이 글에서는 중들을 비웃는 뜻으로 씌어졌다) 가위 선승의 설법 흉내를 낸 것이다. 그는 무량사에 안식처를 구해 극진한 대접을 받으며 지낼다. 병이 깊은 가운데 그는 이런 시를 남겼다.

> 봄비가 주룩주룩 이삼 월에
> 모진 병 붙들고 선방에서 일어나
> 중생에게 서쪽에서 온 뜻을 묻고자 했으나
> 다른 중들이 기리고 높일까 두렵구나

「무량사 와병」

이처럼 그는 지식을 떠벌려 설법에 나서려 하지 않았다. 그는 키가 작고 얼굴이 못생겼으며 도통 예의를 차리지 않았다고 한다. 그러나 재기가 넘치고 독선적이지만 불의나 남의 허물을 보면 참지 못했다고 한다. 또 자기의 일로 남에게 부탁한 적이 없으니 벼슬살이를 구하는 것은 물론, 양식이 떨어져도 빌려올 줄 몰랐다. 이런 성격을 두고 그 자신도 원래부터 성품이 그래서 고칠 수가 없다고 했다. 그러니 그가 명망을 구했을 리도 없다.

그가 많은 시를 지어 내버렸던 것도 그런 '되지 못한 싯줄이 무슨 소용이랴' 하는 생각 때문이었다. 그는 선방에서도 이런 모습을 보였다. 다만 인연 따라 담담히 생을 마감하려 했다. 무량사에서 어느 날 그는 무슨 마음이 동했던지 붓을 잡고 자화상을 그렸다. 그리고 자화상 위에 이런 글귀를 써넣었다.

"너의 모양은 조그마하고 너의 말은 크게 분별이 없구나. 너는 구덩이 속에 처박아두어야 마땅하다."

인생을 마감하면서 남긴 말이었다. 처절한 자기성찰의 글귀였다. 이 글귀 밑에는 '청한淸寒'이라는, 또 하나의 자기 호를 새긴 도장을 찍어두었다. 그의 나이 쉰아홉 되던 해, 봄날씨도 따뜻한 3월, 그는 조용히 유언을 남겼다.

"내가 죽거든 화장을 하지 말고 임시로 관을 절 옆에 두어라."

그의 제자들은 유언대로 그의 관을 절 옆에 그대로 조용히 모셔두었다. 3년 뒤에 장사 지내려고 관을 열어보니 안색이 마치 살아 있는 것 같았다. 여러 중들이 놀라 모두 성불했다고 말했다. 끝내 불교의식대로 다비를 했더니 사리가 나와서 그 사리를 담아 무량사에 부도를 만들어 안치했다.(이이 『김시습전』)

그는 분명히 불행한 삶을 살았다. 살아서는 그의 절의와 문명 탓인지, 여러 사람의 동정을 받기도 하고 시샘을 당하기도 했다. 또 죽어서는 수많은 일화로 민중의 가슴속에 자애로운 모습으로 자리잡았다.

선조는 그의 충절을 기려 생육신으로 떠받들게 하고 이이로 하여금 『김시습전』, 윤춘년으로 하여금 『매월당전』을 짓게 하여 기렸다. 그가 죽은 지 89년 뒤의 일이었다. 또 정조는 그가 죽은 지 289년 뒤에 이조판서를 증직했고 이어 곳곳에 생육신과 김시습을 기리는 서원과 사당이 세워졌다.

이는 모두 그의 충절을 기린 것이다. 곧 그가 세종에 대한 은의, 단종에 대한 충성을 다하기 위해 몸을 방랑과 물외物外에 두었다는 것이다. 그러나 결코 그 때문에 그가 세상을 깔보고 산 것은 아니었다. 그는 냉철하게 현실을 보고 비뚤어진 세상을 등졌던 것이다. 또 그는 백성을 사랑하는 마음을 가지고 있었고,

몸소 노동을 게을리 하지 않는 지사였다. 그러므로 그는 진보적 지식인이요 사상가였지, 음풍농월이나 일삼는 시인은 아니었던 것이다.

그와 가장 가까운 지기 중의 한 사람인 홍유손은 김시습의 제문에 그의 충절을 말하는 대신 "그는 색은행괴索隱行怪(궁벽한 것을 캐고 괴상한 행동을 하다)를 하지 않았다"고 썼다.

또한 그는 "저자에서 함께 술 마시던 무리들도 모두 통곡해 마지 않았다"고 했으며, "공을 우리들이 가장 잘 안다"고도 했다.

그런데 한편으로는 왕조의 지배층이 그의 충절을 지나치게 과장한 것은 충효를 통치철학으로 이용한 조선시대의 이미지 조작에서 나온 것이었다고도 말할 수 있다. 이러한 점을 감안하더라도 그는 분명 조선 전기에 나타나기 시작한 현실 모순에 철저히 저항한 시인이었고 사상가였음을 위의 이야기들을 통해 알 수 있다. 다만 그는 현실 속에 뛰어들어 개혁사상을 실현하려 하지 않고, 방외에 멀찍이 서서 수선해야 할 망태기쯤으로 현실의 모순을 바라보았을 뿐이다. 이것이 그에 대한 해답이다.

임제

칼로 불의를 끊고, 거문고로 마음을 다스리다

조선시대에 웬만한 벼슬아치나 선비들은 나주 회진에 있는 임씨 마을 앞을 지나갈 때면 말에서 내려 걸어갔다고 한다. 임씨들의 기세가 당당해서인지 아니면 이 마을에서 태어난 이름난 시인을 존경해서인지 과객들은 말에서 내려 마을이 다 끝나는 지점까지 눈치를 보며 지나다녔다고 전한다.

이 마을은 호방한 시인으로 이름을 드날린 임제林悌(1549~87)가 태어나고 살았던 곳이다. 임제는 전국을 방랑하며 살았던 한 많은 시인으로 자신이 태어나 자란 고향을 남달리 아꼈다. 그 증거의 하나가 바로 그의 호이다. 임제는 자신의 호를 외가가 있던 곳의 지명을 따서 백호白湖라 했고, 또 자기가 자랐던 곳의 이름

을 따 풍강楓江이라고도 했다. 여러 개의 호 중에서 백호와 풍강을 가장 사랑했던 것으로 보이며, 그리하여 그의 이름은 잘 몰라도 '백호'라 하면 어린아이까지 알아들을 정도였다고 한다.

임제는 방외方外시인으로 꼽히는 김시습과 김삿갓의 중간 시기에 살았으나 두 시인과는 분위기가 사뭇 달랐다. 자신의 울분만으로 방랑을 일삼지도 않았고, 감상에 젖어 떠돌아다니지도 않았다.

벼슬아치가 되어 평양으로 부임하는 길에 임제는 송도 앞을 지나가게 되었다. 명기 황진이의 무덤을 그냥 지나칠 수가 없었던 그는 무덤에 들러 죽은 황진이에게 술잔을 따르면서 이렇게 노래했다.

그러나 속된 무리들은 이를 트집잡아 임제를 중상모략했고 끝내 파직시켰다. 아니 임제 스스로 썩은 무리들이 싫어 벼슬을 버리고 산수를 벗 삼아 살기로 한 것일 수도 있다. 해 지면 아무네 집 사랑방 한구석에서 잠을 청하기도 하고, 밥때가 되면 농부들 틈에 끼여 한술 얻어 먹기도 하며 유랑길을 떠돌았다.

임제 곁에서 늘 떠나지 않은 것은 칼과 거문고였다. 장도는 노끈을 자르는 따위에 쓰였을 것이요, 거문고는 울적할 적에 한 곡조 타면서 시를 읊조릴 때 쓰였을 것이다. 그러나 이 물건들은 잡다한 생활도구를 넘어섰음을 상징한다. 칼은 물건을 자르는 데 쓰이지만 불의를 끊는 상징이 된다. 세상에 우글거리는 속물들, 이권이나 찾아 몰리는 벼슬아치들, 음모를 일삼아 세도를 누려보자는 지배세력을 모두 끊어버렸다. 이것은 저항을 의미하는 것이요, 터져나오는 정의감의 발로이다.

거문고는 무엇을 뜻하는가? 풍류요, 평화요, 조화이다. 여러 가닥이 강약에 따라 가지런히 매여 있으면서 줄마다 다른 소리를 낸다. 소리를 연속으로 이어주어 하나의 어울림으로 사람의 마음을 가라앉힌다. 칼로 불의를 끊지만, 거문고로 끊어진 것을 이어준다.

황진이의 무덤에 술잔을 올리다

임제는 한때 벼슬살이를 했다. 그 내력도 단순하지 않다. 그의 아버지 진怤은 전라수사를 비롯 다섯 도의 절도사를 지냈다. 그러니 현달한 집안은 아니지만 영락한 집안도 아니었다. 그도 어릴 때 글을 배우기 시작했지만 기대와는 달리 멋대로 행동한 탓에 스승을 모시지 못했다. 그 대신 기생집이나 주막 언저리를 돌아다니면서 세월을 보냈다. 『소학』에서 가르친 소년 또는 선비의 몸가짐이 아니었으니 꾸지람을 받을 수밖에 없었다.

그러던 그에게 커다란 전환기가 찾아왔다. 그의 나이 스물세 살에 어머니가 돌아가신 것이다. 그에게는 회한의 계기였다. 그는 마음을 다잡고 학업에 열중했다. 집어던진 과거공부를 다시 시작해 몇 차례 과거장에 나갔지만 번번이 낙방했다. 20대부터 지은 시가 전해지는 걸 보면 이때도 과거공부보다는 시 짓기에 마음을 쏟았음을 알 수 있다.

한번은 서울로 올라가던 길에 충청도 땅을 지나면서 시를 지었다. 이 시는 우연찮게도 속리산에서 글을 가르치고 있는 성운成運에게 전해졌다. 성운은 이름 있는 선비요 문사였다. 그는 성운의 문하에서 3년 동안 학업에 정진하다가 속리산을 벗어나 서울로 올라왔다. 성운 밑에서 경서를 읽어 선비의 실력을 제대로 갖추게 되었다.

이 해 곧 1576년, 그의 나이 스물여덟에 덜컥 생원 진사시에 합격했고, 이듬해에는 최종 시험인 알성시에 합격했다. 이제부

터 벼슬길이 탄탄하게 열리게 되었다. 홍양현감 예조정랑 따위
의 벼슬을 얻었다. 하지만 아쉽게도 술과 창기와 시를 좋아하는
그로서는 치적을 올리기는 어려웠다.

더욱이 그는 벼슬아치와 선비들이 조정에 앉아 당파나 일삼고
거들먹거리며 권위를 세우는 꼴을 도통 볼 수 없었다. 허위와 가
식은 그와는 너무나 동떨어진 것이었다. 그의 눈에는 도덕군자
라 일컫는 무리들이 속물로만 보였다. 그럴 때 그에게 외직으로
서도병마사가 주어졌다. 조정과 멀리 떨어진 평양에서 관직생활
을 할 수 있었다.

그런데 부임하는 길에 황진이의 무덤을 찾아 잔을 올리고 시
조 한 수 지은 사실이 곧바로 조정에 알려졌고, 이 사실을 들은
조정의 벼슬아치들이 그가 품위를 잃었다며 임금을 부추겨 파직
된 것이다. 그는 임지에 이르기도 전에 파발마로 보낸 파직의 명
을 듣고 발길을 돌렸다. 10년의 관직생활은 이렇게 너무 단순한
일에 걸려 마감했다. 그가 벼슬을 내던진 것인가, 아니면 그를
싫어하는 자들에 의해 벼슬을 잃은 것인가?

이내 몸 생겨난 뒤 이 어인 고생인가

그는 벼슬을 버린 뒤 후반 생애를 시로 장식했다. 얼마나 많은
시를 지었는지 오늘날 1천여 수가 전해진다. 울분과 회한, 기개
와 방황이 어우러져 시를 토해냈다. 그는 때로는 인사불성의 술

주정뱅이, 때로는 몸 붙일 곳조차 없는 걸객, 때로는 누구도 범접할 수 없는 호걸이었다. 금하에서 가을 무지개를 보고 읊은 시 「금하영추홍金河詠秋虹」을 보자.

> 스스로 천지를 덮으려는 웅심雄心을 비웃노라
> 어린 나이에 책과 칼을 가지고 군사의 일 배웠건만
> 서쪽에서 부는 바람 온 산에 비 뿌리고 지나가니
> 만 길 개인 뱀이 저물녘 구름을 가린다.

웅지를 가지고 나라일을 하려고 했지만 서녘 바람이 몰아쳐 꿈이 부서졌다. 하지만 마침내 개인 뱀(무지개)에 희망을 걸어본다는 뜻이 아니겠는가? 금하는 변방으로 보이며 서녘바람은 중국을 상징할 수도 있다. 이 시는 운율에 충실해 자기의 정서를 노래한 것이다. 파격을 지닌 것은 아니다.

임제는 기생방을 넘나들면서 많은 염정시艶情詩를 남겼다. 황진이 무덤의 시도 이들 속에 포함된다. 여기에서는 기생광의 정분을 담으면서 형식이나 관습에서 벗어나 그야말로 멋대로 시를 만들어냈다. 그는 기생을 곧잘 '가냘픈 버들가지'로 비유해 읊조리면서 희롱거리로 삼았다. 정서를 중하게 여긴 것이다. 어린 기생에게 다음의 시를 주었다.

> 추운 겨울에 부채 준다고 괴상하게 여기지 마라
> 지금 너는 어려 어찌 알리오마는

상사병으로 밤중에 가슴에서 불이 일면
오뉴월철 무더위보다 더 뜨거우리라.

기막힌 절창이 아닌가? 기발한 착상이 돋보인다. 한편 농민의
고통을 노래한 시 「전가원田家怨」은 이러하다.

아무리 고생한들 가슬할 보람 없네
온 논배미 다 거두어도 한 솥이 못 차누나
관청의 세금 갈수록 심하여서
동네의 구실아치 문앞에 와 고함친다
이리저리 흩어질 때 처자를 돌볼소냐
어제 한 집 없어지고 오늘 한 집 또 나간다
남쪽으로 울력가고, 북쪽으로 징병가네
이내 몸 생겨난 뒤 이 어인 고생인가.

그보다 앞선 시기에 살았던 김시습의 농민시처럼 민중 사랑의
한 모습이다. 이 시는 문학적으로도 상당한 평가를 받는다.
한편 그는 한문 단편소설인 「수성지」·「화사」·「원생몽유록」
등을 남겼다. 하지만 이들 단편소설은 위작이란 설도 있고 시보
다 낮은 평가를 받고 있으니 그는 어디까지나 방외의 시인으로
꼽는 것이 정당한 평가이다.

내 죽음 앞에서 울지 마라

칼과 거문고를 늘 안고 살았던 임제는 자신의 기개를 뽐낸 시를 토해냈다. 그 한 수를 보자.

세상이 어리석어 천하의 졸물이 되었구나.
몸은 일곱 자에 차지 않고 화살은 종이 한 장 못 뚫는구나.
담대한 마음 천 마리의 곰을 짓누르고
푸른 바다에 비치는 달 보고 껄껄 웃고 큰 소리로 노래하노라.

서른아홉 살에 고향집에 돌아와 죽으면서 자식들에게 이렇게 말했다고 한다.

천하의 여러 오랑캐가 모두 황제라 일컫는데 우리 조선만이 중국을 임금으로 받든다. 내가 살아서 무슨 일을 할 것이며 내가 죽어서 무슨 일을 하랴. 내가 죽었어도 곡하지 마라.

四夷八蠻 皆呼稱帝 唯獨朝鮮 入住中國 我生何爲 我死何爲 勿哭

이 유언을 그의 후손들은 그의 고향마을에 돌로 새겨놓고 지금도 마음에 아로새기고 있다.

임제의 말대로였다. 조선의 썩은 유학자들은 공맹이 태어난 나라인 중국을 부모의 나라, 임금의 나라라 하여 스스로 제후로 자처했다. 그리하여 제帝라 일컫지 않고 왕王이라 했으며 언제나 사대로만 일관했다. 벼슬아치와 선비들은 소중화小中華 의식에 젖어 자주의식이 실종되었던 것이다.

임제의 눈에는 조선의 이런 현실이 가소롭기 이를 데 없었을 것이다. 그리하여 칼과 거문고로 자기의 의지를 표현하면서 결단과 조화의 암시를 보여주었고, 죽을 때에는 심중에 깊이 간직한 말을 드러냈던 것으로 보인다.

그는 천의무봉의 시인이면서 나라를 걱정하고 기상을 외친 인물로 사람들의 입에 오르내렸던 것이다.

허균
조선시대 반역과 이단의 상징

명문가의 자제로 불우한 이들의 벗이 되다

교산蛟山 허균許筠(1569~1618)은 분명히 시대의 반역아요 이단이었다. 그를 단적으로 표현하면 한 세기에 날까 말까한 천재적 시인이요 문사이자 최초로 국문소설을 쓴 작가였으며, 또한 유불선儒佛仙에 두루 통달한 학자였고 불 같은 의지를 지니고 현실을 뜯어 고치려던 개혁사상가였다. 이러한 것은 오늘날의 평가이지만 당시 그에게 붙여진 이름은 한마디로 '막된 인간'이었다.

허균은 대대로 고관직을 누리던 양반 가정에서 태어났다. 그의 아버지 허엽許曄은 서경덕의 수제자격으로 높은 벼슬을 지낸 동인의 거두였으며, 그의 맏형 허성許筬은 임진왜란 직전 일본에 통신사의 서장관으로 다녀와서 일본 침략을 정확하게 예단한 인물로 알려졌으며, 그의 둘째 형 허봉許篈은 명나라에 다녀와 기행문 「조천기」를 쓴 인물로 유명했다. 또 누이는 여류시인 난설헌이었다.

이런 가정배경이다 보니 어릴 적부터 유성룡과 같은 명사들을 만날 수 있었고 서울의 명문집 자제들과 어울리게 되었다. 허균은 또 어릴 적에 누이 난설헌과 함께 서자 출신 시인 이달에게서 시를 배웠다. 이때부터 당시 서자들이 사회에서 어떤 대우를 받는지를 알았다.

허균은 열 살 무렵부터 서울에서 천재로 일컬어졌고 그의 누이도 신동으로 소문이 자자했다. 이런 그였는데도 어찌 된 까닭인지 스물한 살에 생원시에 합격하고 스물여섯 살에야 겨우 사관의 벼슬을 얻었다. 그 뒤 그는 30대의 나이에 황해도 도사都事(감사 아랫자리)가 되기도 하고 수안군수가 되기도 했으나 관아에 부처를 모시고 염불했다는 둥, 부모 상중인데도 기생을 끼고 놀아났다는 둥 비난을 받고 벼슬자리에서 밀려났다.

그러나 허균은 조금도 부끄러워하거나 후회하지 않고 당당히 맞섰다. 도대체 썩은 세상에다 치졸한 선비들의 행동거지가 마음에 들지 않았던 것이다. 그는 썩어빠진 조정에서 벼슬할 뜻이 도통 없었다. 그런 탓에 그는 불우한 문인이나 시인들과 어울렸고 또 세상에서 버림받은 서자·승려·무사들과 한패가 되어 술로 나날을 지냈다.

왜 그랬을까? 그만한 까닭이 있었다. 도대체 현실과 타협하지 않고 불의를 보면 참지 못하는 성미 탓이었고, 또 예교禮敎를 중시하는 조선 사회에서 이를 깔보고 자기 멋대로 살았기 때문이었다. 한때 그의 제자였고 또 아주 가까이 지냈던 이식의 평을 들어보자.

허균은 총명했고 문재文才가 있었다. 부형父兄과 자제子弟들이 모두 높은 벼슬살이를 하며 유명했지만 그는 행동을 단속하지 않고 어머니의 상중에도 고기를 먹고 기생을 끼고 놀았다. 이런 사실이 드러나서 좋은 벼슬을 얻지 못했다. 드디어 도교·불교의 서책을 두루 읽고서 스스로 얻은 바가 있다고 말했는데 더욱이 이에 대해 거리낌이 없었다. 나중에는 원흉元凶과 줄이 닿아 벼슬이 참찬에 이르렀지만 끝내 대역을 피해서 죽음을 당했다. 그 사람의 일은 입에 올리기에도 더럽지만 그가 이런 말을 한 적이 있다.

"남녀의 정욕은 하늘이 준 것이요, 윤기倫紀의 분별은 성인의 가르침이다. 하늘이 성인을 일등으로 높였으나 나는 하늘을 따르지, 감히 성인을 따르지 않겠노라."

그들 무리가 이 말을 외며 지극한 이론이라고 했으니 이단·사설의 극치였다.

『택당집澤堂集』

그는 또 이렇게 말했다.

세상에 전해지기를 『수호전』을 지은 사람은 3대에 걸쳐 귀머거리와 벙어리가 되어 그 응보를 받는다고 했다. 도둑들이 그 책을 읽으며 우러렀다. 허균·박엽 등이 그 책을 좋아해 책에 나오는 도둑들의 이름을 따서 서로 부르며 어우러졌다. 허균은 또한『홍길동전』을 지어『수호전』에 비겼다. 그들 무리인 서양갑·심우영 등이 몸소 그들 행동을 답습하여 한 마을이 시끄러웠다. 허균 또한 모반을 피하다가 죽음을 당했으니 이는 귀머거리·벙어리가 되는 갚음보다 훨씬 심했다.

『택당집』

이 두 인용문에서는 허균이 이단이었다는 점과『홍길동전』을 지어 돌려 읽으며 반역을 도모했다는 점을 지적하고 있다. 허균을 욕질하기 위해 쓴 글이지만 오늘날의 우리에게는 그를 아는 데 중요한 자료가 된다. 이식은 말할 나위도 없이 전형적인 유학자였고, 이를 밑천으로 하여 높은 벼슬과 명망을 낚았다. 그러면 일단 그의 삶과 행동을 더듬어보고 그 속에서 그의 참모습을 발견해보기로 하자.

그는 집안이 좋았으므로 여느 사람 같으면 신분에 따라 끼리끼리 놀게 마련이다. 그런데 그는 전혀 그렇지 않았다. 그가 어울려 사귄 사람들은 핍박받는 서자나 불우한 문사나 벼슬에서 떨려난 사람들이나 산속에서 떠도는 중들이나 어렵게 사는 화가 그리고 무사나 기생들이었다. 이런 모습에 대해 어떤 사람이 물었다.

그대는 문장이 뛰어나고…… 의당 사귈 적에는 높은 벼슬아치들과 한 무리가 되어 서로 찾아오고 찾아다니며 그들과 나랏일을 함께 짤 수 있을 것이오. 하루아침에 권세를 휘어잡아서 부엌이나 곳간에 물건을 그득히 쌓아놓고 살 수 있을 텐데 어찌하여 조정에서 물러나올 적에는 변명도 못하고 숙맥같이 입을 다무느뇨? 현달한 이가 찾아오는 법이 없으며 괴상망측한 사람들과 어울려 다니느뇨? 그들 중에는 얼굴이 검은 사람도 있고 수염이 붉은 사람도 있소. 수염이 붉은 사람은 혓바닥으로 희롱도 하고 얼굴이 검은 사람은 술병을 차고 오오. 어느 키가 작달막한 사내는 여우 코구려. 애꾸눈도 있고 눈썹이 붉은 이도 있소. 이들과 날마다 별당에서 떠들고 시끄럽게 노래를 부르고 만상을 아로새기며 그 스스로를 즐거워하는구려. 그래서 미워하는 사람들이 저 남산의 숲과 같이 많고 등을 돌리는 선비들이 별처럼 헤아릴 수도 없이 많소. 마땅하오. 그대 몸은 진흙 길에 내동댕이쳐진 신세이거늘 어째서 이런 무리들을 쫓아 보내고 중요한 지위에 있는 인사들과 사귀지 않는 것이오?

허균『성소부부고惺所覆瓿藁』

허균은 물론 이 따위 비난에 한 점 흐트러짐이 없었다. 그리고 이런 사람들과 계속 어울려 다녔다. 그들은 바로 서양갑이나 이재영 같은 사람이었고, 화가 이정도 그들 부류에 속했다. 이렇게 살아가고 있으니 벼슬아치들은 눈살을 찌푸리고 양갓집 자제들은 허균을 멀리했다. 그들의 눈으로 보면 이들은 타락한 무리였던 것이다.

인간애 넘치는 개혁사상가

허균은 낮은 벼슬을 하다가 쫓겨나기 일쑤였는데 벼슬아치들이 보는 시험에서 연거푸 세 번 일등을 하자, 조정에서는 그의 재주를 특별히 인정하여 공주목사 직을 내렸다. 공주목사는 지방관 중에서도 그야말로 좋은 자리였다. 마음먹기에 따라서는 한 재산 톡톡히 모을 수 있는 벼슬이었다. 그런데 그는 맨 먼저 엉뚱한 일을 벌였다. 그는 친구 이재영에게 이런 편지를 보냈다.

나는 큰 고을의 원이 되었네. 마침 자네가 사는 곳과 가까우니 어머님을 모시고 이리로 오게. 내가 절반의 봉급으로 대접하리니 결코 양식이 떨어지지는 않을 것이네. 자네와 나의 처지는 다르지만 취향은 같으며 재주는 나보다 열 배이지만 세상에 버림받음은 나보다 심하니 내가 매양 기가 막히네. 내 비록 운수가 기박하나 몇 차례 고을 원이 되어 목구멍에 풀칠은 할 수 있지만 자네는 입에 풀칠도 못하는 것 같네. 이런 것은 모두 우리의 책임이네. 밥상을 대할 적마다 부끄러워 밥이 목구멍에 넘어가지 않네. 어서 오게. 비록 이 일로 비방을 받더라도 나는 마음을 쓰지 않겠네.

절절히 우정이 넘치고 있다. 실제로 그는 부정한 재산에 관심이 없었으며 적게 받는 봉급을 나누어 이재영이란 친구와 그의 어머니를 먹여 살렸다. 이런 사람들에게 그의 인정은 한없이 넘치고 있었다. 그는 공주목사 자리에서 1년이 못 되어 또다시 떨려나갔다. 이때 그의 식객은 이재영 모자만이 아니었다. 허균은 자신의 처외삼촌 되는 서자 출신인 심우영도 불러와 함께 살았다.

그 뒤 한직으로 돌다가 1609년 종사관으로 명나라에 가게 되었는데 이때 이재영과 이정을 데리고 갔다. 무슨 까닭이 있었을 것이다.

이정은 불우한 화가였다. 한 고관이 이정에게 그림을 부탁했다. 그러자 이정은 술을 마시며 빈둥거리다가, 뇌물 짐을 가득 실은 소들이 대갓집 솟을대문 안으로 들어가는 그림을 그려놓고 도망쳤다. 바로 고관이 뇌물을 받는 사실을 풍자한 것이다. 이러한 모습의 이정은 불행한 삶을 살다가 먼저 죽었다. 이때 허균은 또 이런 글을 남겼다.

서쪽에서 온 사람이 말하기를 이정이 죽었다고 하니 이 말이 사실인가? 통곡하며 피눈물이 흐른다. 하늘이여, 원통하도다. 나는 누구와 함께 물외物外에서 노닐까? 세상 사람들은 그의 그림을 중히 여기나 나는 그 사람됨을 중히 여기네.

가슴에서 우러나오는 애절함이 깃들어 있다. 그는 또 1614년 사신으로 임명을 받아 중국에 가게 되었다. 이때에도 그는 외가의 서족인 현응민을 데리고 갔다. 그리고 그와 함께 많은 서적을 사 가지고 왔다.

허균은 이때 명나라의 기록에 선조와 광해군의 사실이 잘못 기록된 것을 바로잡기 위해 변무사辨誣使로 파견되면서 많은 자금을 가지고 갔다. 광해군이 내탕금을 몽땅 내준 것이다.

그런데 정작 그 돈을 로비 자금으로 쓰지 않고 책을 몽땅 사와 강릉에 도서관을 만들어 보관하고 선비들에게 읽게 했다. 현응민은 이런 허균의 일에 군말 없이 협조했고 나중에 허균이 일대 모반을 꾀할 적에 그도 함께 죽었다. 허균은 이런 사람들과 어울리며 문학과 사상의 폭을 넓혀 나갔다.

도덕군자들이 허균의 사람됨을 계속 나무라고 있지만 그의 시만은 칭찬을 아끼지 않는다. 그는 어릴 적에 이달에게서 누이 난설헌과 함께 시를 배웠다고 위에서 말했다. 그 뒤 그는 당시 시인·문사로 이름을 떨치던 전오자前五子·후오자後五子 등과 교류했다. 이들은 모두 불행한 시인·문사들이었다.

그중 권필의 경우를 보자. 권필은 벼슬길에 나가지 않고 가난하게 살았다. 그는 명신 이정구를 따라 수창외교酬唱外交에 동원되어 중국 사신을 접대하면서부터 문명이 자자했다. 그 뒤 권신 이이첨이 교류를 청했지만 끝내 거절했고, 왕비의 동생인 유희분이 날뛰자 성이 유柳인 것을 풍자하여 「궁류시宮柳詩」를 지어 세상의 웃음거리가 되게 했다. 그리고 이 시로 인해 귀양을 가게 되었다. 귀양길에 그는 말술을 마시고 동대문 밖에서 잠을 자다 그만 죽고 말았다. 권필은 허균을 아꼈고 허균은 권필을 사모했다.

허균은 시를 지을 때 부질없는 미사여구나 재주를 부리지 않았다. 뜻을 나타내고 시세를 한탄하고 질박하게 감회를 읊었다. 그의 시는 당대 시인들에게 표본처럼 널리 퍼졌다.

부안 기생 계생은 얼굴은 못생겼지만 시로 이름이 났다. 한미한 출신인 유희경과 정분을 나누는 사이였다. 허균이 부안에 유배 가 있을 때 계생과 사귀면서 자주 시로 화답했는데 뒷날 허균은 계생의 시를 높이 평가하여 시평집에 실을 정도로 아꼈다. 그는 시만 지은 것이 아니라 시평에도 일가를 이루었다. 그가 쓴 『학산초담鶴山樵談』과 『성수시화惺叟詩話』는 최초의 본격적 시평론으로 꼽힌다. 그는 여기에서 불행한 사람들의 시를 많이 소개했다. 또한 『국조시산國朝詩刪』이라는 시선집에서는 당파나 친소를 떠나 엄격한 기준에 따라 시선을 했다. 뒷날 전라감영에서 이를 찍어 출판했는데, 역적이 만든 책을 보급했다고 하여 그곳 감사가 파직되기도 했다. 이만큼 이 시선집은 독자가 많았고 그 권위를 인정받았다.

그의 문장 또한 시 못지않게 좋은 평을 받았다. 그가 지은 글은 뜻을 중시했지, 중국의 고사를 현학적으로 늘어놓지 않은 것이 특징이었다. 더욱이 그의 문장에는 현실비판이 강하게 깔려 있다. 그리고 중국의 인물이나 경전을 따져 견해를 밝히는 따위의 일반적 풍조를 배격하고 『호민론豪民論』·『유재론遺才論』과 같은 정치개혁 사상을 밝힌 것이 대부분이다.

"천하에서 가장 두려운 것은 백성이다"라고 시작하는 『호민론』은 호민의 혁명사상을 담고 있다. 이는 뒷날 이루어진 정약용의 『탕무혁명론湯武革命論』과 함께 이 분야의 2대 명작으로 꼽힌다. 『유재론』에서는 인재를 신분과 출신에 관계없이 발굴해 고루 써야 한다는 논지를 폈다. 그는 또한 귀양살이 중에 전국의

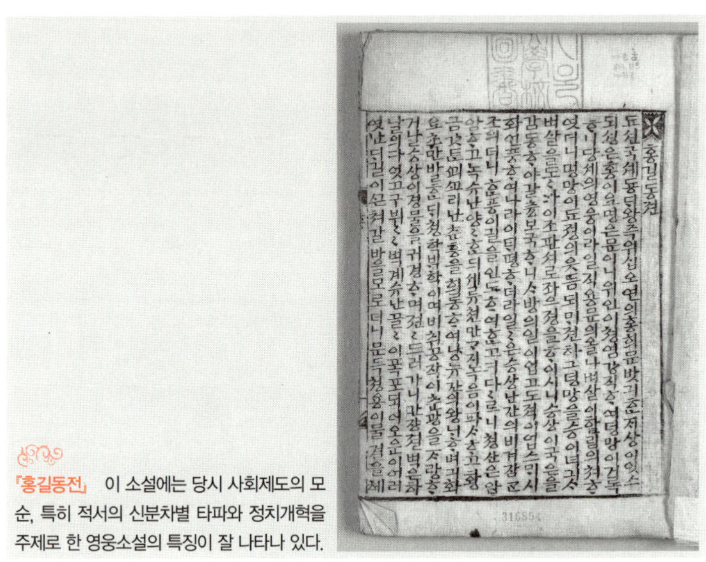

『홍길동전』 이 소설에는 당시 사회제도의 모순, 특히 적서의 신분차별 타파와 정치개혁을 주제로 한 영웅소설의 특징이 잘 나타나 있다.

특산물에 대해 설명한 『도문대작屠門大嚼』을 집필했다. 이 책은 우리나라 식품사와 관련된 최초의 저술로 꼽힌다.

민중에게 사랑받은 『홍길동전』

그를 가장 유명하게 만든 것은 『홍길동전』이다. 공주목사에서 밀려난 뒤 그는 함열에서 귀양살이를 했고 이어 부안에서 살았다. 당시 서양갑 등 서자들은 서자 차별을 없애달라고 조정에 상소를 올리기도 했지만 들어줄 리 만무했다. 그러자 그들은 여강(남한강)가에 굴을 파고 병서를 읽고 황해에서 염전을 경영하여 거사자금을 염출하려 했다. 『홍길동전』은 이때 지은 것으로 알려져 있다.

홍길동은 조선 초기에 충청도 일대에서 활약한 의적의 두목이었다. 역사 기록에는 실존인물인 홍길동이 서자라는 사실은 나타나지 않는다. 허균은 이런 역사인물을 빌려 서자로 만들고 부정한 재물을 털고 끝내 성공을 거두어 임금에게서 서자의 굴레를 벗는 허락을 받고, 이어 온갖 차별이 없는 율도국을 건설하게 한다. 실제 활동했던 역사인물을 빌리긴 했지만 홍길동은 바로 서양갑을 본보기로 한 것이다. 허균은 서양갑에게 석선石仙이라는 호를 지어주며 남달리 가까이 했다.

어쨌든 『홍길동전』이 완성된 다음해에 박응서가 새재에서 은상을 털다가 잡혀 서자들의 거사음모가 발각되어 떼죽음을 당했다. 허균은 여기에 연루되지 않았지만 신상의 위험은 나날이 다가왔다. 『홍길동전』은 그 뒤 베껴져서 민간에서 계속 읽혔다. 특히 서자들과 의적들은 홍길동을 영웅시하여 본받으려 했다. 뒷날 일본 식민지 시기에 의병이나 도둑들이 『홍길동전』을 읽고 모방한다는 소문에 따라 일제 당국이 이를 번역하여 읽은 사실에서도 이런 일이 증명되고도 남는다.

더욱이 그의 다른 글들은 모두 한문이지만 『홍길동전』만은 한글로 쓴 덕에 널리 민중들에게 읽혔고 이것이 국문학사상 한글로 쓴 첫 소설이라는 평가를 받게 된 것이다. 『홍길동전』으로 그는 국문학사에서 작가의 위치를 확보했지만 이것은 그의 행동이나 사상의 한 면을 표현한 것에 지나지 않는다.

그가 마흔아홉 살 되었을 때 새로운 정세를 맞이하게 되었다. 인목대비의 폐비 논의가 일어난 것이다. 인목대비는 광해군의 아버지인 선조의 계비였으니 어머니뻘이 된다. 나이도 광해군보다 열 살 아래였는데, 그녀의 아버지와 자식이 모두 죽음을 당해 늘 광해군을 원한에 차서 대했다.

이때 허균은 형조판서가 되는 등 조정에서 활동하고 있었다. 허균 일파는 인목대비 폐비에 찬성하고 나섰다. 그리고 인목대비를 모략하는 글을 인목대비가 거처하는 경운궁에 던졌는데, 이 일을 주동한 사람이 허균의 일파인 김윤황으로 지목되었다.

인목대비의 폐비를 반대하는 세력들은 허균을 물고 늘어졌다. 그리하여 일대 상소운동으로 번졌다. 서로 공방을 펼친 이들 상소에서 허균 일파는 일단 기선을 잡았다. 이때 또 하나의 사건이 일어났다. 남대문에 격문이 붙었는데, 곧 난리가 날 것이니 모두 도성에서 피난하라는, 민심을 충동하는 내용이었다. 그것을 붙인 주모자가 앞에서 언급한 현응민이라는 사실이 밝혀졌다. 끝내 허균도 잡혀왔다.

반역자의 이름으로 기록되다

허균은 승려·무사들을 거느리고 일대 모반을 꾀했다는 죄명을 뒤집어썼다. 허균은 실제로 이런 음모를 꾸민 것으로 보인다. 그의 일파는 모두 시세에 불만을 지니고 변혁을 꿈꾸던 사람들이기 때문이다. 더욱이 허균은 광해군의 깊은 신임을 얻고 있었다. 그런데도 허균 일당이 여러 정치적 분란을 일으킨 것은 하나의 모반을 준비하기 위한 행동으로 보여지기 때문이다.

이런 점 때문에 당시 권력을 쥐고 있던 이이첨으로부터도 경원을 당하고 있었다. 이이첨은 재빨리 허균과 그 일파를 처형하라고 광해군을 압박했다. 광해군은 마지못해 허균을 사형에 처하라는 조치를 내렸다. 허균이 감옥에 갇혀 있을 때 허균의 서자와 그의 부하들은 민활하게 움직였다. 그를 감옥에서 빼내려 한 것이다. 특히 허균의 서자는 이 일로 또 잡히는 몸이 되었다. 이런 낌새를 안 이이첨은 제대로 심문을 벌이지도 않고 허균과 그의 일파인 김윤황·하인준·현응민·우경방 등을 서문의 사형장에서 처형했다. 이때 허균의 나이 쉰 살이었다.

심문을 받을 때 현응민은 이렇게 말했다.

"앞뒤의 흉서는 모두 내가 한 것이고 허균은 알지도 못한다. 나를 죽이면 그뿐이요, 허균을 죽이는 것은 실로 원통하다."

그러나 허균의 첩 추섬은 이렇게 말했다.

"경운궁의 흉한 격서와 남대문의 흉한 방문은 모두 허균이 만든 것이다. 흉역凶逆의 일은 현응민과 함께 모의했고 방문을 붙인 사람도 현응민이다. 현응민이 허균의 집에 늘 드나들면서 일을 꾸민 것이다."

어느 말이 맞는지는 여기에서 굳이 따질 필요가 없겠다. 그의 시체가 토막나서 조리 돌려질 때 서리인 박충남은 술을 마시고 행패를 부리면서 잘린 허균의 머리를 훔쳐가려 했다. 또 이때 몇

백 명이 허균 일당이라고 지목되어 잡혀와서 날마다 국문을 받았다. 어떤 사람은 끝내 허균을 감싸기도 하고, 어떤 사람은 있는 말 없는 말을 보태서 벗어나려 하고, 어떤 사람은 평소에 허균과 원수 사이라고 발뺌을 하고, 어떤 사람은 허균의 꾐에 빠졌다고 하여 곤장에 맞아 죽거나 귀양 가거나 사형을 당하거나 풀려나기도 했다. 이렇게 여덟 달 동안 감옥이 있는 거리인 무교동 (의금부 자리)엔 울음소리·신음소리·고함소리가 뒤범벅이 되었다고 한다.

이와 같이 허균은 문사나 벼슬아치의 생애가 아닌 반역자란 이름으로 종장을 기록했다. 오늘날 우리가 그를 이름난 시인으로 평가하든, 『홍길동전』을 쓴 작가로 평가하든, 불 같은 개혁의지로 왕조를 한바탕 엎으려 한 의기의 인물로 평가하든, 그는 분명 범상한 인물이 아니었다.

오늘날 허균이 태어나 살았던 강릉에서는 허균-허난설헌제 등 여러 행사를 통해 그를 기리고 있고, 장성에서는 실제 인물 홍길동이 살았던 고장이라 하여 홍길동 축제를 열고 있다. 또한 허균을 진보적 사상가로 보는 글들도 쏟아져 나오고 있다.

2부

굴레를 벗고
문밖을 나서니

황진이 /   허난설헌 /   계생 /

허난설헌의 시는 풍부한 시어와 언어 구사력으로 예나 지금이나 높이 평가되고 있다. 그 흔한 충효나 음풍농월의 주제를 뛰어넘어 인간의 내면세계를 노래했다는 것만으로도 그녀의 시가 지닌 가치는 높다. 만약 그녀가 다른 시대에 태어나 좀더 자유분방한 삶을 누릴 수 있었다면 아름다운 시를 훨씬 더 많이 남겼을 것이다.

황진이
아름답고 다재다능한 저항의 여인상

개성 기녀의 딸로 태어나다

우리는 역사적 인물을 바라볼 때 흔히 어떤 고정관념에 사로잡히기 쉽다. 한 사람을 '정치가'라거나 '장군'이라거나 '충신'이라는 선입관을 가지고 평가하게 된다는 것이다.

황진이도 '기생'이라는 선입관으로 평가하고 이야기한다. 동시에 기생이지만 시도 잘 짓고 거문고도 잘 타고 춤도 잘 추고 얼굴도 예쁜데다, 남성들을 농락하는 교태를 지니고 서경덕과의 일화도 남겼다는 정도로 바라보는 것이다. 이들 이야기는 다분히 남성적 흥미로 엮어진 것들이다. 전혀 틀린 이야기는 아니겠지만 그녀의 참모습이 이것만은 아니라는 점을 여기에서 말하고자 한다.

허균은 "황진이는 개성 맹녀盲女(눈먼 여자)의 딸이다"라고 기록했다. 허균의 아버지 허엽은 서경덕의 제자였다. 허균은 황진이와 서경덕의 관계를 아버지나 아버지의 동문수학 친구들에게서 들었을 것이다. 허균은 그녀에게 관심을 가지고 그녀와 관련된 몇 가지 기록을 남겼다. 그러니 그녀의 어머니에 대한 기록도 믿을 수 있을 것이다.

어쨌든 그의 어머니 진현금은 맹인 악기樂妓라 한다. 어릴 적부터 맹인이었는지 중년에 맹인이 되었는지는 모를 일이다. 그녀는 성이 진陳이라 했는데 이름은 현금玄琴에서 빌려왔을 것이다. 진현금은 비록 맹인이었지만 거문고를 잘 탔다.(이덕형『송도기이』참조) 진현금은 젊은 황 진사와 사랑을 나눈 끝에 딸 진이를 낳았으나 이 아이는 아버지에게서 버림받았다. 그리하여 진이는 어머니 손에서 자라고 어머니에게서 거문고 다루는 솜씨를 배웠고 또 어머니의 신분에 따라 기적에 올려져 교방敎坊에서 기생수업을 받았을 것이다.

황진이의 어릴 적 이야기는 전하는 게 거의 없다. 열대여섯 살때 이웃집 서생이 그녀를 연모하다가 상사병에 걸려 죽고 말았다. 그 서생의 상여가 황진이 집 앞에 다다르자 그 자리에서 꼼짝하지 않았다고 한다. 이에 상여꾼들이 황진이의 저고리를 가져다 상여를 덮어주자 그제야 상여가 움직였다고 한다. 황진이는 이를 본 뒤 창기가 되었다고 한다.(김택영『송도인물지』)

그런데 당시 기생은 어떤 신분인가? 기생은 거의 모두가 관기官妓였다. 곧 관가에 매여 있으면서 특별한 경우가 아니면 기적妓

籍에서 쉽게 벗어날 수가 없었다. 기생은 백정·장인·승려와 함께 가장 낮은 신분에 속했다. 기생이 관가에 매였다는 것은 달리 말해서 종의 신분이나 다름이 없었음을 의미한다.

옛날에는 수령들이 현지에 부임할 때 원칙상 가족을 데려가지 못했다. 가족을 데리고 현지에 부임하면 가족들 때문에 부정을 저지르기 쉬우므로 이를 예방하는 조치였다. 『춘향전』에서 남원부사가 이몽룡 등 가족을 거느리고 관아에서 산 이야기는 원칙으로는 틀리지만, 조선 후기에는 이런 원칙이 무너져 지켜지지 않았을 뿐이다.

수령들은 현지 관아에서 기생의 수발을 받고 기생과 살았다. 또 중앙에서 고관이나 귀빈이 올 때 기생을 동원해서 접대하게 했다. 이런 연유로 기생제도가 생겼는데 기생의 딸들도 세습적으로 기적에 오르게 되어 있었다. 예전의 우리 사회는 철저한 남존여비여서 모든 것이 남성 중심으로 이루어졌지만, 한 가지만은 예외였다. 곧 아버지가 양반이더라도 어머니가 천한 신분이면, 어머니의 신분을 따르게 되어 있었다. 이를 천자수모법賤者隨母法이라 한다. 기생도 바로 이런 신분의 굴레를 벗어날 수 없었다.

명월이 만공산한데 쉬어 간들 어떠리

황진이도 바로 이런 신분이었다. 기생의 자격으로 용모보다 더 중시한 것은 가무였다. 그도 그럴 것이 위엄을 부리는 벼슬아치나 교양을 뽐내는 선비들의 노리개가 되다 보니 그들과 어울려 대화를 나누고 풍악을 다루어야 했기 때문이다. 이 가무에 곁들여 시와 시조를 읊을 줄 알고 여기에 동서고금의 지식이 더해지면 바로 명기로 뽑혔다. 그녀의 노래와 거문고 연주는 녹음이 되어 있지 않으니 어떤 수준인지 알 길이 없지만 이 대목에서 그녀의 시를 감상해보기로 하자. 다음은 '반달'을 두고 읊은 시이다.

곤륜산의 옥 그 뉘가 잘라	誰斷崑崙玉
직녀의 얼레빗을 만들었는고	裁成織女梳
견우는 한번 간 뒤에 안 와	牽牛一去後
수심에 겨워 허공에 던진 거라오	愁擲碧空虛

김안서 편 『한국여류한시선집』

반달을 허공에 떠 있는 얼레빗에 비유해 형상화하지 않았는가? 발상이 기발하다. 여느 사람은 따르기 어려울 것이다. 시어도 누구나 쉽게 이해할 수 있다. 다음은 '꿈'에 대한 시이다.

꿈을 꾸어야 서로 사모하고 만나리	相思相見只憑夢
때맞춰 임 찾아가니 임은 날 찾는구라	儂訪歡時歡訪儂
원컨대 밤마다 서로 다른 꿈	願使遙遙他夜夢
한 시에 떠나 노중서 만날지고	一時同作路中逢

김안서 편 『한국여류한시선집』

꿈에서만 임을 만날 수 있는데 꿈이 어긋나 만날 수 없으니 함께 떠나 길가에서 만나고 싶다는 소망을 담았다. 기발한 연상이다. 그녀의 시들은 시집으로 간행되지 못하고 구전으로만 전하고 있다. 이것저것 합해 10여 수에 지나지 않는다. 명문의 난설헌이 시집을 남긴 처지와 사뭇 다르다.

아무튼 이런 명기와 접촉하려는 남성들이 들끓게 마련이었다. 한번 명기의 명성을 얻으면 기생으로서 재물을 모을 수 있고 당대의 명사들과도 자주 어울릴 수 있었다. 황진이는 바로 이런 명성을 얻었던 것이다.

황진이가 개성에서 명성을 얻자, 그녀를 만나보기 위해 뭇 남성들이 그녀 집 문전을 기웃거렸다. 그녀는 뛰어난 용모에 재치와 기지가 넘쳤으며, 화제도 그칠 줄 모르는 등 여러 모로 재능을 지니고 있었다. 그뿐만 아니라 어느 누구와도 그 어려운 한시로 화답할 줄 알았다. 어떤 남성이 그녀의 이런 미모와 재능에 반해 그녀를 사모하게 되면, 그녀는 마음속으로 '쾌재'를 불렀을 것이다. 그녀의 이부자리 속에서 한번 자고 난 남성은 돌아가서도 애를 태웠다. 이런 것도 그녀가 노리는 바였을 것이다.

거기에 얽힌 몇 가지 이야기를 알아보기로 한다.

첫째 이야기.

송공宋公(이름은 겸이라 함)이 개성유수로 부임해 와서 명절을 맞이해 간소한 잔치를 베풀었다. 그는 이 자리에 나온 황진이를 한눈에 알아보고 주위 사람들을 돌아보면서 "이름이 결코 헛되이 얻은 것이 아니로구나"라고 말하고 가까이 앉혔다. 이때 그의 첩이 문틈으로 이 모습을 엿보고 질투가 치솟아 머리를 풀어헤치고 소리를 지르면서 맨발로 안으로 뛰어들었고 당황한 송공은 자리를 피해 후다닥 일어났다고 한다. 얼마 뒤 송공이 그의 어머니 회갑잔치에 많은 손님을 초대하고 춤 잘 추고 노래 잘하는 기생을 모조리 불렀다. 이들 기생 속에 황진이가 끼어 있었는데 그녀는 얼굴에 분도 바르지 않고 담장淡粧(단순한 화장)한 모습이었으나 단연 돋보였다. 여러 손님들이 그녀를 보고 경국의 색이라고 찬탄해 마지않았다. 송공은 지난날 첩의 질투를 생각해 조용히 앉아 있었다. 그는 술이 거나해지자 잔에 술을 가득 부어 황진이에게 마시게 하고 노래를 시켰다. 그녀의 노래를 듣고 나서야 무릎을 치며 "과연 천재로다"라고 칭찬을 아끼지 않았다 한다.(『송도기이』)

둘째 이야기.

소세양蘇世讓은 서울의 유명한 벼슬아치였다. 그는 황진이의 소문을 듣고 동료들에게 이렇게 장담하고는 개성으로 왔다.

"내가 그녀와 30일의 기한을 정해 동거하되 하루라도 기한을 어기면 사람이 아니다."

그는 그녀와 정을 통하고 30일의 기한을 채우고 헤어지는 날 둘이서 남대문의 누각에 올라 술을 마셨다. 이때 황진이가 시 한 편을 써서 바치며 말했다.

"공과 이별하면서 어찌 한마디 말이 없을 수 있겠습니까?"

달빛 어린 뜨락에 오동잎 다 지고

서리 맞은 들국화 노랗게 피었네

누각이 높아 하늘이 한 척이고

사람이 취해 술이 천 잔이라

흐르는 물 거문고 가락에 맞춰 서늘하고

매화는 피리소리에 들어 향기롭구나

내일 아침 서로 헤어지고 나면

그리운 정 푸른 물결인 양 길게 뻗치리라

임방 『수촌만록水村漫錄』

소세양이 이를 받아 읊조리고 나서 "나는 사람이 아니다"고 말하고 여러 날을 머물렀다 한다. 동료들과의 약속을 집어던져 버린 것이다.

셋째 이야기.

종실인 벽계수碧溪守(여기서 '수'는 왕자의 증손에게 주는 정4품이다)는 황진이를 한번 만나기를 원했으나 황진이가 들어줄 것 같지 않았다. 그래서 그녀를 알고 있는 시인 이달에게 그 방법을 물었다. 이달이 방법을 일러주었다.

"어린애를 시켜 거문고를 가지고 뒤를 따르게 하고 황진이의 집을 지나 누에 올라 술을 마시고 거문고 한 곡조를 타고 있으시오. 그러면 황진이가 나와 그대 곁에 앉을 것이오. 그때 본체만체하고 제빨리 말을 타고 달아나면 황진이가 따라올 것이오. 취적교를 지날 때까지 돌아보지 않으면 일은 성공이요. 만약 이를 어기면 성공하지 못할 것이오.”

벽계수가 그 말대로 하자 황진이가 취적교까지 따라오더니 수행한 어린애에게 “저 분이 벽계수냐”고 묻고는 이렇게 노래를 불렀다.

청산리靑山裏 벽계수야 수이 감을 자랑마라

일도창해一到滄海하면 돌아오기 어려우니

명월이 만공산滿空山한데 쉬어간들 어떠하리

서유영 『금계필담錦溪筆談』

노랫소리를 들은 벽계수가 뒤를 돌아보다가 말에서 떨어졌다. 이를 본 황진이는 다음과 같이 말하고는 돌아갔다.

“이 사람은 명사가 아니라 한낱 풍류랑風流郞이로구나.”

넷째 이야기.

선전관인 이사종은 노래를 잘 불렀다. 한번은 개성에 가서 배 위에 드러누워 노래 한 곡을 뽑았다. 마침 황진이가 이 노래를 듣고 말했다.

“서울의 풍류객 이사종이 아니면 이렇게 훌륭하게 부를 수 없을 것이다.”

그리고 사람을 보내 확인하게 했다. 황진이는 이사종을 이끌고 자기 집으로 가서 며칠을 머물렀다. 그런 뒤 이사종에게 “나는 그대와 함께 6년을 살아야겠소" 하고는 3년 살림살이할 경비를 이사종 집으로 보내주고 함께 따라갔다. 황진이는 손수 일을 하고 모든 생활비를 대면서 3년을 지냈다. 3년 뒤에는 이사종이 황진이의 집으로 와서 다시 3년 동안 생활경비를 대면서 살았다. 이렇게 6년을 채우고 난 뒤 황진이는 "약속한 기한이 다 되었습니다"고 말하고 가버렸다고 한다.(유몽인『어우야담』)

그녀는 이처럼 당대의 명사들과 어울리다가 소세양 같은 높은 벼슬아치들도 접했고 풋내기 시인과 가객도 품안에 품었다. 하지만 그녀도 때로는 한 남성에게만 사랑을 쏟으며 살고 싶었다. 그러나 그렇게 될 수 없는 것이 당시의 사회풍토였다. 설령 그렇게 된다 하더라도 첩살이였고, 첩살이로 낳은 자녀들에게는 서얼이라는 굴레가 씌워졌던 것이다.

황진이는 이런 사회제도에 어떻게 대처했던가? 그 길은 삐뚤어진 남성사회에서 남성들을 농락하는 것이었다. 그렇다. 황진이는 기생으로서 사회 실정을 터득했고, 찾아드는 남정네와 수작을 벌여왔다. 그러다 중년의 원숙한 여성이 된 황진이는 스스로 새 남성들을 찾아 나섰다.

인생의 스승 서경덕을 만나다

그녀는 자신의 용모와 재능과 질탕한 짓거리에 흠뻑 빠지는 남성들에게는 진력이 났다. 별로 보잘것없는 남정네들이 양반입네 선비입네 하고 뽐내는 것이 눈꼴 사나운 정도를 넘어 아니꼽기조차 했다. 권태감이 솟았다. 어디 그럴듯한 남성이 없을까? 자기 따위는 거들떠보지도 않는 초탈한 남성이 없을까?

그 첫 대상이 지족선사였다. 지족선사는 평생 참선으로 마음을 닦아 무아경에 들어 있는 도인이라는 소문이 퍼져 있었다. 황진이는 이 지족선사를 유혹했다. 처음에 지족선사는 황진이를 거들떠보지도 않았지만, 그렇다고 쉽게 물러날 황진이가 아니었다. 말이나 용모로 통하지 않자 적극적인 공세를 취했다. 소위 육탄공격을 한 것이다. 지족선사는 끝내 무릎을 꿇었다. 따지고 보면 부처의 경지에서 볼 때 영육靈肉과 속진俗塵의 나뉨이 어디 있는가? 들이닥치면 겪고 물러나면 그만이 아닌가?

그러나 황진이는 별로 신선한 맛을 느끼지 못했다. 그녀는 다시 송악산 밑의 서경덕을 찾아 나섰다. 서경덕은 "모든 현상은 기의 작용에 의해 이루어진다"는 기일원론의 이론을 확립한 사상가였다. 그는 철저한 학문적 사유로 민중사상과의 만남을 모색했다. 그의 제자들은 두 계열로 흘러갔다. 한 계열은 박순·허엽과 같이 조정에 몸을 담고 벼슬살이를 했으며, 또 한 계열은 이지함·박지화와 같이 철저히 속세를 외면하고 은둔하며 현실에 저항한 것이다. 서경덕은 이런 제자들의 떠받듦 속에 명망을 얻고 개성 주변에서 학문과 사유로 일생을 마쳤다.

황진이가 『대학』을 끼고 서경덕을 찾았을 때 서경덕은 혼자 있었던 모양이다. 서경덕의 아내는 여염에 살면서 가끔 그의 거처를 찾아와 빨래며 먹을거리를 마련해주고 있었다. 서경덕은 황진이가 누구인지도 몰랐을 것이다. 황진이가 "글을 배우러 왔노라"고 해도 "그렇게 하라"고 대답했고, "한 방에서 잠을 자겠다"고 해도 "그렇게 하라"고 했다.

황진이는 첫 절을 하고 말했다.

"『예기』에 이르기를, 사내는 가죽띠를 두르고 계집은 실띠를 두른다고 했습니다. 첩도 학문에 뜻을 두고 실띠를 두르고 왔습니다."

그리고 제자 되기를 청했다. 서경덕은 이를 곱게 받아들였다.

황진이는 며칠 밤을 서경덕의 이불에서 잤지만 서경덕은 담담했을 뿐이다. 어릴 적부터 몸이 약했다고는 하지만 그다지 노인도 아닌데 그 아리땁고 보들보들한 살결에 정말 아무런 동요가 일지 않았단 말인가? 성적 불능 상태가 아니었을까? 풍류를 즐긴 허균이 그런 처지에 있었다면 질탕하게 놀아난 뒤 시를 한 섬이나 토해냈을 것이다.

그런데 이런 말도 범상한 자들의 입놀림일 뿐, 어느 정도 학문적 경지에 이르면 미추와 선악을 초월하게 되는 것 아닌가? 이를 두고 도인道人이라 했다. 황진이는 서경덕의 삶과 행동을 보고 그야말로 구원의 남성이라 생각했다. 그리하여 그녀는 서경덕에게서 진정한 학문과 사상을 배우게 되었다. 서경덕이 죽고 난 뒤, 황진이의 행동을 보면 그런 사정을 짐작할 수 있다. 이에 대해 허균은 이렇게 말하고 있다.

진랑은 화담의 사람됨을 사모했다. 늘 거문고와 술을 가지고 화담의 정자에 가서 한껏 즐기고 돌아갔다. 늘 말하길 '지족선사가 30년을 면벽面壁했다지만 내가 품어보았다. 화담 선생만은 여러 해를 가깝게 지냈지만 끝까지 어지럽지 않았다. 참으로 성인이다'라고 했다.

『성옹지소록惺翁識小錄』

그녀는 서경덕을 대한 뒤 진정으로 흠모했고, 그 자신 역시 도학자가 되었다. 이제 그녀는 기생이 아니었고 토정 이지함이나 서기와 같은 도인의 반열에 들어선 것이다.

한편 개성 사람들은 개성의 3절三絶로 서경덕, 황진이, 박연폭포를 꼽는다. 개성에는 서경덕과 황진이에 얽힌 이야기들이 무수히 널려 있다. 황진이는 어느 날 박연폭포로 나들이를 나갔다. 박연폭포 아래에는 널찍한 바위가 있는데 여기에서 서경덕이 독서를 했다고 한다. 황진이는 머리를 감고 나서 먹을 듬뿍 묻혀 바위에 이태백의 시구인 "비류직하삼천척飛流直下三千尺"을 휘갈겨 썼다. 이 시를 사람들이 그대로 돌에 새겼다 한다. 이 석각石刻이 지금도 전해져 관광객의 눈길을 끈다.

세상 여자들은 나를 거울삼으라

학문연구에 몰두하던 서경덕은 때때로 전국의 명산을 찾아 유

람을 다닌 적이 있었다. 그는 남쪽 지리산 언저리에 파묻혀 도학
을 익히는 조식을 만나기도 했다. 한번은 개성의 서경덕과 지리
산의 조식이 속리산에서 만나 도담道談을 나누었다. 그리고 그들
은 지리산으로 자리를 옮겨 며칠씩 함께 지냈다.

서경덕이 죽고 난 뒤, 황진이는 서경덕의 발걸음이 닿았던 곳
을 두루 찾아 나섰다고 한다. 금강산·속리산·지리산·묘향산은
물론 서경덕의 숨결이 느껴지는 곳이면 어디든 찾아보았다고 한
다. 연약한 여자의 몸으로 이렇게 찾아다닌 뜻은 새삼 말할 나위
가 없을 것이다. 황진이는 죽을 때까지 이런 여행을 멈추지 않았
다고 하니, 아마 구원의 남성, 아니면 영원한 스승의 잔영을 이
런 데에서 찾아보려 한 것이 아니겠는가? 황진이는 세상의 모든

명리를 끊고 세상의 이목도 피해가면서 지팡이와 짚신을 벗 삼아 전국을 떠돌아다녔던 것이다.

그녀는 또 서경덕의 유문遺文들을 모두 읽고 익혔다고 하니, 스승의 사상을 터득하는 것으로 생의 종장을 삼은 것이 아닌가? 그녀는 어느 날 금강산을 구경하러 가자며 이 생원이란 선비를 유혹했다고 한다. 이런 기록이 전한다.

이 생원에게 하인을 따라오지 못하게 하고 베옷에다가 삿갓을 쓰고 몸소 양식을 짊어지게 했다. 진이는 여승이 쓰는 송라松蘿를 쓰고 갈포 저고리와 베치마를 입고 짚신을 질질 끌고 대나무 지팡이를 짚고 뒤를 따랐다. 금강산 곳곳을 돌아보았다. 여러 절에서 빌어먹기도 하고 더러 자신의 몸을 중들에게 팔아 먹을거리를 얻기도 했다.

『어우야담』

그녀의 발걸음은 어느 날 나주의 금성관에도 닿았다. 마침 나주목사와 많은 인사들이 모여 잔치를 질펀하게 벌이고 있었다. 그녀는 해진 옷차림과 얼굴에 땟자국이 자르르한 모습으로 마루로 올라가 앉아 태연하게 이蝨를 잡았다. 여러 사람들이 자리 값을 하라고 으르자 서슴없이 가야금을 뜯으며 노래를 불렀다. 그 자리에 앉아 입을 삐죽이고 있던 여러 기생들은 기가 한풀 꺾였다. 눈이 휘둥그레진 좌중은 그제서야 그녀를 알아보았다고 한다.

　그녀는 이렇게 세월을 보내다가 세상 사람들이 알아보지 못하는 곳에서 세상을 떠났다. 그녀는 임종을 앞두고 집안 사람들에게 일렀다.

> 　내가 죽어도 곡을 하지 말고 상여가 나갈 적에는 장구를 두드리고 음악을 울려 인도해달라.
>
> 『성옹지소록』

또 묘를 길가에 써달라고도 했다.

> 　내가 죽거든 비단이나 관을 쓰지 말고 옛 동문 밖 물가 모래밭에 시체를 내버려서 개미와 땅강아지, 여우와 살쾡이가 내 살을 뜯어 먹어 세상 여자들로 하여금 나를 거울 삼도록 해달라.
>
> 김택영 『송도인물지松都人物誌』

　앞의 이야기는 저항의 기운이 감돌고 뒤의 이야기는 자괴의 분위기가 깔려 있다. 어느 쪽이 진실일까? '자괴'는 여러 정황으로 보아 걸맞지 않다.

　하지만 그녀의 무덤으로 알려진 묘는 장단군 입우물재의 길가(현재 황해남도에 속함)에 있다. 그녀의 친지들이 유언을 따르지 않고 끝내 무덤을 썼다. 북한에서 2005년부터 관광객을 위해 박연폭포 언저리와 황진이묘를 새롭게 정비하고 단장했다.

　조선 5백 년에 가장 뛰어난 명기로 꼽히는 황진이는 말년을 이렇게 보내고 죽었다. 여기에 황진이의 참모습이 있다.

　그녀는 단순한 명기나 가무 예술인이나 시인만이 아니었다. 그리고 당대의 모순과 관습에 저항하여 남성들을 비웃기만 한 저항의 여성만도 아니었다. 뒷날 백호 임제는 그녀의 무덤에 잔을 붓고 통곡했다. 임제가 누구인가? 그는 좁은 조선 땅에서 태어난 것을 한탄하고 좀스러운 인간군상에 구역질을 느껴 술과 시로 세월을 보내며 호탕한 삶을 살았던 인물이다. 그런 그가 황진이의 무덤에서 통곡한 뜻은 단순히 정인으로 여겨서가 아니었다. 황진이의 후반기 생애와 견주어봄직하다.

　19세기 말기 개화사상이 밀려올 때 이른바 신여성들은 봉건사회의 남녀차별을 타파하기 위해 남녀평등을 부르짖었다. 그러면서 신여성들은 자유연애를 구가했다. 황진이는 바로 이들 여성의 귀감이었고 또 선각자였다. 조선조의 여인상을 현모양처로만 그리지 말고 좀더 활기에 차고 모순에 저항한 여인상을 찾아보아야 할 것이다. 황진이는 그런 여인 가운데 하나였다.

　현대에 와서 이태준·박종화 등이 그녀를 소설의 주인공으로 내세웠다. 근래에는 김탁환이 여러 서적을 섭렵하고 철저한 고증을 거쳐 『나, 황진이』라는 작품을 써서 주목을 받았으며, 북한의 홍석중도 『황진이』라는 장편소설을 발표했다. 홍석중의 『황진이』는 황진이의 처지를 빌려 신분사회의 갈등을 부각시키려 했다. 이와 달리 김탁환의 『나, 황진이』는 머리에 '주석판'이라 부제를 붙인 것처럼 소설적 수법을 빌려 황진이에 관련된 모든 자료를 제시하고 하나하나 평을 곁들인 '가이드 북'이라 할 수

있다. 더욱이 이 글은 인간평등의 역사의식을 잘 보여주고 있기
도 하다. 이처럼 황진이는 현대에 들어서도 여전히 화제를 뿌리
는 여인이다.

허난설헌
봉건시대의 굴레에 부대낀 한맺힌 부용꽃

지난날 우리나라는 철저한 남존여비의 사회였다. 그러한 사회에서 부덕이 높은 현모양처를 여성의 모범으로 꼽기도 했고, 바느질 잘하고 베 잘 짜는 여인을 훌륭한 여인상으로 꼽기도 했다. 이러한 속에서도 과감히 남성을 농락하며 한 세상을 불행하게 산 황진이 같은 여인도 있었고, 규방에서 한숨을 토하며 한에 젖어 산 여인도 있었다. 허난설헌許蘭雪軒(1563~89)도 그중의 한 여인이었다.

널리 불리는 '난설헌'은 그녀의 호이고 본명은 초희楚姬, 자는 경번景樊이었다. 그 당시 여성이 이름·호·자를 고루 갖춘 경우가 드물었는데 그녀의 경우는 달랐다. 바로 여성으로서 대우를 그만큼 받았다는 뜻이다. 그의 아버지는 당시 명망이 높았던 초당草堂 허엽許曄이었다. 그녀는 위로 오빠 허성許筬·허봉許篈을 두었다. 두 오빠도 중요한 벼슬자리에 있으면서 상당한 명망을 얻고 있었고, 동생 허균도 어릴 적부터 뛰어난 문사의 기질을 보여 촉망을 받았다. 그리하여 이 허씨 집안을 모두 부러워했고 3허三許니 4허四許니 일컬으며 형제 시인으로 꼽았다.

이런 명문가였기에 당시 많은 시인들이 이들 집안과 활발한 교류를 했다. 그중에서도 당시 3당三唐 시인으로 일컬어지던 미천한 출신인 최경창·백광훈·이달 등과 유난히 친분이 두터웠다. 또 천한 신분의 시인 유희경도 이들 허씨의 후원을 입었다. 허성·허봉 등은 이들 불우한 시인들을 남달리 알아주고 재정적 후원을 아끼지 않았던 것이다.

이런 연유로 허성·허봉과 터울이 지는 허난설헌과 허균은 어릴 적부터 이달에게 시를 배웠다. 지금 남산 밑 마른내길乾川洞에 살았던 이 어린 남매는 이달에게서 매일 시 수업을 받으며 천재성을 발휘했다.

그렇다면 이달은 어떤 사람인가? 그는 양반의 혈통을 받았으나 어머니가 기생 출신 첩이어서 서자로 살았다. 이로 인해 그는 낮은 벼슬을 얻었다가 내팽개치고 방랑생활로 나날을 보냈다. 그는 가는 곳마다 술을 마시고 시를 토해냈다. 이렇게 하여 그의 시명詩名은 당대에 널리 알려져 있었다. 이런 이달에게서 명문 자녀인 이들 남매가 시를 배웠던 것이다.

열 살이 좀 넘어 이달에게 시를 배운 뒤 그녀의 재질은 장안에 소문이 났다. 아름다운 용모와 재치, 그리고 뛰어난 시재는 바로 그런 명성을 얻는 계기를 만들었다. 그리하여 그녀는 여신동으로 일컬어졌고 서울 양가의 딸들은 그녀와 한번 만나보기를 간절히 소원했다.

그녀는 여덟 살에 「광한전백옥루상량문廣寒殿白玉樓上樑文」이라는 장편 시를 지었다. 이 글은 저 하늘의 신선이 산다는 백옥루에 대해 상상을 동원해 지은 것이다. 이 글이 언젠가부터 서울 장안에 나돌아 그녀의 시재는 더욱 인정받았다. 나중에 정조도 이를 읽고 감탄해 마지않았다고 한다.

그녀의 풍부한 정감은 그때그때 곧바로 시로 표현되었다. 그녀가 이렇게 시를 쏟아내면, 그녀보다 여섯 살 아래인 허균은 이를 애송했고 뒷날 이 시들을 고스란히 옮겨 적어 후세에 전했다. 그러나 그녀도 남존여비의 사회에서 태어났기에, 나이가 차자 어쩔 수 없이 한 남성에게 시집을 가서 남편을 받들며 시집살이를 해야 했다.

그녀는 부모가 정해주는 대로 안동 김씨 집안의 남편을 맞이했다. 그런데 그녀의 남편 김성립은 어지간히 변변치 못했던 모양이다. 과거 공부를 했지만 별로 진전도 없었고 더욱이 아내와 시를 주고받을 수준도 안 되어 대화도 나누지 않았고 화락하지도 못했다. 여기에다 아내에 대한 열등감이 쌓여 걸핏하면 기생방에서 밤을 새우기가 일쑤였고 술에 곤드레가 되어 새벽에 돌아오곤 했다.

비록 그녀의 남편이 주먹질을 했다는 따위의 기록은 없지만 부부가 화목하지 못하다는 소문이 퍼졌다. 이에 그녀는 달을 보며 신세를 한탄하거나 이불을 둘러쓰고 가슴을 태우거나 혼자 시를 읊으며 한을 노래했다. 그 가운데 유명한 시로 「규원閨怨」이 있다. '규방의 원망'이라는 뜻이다.

> 비단 띠 깁 저고리 적신 눈물 자국
>
> 여린 방초 임 그리운 한이외다
>
> 거문고 뜯어 한 가락 풀고 나니
>
> 배꽃도 비 맞아 문에 떨어집니다.
>
> 달빛 비친 다락에 가을 깊은데 울안은 비고
>
> 서리 쌓인 갈밭에 기러기 내려 앉네
>
> 거문고 한 곡조 임 보이지 않고
>
> 연꽃만 들못 위에 떨어지네

『허난설헌집』

지아비의 버림을 받고 규방에서 눈물로 지새우는 나날, 버려져 있는 자신의 처지를 시로 풀었던 것이다. 그런 나날 속에서도 딸과 아들을 두었다. 이제 남편에 대한 애정을 자식들에게 옮겨 정성을 쏟았고 어린 남매가 자라는 모습을 보고 인생의 재미를 느꼈다.

그런데 그녀는 어느 때보다 더 큰 불행을 맞이했다. 두 자식이 채 봉오리를 맺기도 전에 해를 연이어 죽은 것이다. 이를 어쩌랴. 그녀는 슬픈 마음을 시에 담는 수밖에 달리 도리가 없었다.

이때 쓴 시가 「곡자哭子」이다. 그 가운데 한 구절을 보자.

> 지난 해엔 귀여운 딸을 잃었더니
> 이번 해엔 사랑하는 아들마저 잃었네
> 가슴 메어지도다, 광릉의 흙이여
> 작은 무덤을 나란히 마주 세웠네
> ……
> 응당 언니 아우의 혼들이 알아
> 밤마다 서로 손잡고 놀아라

그녀는 이제 걷잡을 수 없는 슬픔에 빠졌다. 딸과 아들의 무덤을 자신이 사는 광릉 땅 양지 바른 언덕에 나란히 만들고 나서 낮은 봉분에 잔디를 심고 어루만졌다. 훗날 그녀는 자신이 죽으면 두 아이의 무덤 뒷자리에 묘를 쓰라고 했다. 그리하여 세 무덤은 광주 지월리의 달을 보고 밤을 지키며 지금도 그대로 있다.

견디기 어려운 세 가지 불행

그녀의 한은 계속 꼬리를 이었다. 남편의 방탕은 조금도 쉴 줄을 몰랐다. 그리고 행복과 기쁨이 넘치던 친정집에도 풍파가 연달아 이어졌다. 그녀의 아버지는 상주에서 객사했고 이어 오라버니 허봉은 이이의 잘못을 들어 탄핵했다가 갑산으로 귀양 가

양간비금도　허난설헌
이 그린 그림으로, 낯익
은 풍경과 어린 여아의
모습이 한 장의 풍속화
를 보는 듯 생생하다.

게 되었다. 허봉은 2년 뒤 풀려나 백운산·금강산 등지로 방랑생
활을 하며 술로 세월을 보냈다. 그러다 병이 들어 서울로 돌아오
다가 금화 생창역에서 아버지처럼 객사하고 말았다.

　이런 친정의 슬픔은 그녀를 더욱 외롭게 했고, 자신의 시재를
알아주었던 인물이 하나씩 사라지는 데 더욱 가슴이 메어졌다.
그녀는 삶의 의욕을 잃었다. 그리하여 더욱 감상과 한에 빠졌다.
그러다가 한번은 '삼한三恨', 곧 '세 가지 한탄'을 노래했다고 한다.

　첫째는 조선에서 태어난 것이요, 둘째는 여성으로 태어난 것
이요, 셋째는 남편과 금슬이 좋지 못한 것이라 한다. 첫째는 바
로 그녀가 시재를 널리 뽐낼 수 없는 좁은 풍토를 안타까워한 것
이고, 둘째는 남성으로 태어나 마음껏 삶을 노래하지 못한 것을

뜻한다. 셋째는 그녀의 남편이 나이가 들어가는데도 더욱 방탕의 수렁으로 빠져들고 있었음을 말한다.

그녀는 스물세 살에 어머니의 초상을 당해 친정에 가 있을 때 꿈을 꾸었다. 그녀는 꿈속에서, 저 신선 사는 곳에 올라 노닐면서 온갖 구경을 다 하다가 한 줄기 붉은 꽃이 구름을 따라 날다가 아래로 떨어지는 것을 보았다.

이윽고 꿈에서 깨자 곧 "붉은 부용꽃 서른아홉 송이가 차가운 달에 떨어졌네"라는 시를 지어 읊었다. 자신의 죽음을 두고 읊조린 것이다. 그녀는 끊임없이 죽음의 그림자를 느꼈고, 그 죽음의 형상은 곧 신선의 세계였다. 그녀는 많은 한과 원망을 가슴 가득히 안고 스물일곱의 나이에 숨을 거두었다. 그녀의 죽음은 분명 슬픈 것이었고 한 천재의 한 어린 삶을 마감한 것이었다. 이에 허균은 이렇게 썼다.

"부용꽃 서른아홉 송이는 곧 스물일곱 살의 자기 죽음을 징험한 것이다."

혹자는 39는 죽은 아이들 나이를 합한 숫자일 것이라고도 한다.

사후에 중국에까지 이름을 날리다

그녀의 죽음을 가장 슬퍼한 사람은 허균이었다. 허균은 누이의 시를 모아 베껴 세상에 소개했다. 생전에 넓은 중국에 시명을 날리지 못한 것을 한탄한 누이를 위해 허균은 그녀의 시집을 중국 사신인 주지번朱之蕃에게 주었다. 이리하여 그녀의 시는 중국에 널리 소개되었고, 중국의 여류시인들은 앞다투어 그녀의 시를 애송했다.

한편 국내에서도 그녀의 시는 시화詩話나 시평을 통해 널리 소개되었다. 어떤 시화에서는 격조면에서 허봉이나 허균의 시가 모두 그녀의 시에 미치지 못한다고 극찬을 했다. 그녀의 시가 이렇게 높이 평가받자, 허균의 정적들은 허균이 그녀를 높이기 위해 스스로 지은 시를 누이의 시라고 세상을 속였다고 써대기도 했다. 특히 허균이 한글로 『홍길동전』을 써서 미움을 받고 역적으로 몰려 죽자, 많은 정적들은 허균의 위선을 드러내기 위해 이 말을 그럴듯하게 날조했던 것이다.

그러나 시안詩眼을 갖춘 사람들은 위의 말처럼, 그녀의 시를 오히려 허균보다 윗자리에 놓기도 했다. 그리고 많은 여류들, 곧 신사임당·황진이·옥봉 이씨·계생 등을 여류시인으로 꼽으면서 허난설헌을 최고로 보았다. 뒷날 허균은 부안의 기생으로서 뛰어난 시재를 보인 계생을 극진히 사랑했다. 계생에게서 누이의 잔영을 본 것이다. 계생 또한 허균의 시를 좋아했고, 따라서 허난설헌의 시도 남달리 아꼈을 것이다.

그녀의 시는 강렬한 대결의식 또는 시사를 풍자하기보다 원망과 한탄을 주로 노래했지만, 풍부한 시어와 언어 구사력은 예전이나 지금이나 높이 평가되는 것만은 사실이다. 다만 그녀의 말처럼, 한 천재적인 여인이 봉건 굴레에서 헤어나지 못해 재주를 마음껏 뽐내지 못한 것은 한국 한시문학사의 불행이다. 만약 그녀가 좀더 자유분방한 삶을 누릴 수 있었다면 아마 훨씬 아름다운 시를 더 많이 남겼을 것이다. 그리고 그 흔한 충효나 음풍농월의 주제를 뛰어넘어 인간의 내면세계를 노래했다는 것만으로도 그녀의 시가 지닌 가치는 높다.

계생

애수 어린 사랑과 고독의 시세계

유희경·허균과의 만남과 사랑

전라도 땅 부안에는 기생 출신 여류시인 계생桂生(1573~1610)의 일화가 많이 전하고, 또 그녀의 시비도 세워져 있다. 조선시대의 기생이라면 벼슬아치나 양반의 노리개로서 물론 천민에 속했다. 그러나 그중에는 시와 음률이 뛰어나 후세에 이름을 전하는 경우가 있는데 황진이가 그 대표적인 보기이다. 계생도 그 가운데 하나이다.

계생은 시골 아전의 서녀로 태어났기에 어릴 적부터 기생이 된 것이 이상할 게 전혀 없다. 황진이처럼 양반의 서녀도 기생이 되어야 했는데 더욱이 중인의 서녀였으니 따질 게 없다. 그녀의 성은 이, 호는 매창梅窓이어서 곧잘 이매창으로도 불린다. 그녀의 용모는 별로 뛰어나지 않은 듯하다. 평범한 얼굴이었지만 그녀와 한번 어울린 이들은 그녀의 인품에 흠뻑 빠져든 것으로 보인다. 그녀는 여느 명기처럼 시와 글을 잘 지었을 뿐만 아니라 노래와 거문고에도 능했다.

하지만 여느 기생처럼 음탕하지도 않았으며 우스개판을 벌이고 술자리에 앉아 있어도 결코 도가 넘치지 않았고 몸가짐을 흐트러뜨리지도 않았다. 이리하여 그녀의 성품이 고결하다는 소문이 났는데, 참선으로 자기수양에 철저했으니 더욱 그러했다. 시인과 묵객들이 부안으로 몰려와 그녀와 어울리기를 열망했다. 그들 중 두 사람을 꼽을 수 있다.

한 사람은 천민 출신 시인으로 유명한 유희경이다. 그는 박학다식하여 남의 집 초상에 불려 다니며 일을 봐주고 밥과 노자를 얻은 탓에 '상갓집 개'라고까지 불렸으나 임진왜란 때 의병을 모집한 공으로 천민의 신분에서 벗어났다.

그가 계생을 찾아와 시를 주고받고 또 남달리 계생을 돌봐주자, 전국에 '기생 계생'에 대한 소문이 널리 퍼졌다. 유희경과 계생은 나이 차가 많았지만 때로는 연인의 정을, 때로는 부녀간의 정을 느끼면서 가까이 지냈다. 계생은 거들먹거리는 양반붙이보다는 서로 흉금을 털어놓을 수 있는 유희경 같은 사나이들을 동정하고 이해했던 것이다.

다음은 허균과의 만남이다. 허균은 이름있는 양반 집안 출신이었으나 불행한 사람들을 남달리 동정한 시인이었다. 허균이 젊은 나이에 부안에 들렀을 때 두 남녀는 남다른 정을 느끼고 친

해졌다. 그들은 많은 시를 주고받았고 수많은 정담을 나누었다. 그들의 사랑이야말로 깊고 영원했다. 허균은 자주 부안을 찾아 왔다. 이곳에서 많은 시와 최초의 국문소설 『홍길동전』을 짓기도 했다. 자신의 모든 것을 버리고 이곳에 묻혀 살려고도 했다. 그가 이렇게 마음먹은 뜻도 계생 때문이 아니었을까?

계생의 시에서는 사랑과 한탄, 그리고 가신 임을 그리는 주제가 넘친다. 그러면서도 절도를 벗어나지 않고 고고함을 지니고 있다는 평을 받았다. 그 가운데 임을 그리는 시들을 소개한다.

봄날이 싸늘해 가신 님 옷 꿰매노라니
창가에는 한낮의 햇볕 내리비치누나

머리 숙여 바느질손 놀리는 곳에

구슬 같은 눈물이 실과 바늘 적시네

굳게 굳게 맹세하던 그날

사모의 정 바다보다 깊었다오

먼리 가신 뒤 소식 끊으니

한 밤에 홀로 쓰라립니다

『계생시집』

여기서 임은 누구였을까? 그녀는 또 "거문고 뜯으며 상사곡 노래한들 멀리 가신 님은 오시지 않네"라고도 했다. 그 임은 유희경일 수도 있고 허균일 수도 있고 또는 어떤 이상의 남자일 수도 있다. 그런데 허균이 나중에는 벼슬살이에 바빠 계생을 자주 만나지 못했다. 그래서 허균은 이런 편지를 보냈다.

봉래산의 가을이 한참 무르익었으려니 돌아가려는 흥취가 도도하오. 아가씨는 반드시 내가 시골로 돌아오겠다는 약속을 어겼다고 웃을 것이오. 만약 그 시절에 한 생각이 잘못되었더라면 나와 아가씨의 사귐이 어떻게 십 년 동안이나 그토록 다정할 수가 있겠는가? …… 어느 때나 만나서 하고픈 말을 다 할는지, 종이를 대하니 마음이 서글프오.

허균『성소부부고』문부文部

계생이 이 편지를 받은 것은 한창 병에 시달리며 외로운 방 안에서 고독을 노래할 때였다. 그러니 옛 정인이 더욱 그리웠을 것이다. 이때쯤 지은 것으로 보이는 「자탄」이라는 시가 있다.

독수공방 외로이 병에 찌든 이 몸
굶고 떨며 사십 년 세월 길게도 살았네
잠시 묻노니 사람살이가 몇 해 되는가
심사 서러워 어느 날도 울지 않은 적 없네

『계생시집』

계생의 나이 마흔이 가까웠는데 위의 시는 유희경을 두고 지었는지, 허균을 두고 지었는지 모를 일이다. 어찌 되었든 그녀는 정인을 그리며 쓸쓸히 죽었다. 그리고 그 한은 시 구절구절마다 담겨 전해온다. 허균은 그녀의 죽음을 듣고 읊었다.

"그녀의 부채엔 처절한 바람이 일고, 그녀의 거문고엔 비통의 소리 들리네."

하지만 모두 부질없는 일이었다.

인종과 애수가 흐르는 정감 어린 시

계생은 마흔이 채 못 돼 죽었다. 더구나 모아놓은 재산도 없어서 퇴기생활을 하며 가난에 찌들어 약도 제대로 못 쓰고 죽어갔다. 그러나 그녀의 이름만은 부안의 어느 선비나 문사보다도 널리 알려져 그리움을 더해주고 있다. 그녀와 그녀의 시는 채석강과 함께 부안의 명물이 되었다. 그리고 오늘의 평자들은 그녀의 시를 두고 이렇게 말한다.

> 인종과 애수가 흐르는, 정감이 가늘고 약한 선으로 자기의 속병을 그대로 읊었다.
>
> 김지용

그녀의 시는 대부분 없어지고 오늘날 58수쯤 전한다. 황진이의 시보다 훨씬 많이 남았다. 그녀가 죽고 난 뒤 60여 년이 지나 시골 아전들이 여기저기 모아놓은 것을 부안 개암사에서 책으로 엮어주었던 것이다. 그녀가 자주 찾아가 참선을 하던 절에서 시집을 내주었으니 이것도 인연이라면 인연이었다. 그리고 근래 들어 시비를 세워주었으니 이것으로 그녀의 한을 조금이나마 달랠 수 있을는지. 사람은 가도 예술은 오래 빛나는 것을 여기에서도 찾아볼 수 있다.

3부

세상 속 민중의 벗이 되어

장혼／   조수삼／   김삿갓／   정수동／

산새는 나무꾼의 성품을 알지 못하고
명부에는 애당초 야객의 이름이 없네
창고에 쌓인 곡식 한 톨도 얻을 수 없구나
높은 다락에 외롭게 기대어
저녁 짓는 연기만 바라보네
- 장혼 -

장혼
여항시단의 지도자

중인 출신의 가난한 시인

조선왕조에서 한시의 대가들은 거의가 양반 사대부들이었다. 당시는 시가 하나의 교양 수단이었고 선비로서 갖추어야 할 품격에 속했기 때문이다. 이런 속에서도 허난설헌 같은 여류시인이 나왔고 황진이나 계생 같은 기생시인 그리고 천민 출신 시인들도 배출되었다. 한문 자체가 서민들의 글이 될 수도 없었지만 더욱이 한시는 배우는 과정이 어려워 귀족문학으로 꼽혔다.

이런 이야기가 전한다. 어느 날 나무꾼이요 종인 정봉이라는 자가 관아에 쌀을 빌리러 갔다. 당연히 있어야 할 그의 이름이 명부에 들어 있지 않아서 발길을 돌리다가 종루에 기대어 이런 시를 읊조렸다.

산새는 나무꾼의 성품을 알지 못하고
명부에는 애당초 야객野客의 이름이 없네
창고에 쌓인 곡식 한 톨도 얻을 수 없구나
높은 다락에 외롭게 기대어
저녁 짓는 연기만 바라보네

당시에 종의 신분으로 시를 읊는다는 것은 파격이었기에 이
시를 들은 군수가 그 종을 시험해보고 특별히 배려하여 쌀을 꾸
어주었다고 한다. 그 어려운 한시를 종이 지었으니 가상히 여겼
을 것이다.

장혼張混(1759~1828)은 중인 출신으로 시를 통해 1천여 명의 동
인과 제자들을 거느리고 일세를 풍미한 인물이다. 그의 시사활
동은 분명히 커다란 파문이었고 또한 파격이었다.

장혼의 아버지는 비록 중인의 벼슬을 얻어 1년 남짓 그 자리
를 지켰지만 가객으로 일생을 보냈다. 중인 집안도 역관 같은 벼
슬을 얻어 오래 누리면 살림이 넉넉할 수도 있겠지만 가객으로
떠돌다 보니 그의 집 살림살이는 말이 아니었다. 장혼은 이런 집
안의 넷째 아들로 태어났는데, 여섯 살 때 소아마비에 걸려 한쪽
다리를 저는 불구가 되었고, 누이들까지 합해 식솔이 많아 집안
생활의 고통은 형언할 수가 없었다. 그는 장성하여 이 시절을 이
렇게 회상했다.

"나는 가난한 집에서 태어나서 가난 속에 자랐고 이 가난이 이
어져서, 벼슬할 적에도 형편없는 녹봉에 끼니를 이을 수 없었다."

그는 아홉 살에 글을 읽었으되 밖에 나가 놀기를 더 좋아했다. 그러나 자라면서 제법 재주를 뽐내어 여러 책을 섭렵했다. 스무 살에는 어느 부잣집에 가서 글을 가르치며 잠시 밥을 얻어 먹었다고 한다. 그의 다음 시구를 보면 그후에도 살아가는 꼴이 정말 말이 아니었던 모양이다.

어버이는 점점 늙어가고
살림은 나날이 궁색해지네
밥 때에는 소금마저 댈 수 없고
옷은 철에도 맞지 않네
어버이 비록 말이 없으나
자식의 도리로 어찌 편하리오
두 어린아이까지 딸려
밥 찾느라 울부짖네

『이이암집而已广集』

그러나 이런 생활 속에서도 하늘을 원망하지 않고 사람을 탓하지 않았다. 다만 모든 것을 시로 풀었다. 현실의 불만도, 신세 한탄도 몽땅 시 속에 쏟아넣고 여과했다. 시를 지으면 배가 저절로 불러졌다.

그의 호는 이이암而已广이요, 공공자空空子였다. '이이암'은 무슨 뜻일까? 이이而已는 다른 글자에 붙어 문장을 마무리하는 글자이다. 쓸모가 적은 것이다. '암'자는 庵의 변만을 따온 것이니

절름발이인 자신의 신체를 빗댄 것이다. 한편 厂을 '바위집'이라
는 뜻으로 '엄'으로 발음하기도 한다. 이에 대해 이런 글을 쓰기
도 했다.

이이자而已子가 어떤 사람인지 알지 못하나 가난하면서도 뜻이
컸고, 아래에 살면서도 고상을 말했다. 들어오면 책을 읽고, 나가
면 단정하게 처신했다. 처자식은 추위와 주림을 면하지 못했고 집
은 비바람도 가리지 못했다. 사람들은 그가 아무것도 가진 게 없는
것을 비웃었다.

『이이암집』「우언寓言」

옛날 중국의 이이자가 식객을 많이 거느린 것으로 유명한 맹
상군 집에서 물 긷는 일을 했다고 하니 그의 처지와 너무 흡사하
지 않은가? 게다가 '암庵'자의 꼭지 변만을 떼어 자기의 호 글자
로 삼았으니 맨 밑바닥 인생에다가 반쪽밖에 못 되는 처지를 나
타낸 것이다. '공공자' 또한 빈손으로 왔다가 빈손으로 가는 뜻
일 터이니, 빈털터리를 나타내는 것이 아니겠는가?

송석원시사를 이끌다

그는 나이가 들어갈 무렵, 서울 주변에 있는 중인 출신 시인들
과 어울렸다. 특히 인왕산 아래턱 언저리에 자리잡고는 훈장 노

릇으로 생계를 이어가며 많은 시우詩友들을 거느리고 있었던 천수경과의 만남은 특별한 의미를 띠었다.

1790년에 정조가 규장각을 설치하고 그 산하에 인쇄 등의 일을 맡을 교서관校書館을 만들어 글 잘하는 중인들에게 이곳 벼슬자리를 주었다. 장혼은 당시 대제학이던 오재순의 추천으로 여기에 끼이게 되었다. 비록 벼슬자리는 얻었지만 사준司準이라는 잡직의 녹봉은 생계도 이을 수 없을 정도로 아주 하찮은 것이었다. 그러나 많은 책을 읽어볼 수 있었고, 또 당시의 박제가·이서구 같은 명사들과도 사귈 수 있었기 때문인지 그는 26년 동안 이 자리를 지켰다. 하지만 그가 이 자리보다 더 관심을 쏟으며 심혈을 기울인 것은 다른 일이었다. 그것은 곧 시사詩社활동이었다.

천수경이 인왕산 아래 옥류동에 살면서 그의 삼간초옥의 뒤 석벽에 '송석원松石園'이라는 글씨를 새겨놓았다. 이 글씨는 추사 김정희가 전자篆字로 써준 것인데 돌에 새길 경비도 없다고 하여 추사가 그 경비마저 대주어야 했다. 여기에 서울의 아전들이 물려들어 시사를 이룬 것이다. 이를 두고 사람들은 두 글자를 더 붙여 '송석원 시사'라 부른다.

여기의 맹주는 물론 천수경이지만, 이를 실제로 끌어간 사람은 장혼이었다. 워낙 가난을 밥 먹듯 한 인사들이었으니 술값이 제대로 마련될 리가 없었건만 그래도 술잔이 거나하게 돌면 주옥 같은 시들이 튀어나왔다. 여기에 참여한 시인들의 수가 수백 명이었다고 전하니 얼마나 성황을 이루었는지 짐작할 만하겠다.

송석원시사아회도 1791년 6월 보름날 달밤에 장혼 등이 인왕산 자락 옥계에 모여 술을 마시며 시를 짓는 모습을 이인문李寅文(1745~1821)이 그렸다.

장혼은 이곳을 이렇게 설명했다.

옥류동은 인왕산의 경치 좋은 곳의 하나이다. 골의 모양은 서북쪽으로는 파묻혀 있고, 동남쪽으로는 탁 트여 있도다. 뒤쪽은 바위 틈새의 고송들이 멀리 바라보이고, 앞쪽은 천문만호千門萬戶가 널려 있다. 오른쪽에는 넓은 들판이 열려 있고, 왼쪽에는 높다란 묏뿌리가 걸려 있어 오가는 사이 서로 옹위하고 있도다. 가운데에는 맑은 개울물이 흐르고 꼬리에는 큰 시내가 똬리를 틀고 있어, 처음

절벽에서 물을 대서 콸콸, 졸졸 흘러 거문고와 비파가 둘러 있는 듯하다. 비가 내리면 폭포가 내리쏟아져 참으로 볼 만하다.

『이이암집』「평생지平生志」

이런 곳에 송석원이 자리잡고 있는데 그는 여기에 평생의 뜻을 붙여두려고 했다. 그리고 이런 곳을 얻어 시우들을 사귀고 좋은 책을 보고 꽃과 나무를 심는 등 여덟 가지 맑은 생활의 가짓수를 늘어놓았다. 그는 또 이 시사의 결성을 두고 이렇게 말했다.

"장기·바둑을 두는 사귐은 하루를 못 가고, 권세나 이권을 위한 사귐은 1년을 못 가나, 문학의 사귐은 길이 이어질 수 있다. 옥계玉溪의 물가에 시사가 있으니 문文으로써 모이고 덕으로써 규약한다."

이 정도면 그의 뜻을 짐작할 만하다. 그가 이 모임에 심혈을 기울이면서 첫 번째로 벌인 일은 민간에 떠도는 주옥 같은 시들을 모으는 것이었다. 그리하여 천수경과 함께 지난날 선배들의 풍요風謠를 모으던 일을 본받아 1827년에 303인의 시들을 모아 그가 봉직하던 교서관의 활자로 『풍요속선風謠續選』을 엮어냈다. 어떻게 교섭을 벌여 관가의 활자를 빌려서 이 책을 냈는지 그 경위는 자세하지 않지만 그의 한없는 노고가 여기에 깃들어 있음을 쉽게 짐작할 수 있다.

직접 만든 활자로 펴낸 아동 교과서 『계몽편』

이 시사활동은 30년간 계속되었다. 그동안 송석원은 여기에 들지 못하면 외톨이가 될 정도로 중인들이 선망하는 곳이었고, 영락한 처지의 인사들에게 시심을 불러일으켰으며 위안을 주는 곳이기도 했다.

한편, 교서관에 있으면서 책 인쇄하는 과정을 소상히 알고 있었던 탓인지, 장혼은 '이이암 활자'라는 나무활자를 만들어 사사로이 사용했다. 세종과 정조도 자신이 만들어낸 활자의 이름을 별도로 붙였으니 그도 못할 바 아니었을 것이다. 이 활자들을 어디에다 두었는지 모르겠지만 이것들을 사용하여 자신의 저서를 간행했음이 틀림없다.

그뿐만 아니라 주변에 있는 여항閭巷 문인들의 시집을 간행하여 돌리기도 했고, 송석원 시우들의 축시 등을 모아 찍어내기도 했다. 그가 죽은 뒤 이 활자는 후배인 최성환의 손에 넘어가 후기의 여항시인 또는 도가류道家類의 책들을 찍어냈다. 이러한 점들로 보면 그는 발명가라고도 할 수 있겠다. 다만 그의 시문집은 어찌 된 연유인지 이 활자로 찍어내지 않고 필사본으로 전한다. 아마 자신의 문집은 뒷전으로 밀어두었는지 모를 일이다.

그가 사회에 대해서 크게 관심을 기울인 분야는 아동의 교육 문제였다. 이런 일을 맡을 신분도 아니었지만 어쨌든 아동교육에 남다른 관심을 보였다. 그는 교훈이 될 만한 속담을 모아놓고 그 뜻을 이렇게 적고 있다.

한 농가에서 소가 송아지를 낳았는데 그 농부가 아들로 하여금 두 손으로 아침·점심·저녁 때와 밤중에 하루 수십 번씩 그 송아지를 들게 했다. 이것을 몇 년 연달아 하게 하다 보니 소가 커가면서 아이의 힘도 비례해서 커졌다.

이것이 바로 "습관이 성품을 이룬다習與性成"(정자의 사물잠四勿箴에 나오는 구절)는 구절이다. 그가 이 속담을 자기가 쓴 책에 넣은 것은 조기교육, 곧 어릴 적부터 아이들을 훈육해야 함을 강조하기 위해서였으리라. 이렇게 그는 아동교육에 관한 책을 열 권쯤 펴냈는데, 그중 일부는 자신이 발명한 나무활자로 찍어 돌렸다. 그중에서도 『아희원람兒戲原覽』과 『계몽편啓蒙篇』이 유명했다. 『아희원람』은 옛 글에서 교훈이 될 만한 글들을 뽑아 열 가지 항목으로 나누어 아이들이 쉽게 알 수 있도록 엮었다.

한편, 『계몽편』은 하늘·땅·사람에 관한 내용을 모아 알기 쉽게 엮은 것이다. 종래에는 인륜을 위주로 앞에 늘어놓고 뒤에 역사를 곁들인 추상적인 도덕을 강조한 『동몽선습』이 널리 교재로 쓰였다. 조선 초기부터 『동몽선습』은 고려 때 유행한 『명심보감』과 함께 교과서로 장기 베스트셀러가 되어왔다. 조광조의 『소학』 가르치기 운동과 더불어 국가정책에 따른 것이다.

『계몽편』은 『동몽선습』과는 달리 현상과 물질 위주의 용어와 줄거리로 엮어졌다. 즉 『동몽선습』은 이렇게 시작한다.

하늘과 땅 사이와 모든 물건 속에 사람만이 가장 귀하니 그것은

오륜이 있기 때문이다

天地之間 萬物之中 惟人最貴 以其有五倫也.

이와 달리 『계몽편』은 다음과 같이 시작한다.

위에는 하늘이 있으며 아래에는 땅이 있다

上有天 下有地.

다시 말해 앞의 책에는 관념어와 인륜을 죽 늘어놓았지만 뒤의 책에는 초목 금수의 이름을 연달아 실어놓았다. 문자는 이념보다는 실생활에 필요한 용어부터 가르쳐야 교육적 효과가 있다. 아이들은 『계몽편』을 통해 처음 문자에 대한 흥미가 유발되었고 그로 인한 학습효과는 대단히 높았다.

한낱 중인의 신분으로 책을 만들어낸 만큼 이 책이 장려되지는 않았지만, 소개되자마자 『동몽선습』을 앞지를 정도로 팔려나갔다. 장혼이 살던 시기에는 방각본坊刻本이 나와 책이 상업적으로 판매되었다. 어느 누가 도와준 것도 아니었다. 더욱이 그는 오늘날과 같은 교육학 이론을 공부한 사람도 아니었다. 그런데도 어린아이들이 이해하기 쉽고 또 글자를 익히기도 쉬웠기에 이 책의 영향은 참으로 컸다. 필자 역시 어릴 적에 저자도 밝혀져 있지 않은 이 책을 배운 적이 있는데 『동몽선습』보다 훨씬 흥미로웠던 기억이 난다. 그런데 왜 저자 이름을 밝히지 않았을까?

이후 일제시대에 들어와 서적을 간행, 판매하는 일이 활발해

지자, 서당 훈장들은 『동몽선습』을 제치고 이 책을 선택했고, 그렇게 열 차례나 간행되며 일급 베스트셀러에 올랐다. 『동몽선습』이 유교의 충효사상을 보급하기 위해 국가적으로 장려되었던 점에 비추어보면 이 책의 보급이 왜 활발했는지 짐작할 만하다.

그가 살아 활동할 적에는 1천여 명이 그를 따랐다고 한다. 그가 서울 거리에 나타나면 조수삼·최북·임덕명 등 송석원 시우는 물론, 시를 흉내 내고자 하는 젊은이들이 줄을 이었다고 한다. 그리고 그가 죽자 그의 두 아들과 손자들도 제법 이름을 날리는 시인의 반열에 들었으니, 그의 둘째 아들 장욱은 호를 소암 小庵이라 지어 작은 '이이암'임을 나타내면서 금서사錦西社라는 시사운동을 벌였으며, 그의 손자 장효무도 장혼을 따르던 시인들과 함께 비연시사斐然詩社를 결성하여 19세기 후반의 시단을 빛냈을 정도로 그의 시혼은 오래오래 이 땅에 머무르게 되었다.

온갖 고난을 시로 승화시키다

그는 찢어질 정도로 가난한 가운데 주옥 같은 시를 토해냈는데, 그 가난이 바로 시의 매개가 되었던가? 그러나 그는 가난과 한미한 신분에도 불구하고 그에 대한 불만을 시에 그다지 표현하지 않았다. 앞에 소개한 시도 그저 자기의 처지와 심정을 나타냈을 뿐, 현실 대결이라든가 사회개혁 같은 분위기는 풍기지 않는다.

따라서 그의 시에는 사회시가 별로 없다고 평자들은 말하는데, 그보다는 오히려 도가의 자족에 빠져 있지 않았나 생각한다. 즉 인생을 관조하거나 달관의 자세로 바라보는 그런 것이다. 그것을 증명할 만한 예를 든다면, 그는 죽기 1년 전에 이런 글귀를 남겼다.

만약 하늘을 본받는 것이 이와 같다면 사람의 잘잘못은 들을 뿐이요, 물건의 검고 흰 것은 볼 뿐이로다. '○뿐'이기에 평탄하거나 험하거나 고통이나 즐거움을 만나게 되면 피하지 않을 뿐이요, 기다림과 성냄, 좋음과 싫어함을 당하게 되면 나타내지 않을 뿐이로다. 모든 많고 적음, 굽고 곧음, 어여쁘고 추함, 맑고 탁함을 분변하지 말고, 간섭하지 말고, 헐뜯지 말고, 뽐내지 말아서 한결같이 다른 이에게 맡길 뿐이로다…….

여기서 '○뿐'(而已)은 바로 자기의 아호의 뜻을 되새김질한 것이 아닐까 추측한다.
또 「큰나무」라는 글을 남기기도 했다.

성의 북쪽에 높은 나무가 있는데 그 크기가 몇십 년이 되는지 알수 없다. 높이는 하늘에 닿을 만하고 그늘은 몇 마당을 덮을 만하도다. 사람이 우러러 바라보는 자 모두 아끼고 탐내어 한번 그 아래에서 놀고 싶어한다. 초헌을 탄 사람도 여기에서 그치고, 뽐내는 벼슬아치도 여기에서 쉬고, 짐을 진 자, 꼴을 먹이는 자, 비단신을 신은 자, 짚신을 꿴 자, 아주 잘생긴 자, 못생겨 찌그러진 자, 귀천

노소가 없고, 봉사·귀머거리·절름발이에 이르기까지 어깨를 서로 비비고 발뒤꿈치를 서로 밟으며 바삐 여기에 가지 않는 이가 없도다. …… 모두 한 가지의 그늘과 한 잎사귀의 바람을 받아 수고로운 자는 편안해지고 번거로운 자는 맑아진다. 내 또한 그 나무에서 쉰 지가 여러 번이다…….

마치 장자의 「소요유편」을 읽는 분위기를 느낄 수 있다. 자연의 이치 속에 자신의 번잡한 마음을 내맡긴 것이다. 그들은 이런 감정으로 시를 쓰며 가난을 이기고 푸대접을 견뎌냈다. 근래 들어 중인문학이나 여항문학이 새롭게 주목을 받고 있다. 앞으로 여항문학을 연구하는 학자들이 장혼의 고유한 시혼과 문학세계를 면밀히 들여다봄으로써 그의 작품이 제대로 조명되고 후세에 전해지기를 바란다.

조수삼
불우한 환경 속에서 피어난 민중시

열 가지 재능을 지닌 가난한 시인

18~19세기에는 여러 갈래의 새로운 세력이 등장했다. 그들 가운데 주목할 만한 것은 바로 중인 세력의 움직임이다. 중인들은 종래 화원畫員·의원醫員·서사書寫·역관譯官 같은 기술직을 세습으로 이어오면서 어느 정도 사회활동과 경제생활을 해나갔다. 그러나 조선 후기로 접어들자 중인 출신자 수가 늘어나는 반면 기술직은 한정되어 있어서 이러한 세습은 무너졌다. 더욱이 중인의 아래층인 상민들이 중인 기술직을 넘보며 그 자리를 침식하는 지경에 이르러서는, 중인들이 그런 자리를 계속 누리기가 여간 어렵지 않았다. 다시 말해 기득권을 누릴 수 없었던 것이다.

그리하여 일정한 농토도 없는 그들은 도시 주변을 떠돌며 신세 한탄으로 세월을 보내거나 음풍농월을 일삼으며 새로운 문화운동 또는 예술활동을 벌였다. 그들은 때로는 수십 명, 때로는 수백 명씩 몰려다니며 시사활동을 벌였는데, 그들 맹주盟主 중의 한 사람이 바로 조수삼趙秀三(1762~1849)이었다.

중인 출신 시인들의 내력은 대개 잘 알려져 있지 않다. 그 원인은, 양반들도 그렇지만 무엇보다 중인 자신이 굳이 그 내력을 제대로 밝히지 않는 데 있었다. 마치 흠결을 들추어낸다고 여겼기 때문일 것이다. 조수삼도 이런 범주에 속할 것이다.

조수삼은 한양 조씨로 호는 추재秋齋 또는 경원經畹으로 일컬어진다. 그의 아버지는 무슨 일을 한 사람인지 알려져 있지 않다. 그는 세 아들 중 막내였는데 아버지는 자식들의 교육에는 남다른 관심을 보인 듯하다. 그가 쓴 조씨 성을 가진 책장수의 전기를 보면, 그가 일고여덟 살 때부터 글을 곧잘 읽을 줄 알았다는 사실을 엿볼 수 있다. 그때 그의 아버지는 조씨의 가장본家藏本인 『당송팔가문唐宋八家文』을 주었다고 기록되어 있다. 이 책은 글 짓는 공부를 하는 젊은이들에게는 기본 서적이었다.

그는 자전自傳에서 어릴 적부터 총명하여 온갖 글을 다 읽었고 침식을 잊으면서까지 독서를 일삼았다고 했다. 또한 찢어지게 가난하여 지게미를 먹기 일쑤였다고도 했다.

어떤 사람은 그를 두고 이서吏胥(구실아치) 출신이었다고도 하고 역관 출신이라고도 하나 두 가지 모두 틀리다. 벼슬아치 밑에서 구실아치 노릇을 한 흔적도 없으며, 더욱이 역관이었다는 것은 아마도 그가 여러 차례 중국에 다녀왔기 때문에 나온 말일 것이다.

그는 중인 문사들과 어울리고 때로는 양반붙이와 교류를 하면서 당대의 뛰어난 시인으로 명망이 높았다. 사람들은 그에게 남들은 한 가지도 갖기 어려운데 열 가지를 지니고 있다고 했다. 첫째는 기품, 둘째는 시문, 셋째는 공문公文 짓는 솜씨, 넷째는 의학, 다섯째는 장기와 바둑, 여섯째는 글씨, 일곱째는 기억력, 여덟째는 담론, 아홉째는 자손 복, 열째는 오래 산 것 등이라고 했다. 그중 의학에 조예가 깊은 것이나 장기, 바둑을 잘 둔 것 그리고 글씨를 잘 쓴 것 따위는 밥술을 얻어 먹거나 살아가기 위한 수단이었다.

그는 여든세 살의 나이에 걸맞지 않게 진사 자리를 얻었고, 이어 오위장五衛將 또는 참교參校라는 별 볼일 없는 벼슬을 지냈다. 아마 그를 늘 아껴주던 세도가 조인영·조만영의 주선으로 이루어졌거나, 중인재사에게 규장각이나 교서관의 아랫자리를 주는 관례에 따른 것이라고 볼 수 있다. 이런 자리를 얻은 덕에 그도 반쪽이나마 양반 신분을 누렸다.

그는 원래 서울에 살았던 것으로 보이는데, 집이 가난하여 어릴 적부터 여기저기 떠돌며 옮겨 다녔고, 나중에는 어느 시골에 가서 집을 짓고 살면서 독서에 빠졌다고 했다. 그가 서울에 있을 때에는 많은 시인들이 주변에 몰려들었고, 그의 후배격인 박윤묵朴允默·장혼 등에게 추앙을 받았다.

이웃에 과부가 아홉이요

한편 그는 여행을 곧잘 다녔다. 특히 북쪽 지방으로 여행을 자주 다니며 나라의 형편과 백성의 삶을 직접 목도했다. 그리고 이때 보고 들은 것을 시로 읊어 전했다. 1789년 스물일곱 살 때 중국에 가는 사행使行을 따라 베이징을 돌아보고 온 뒤에도 다시 여섯 차례나 더 다녀왔다.

이 여행에서 그는 두 가지 큰 전기를 맞게 된다. 중국에 다녀온 그는 세계에 대한 안목을 키웠다. 이에 대해 그는 다음과 같이 말하면서 1795년에 세계 83개국을 소개하는 시를 완성하기도 했다.

> 성가星家의 말에 별의 크기는 땅덩이의 몇백 배가 된다고 하는데 지금 올려다보니 아득한 한 점일 뿐이다. 사람이 별에서 내려다보면 땅덩이가 바둑알이나 탄환 정도로 보일 것이다
>
> 「외이죽지사外夷竹枝詞」

그는 젊었을 때부터 이런 안목으로 시인의 상상력을 키웠다. 1811년에는 평안도 지방을 돌아다니고 있었는데, 마침 홍경래가 주도한 관서농민전쟁이 일어났다. 그는 비참한 이곳 살림을 돌아보고 시인으로서 참담한 심정을 읊지 않을 수 없었다. 그는 당시의 심정을 이렇게 기록했다.

"근래 큰 흉년이 들어 공사公私의 재물이 바닥나고 가난한 자

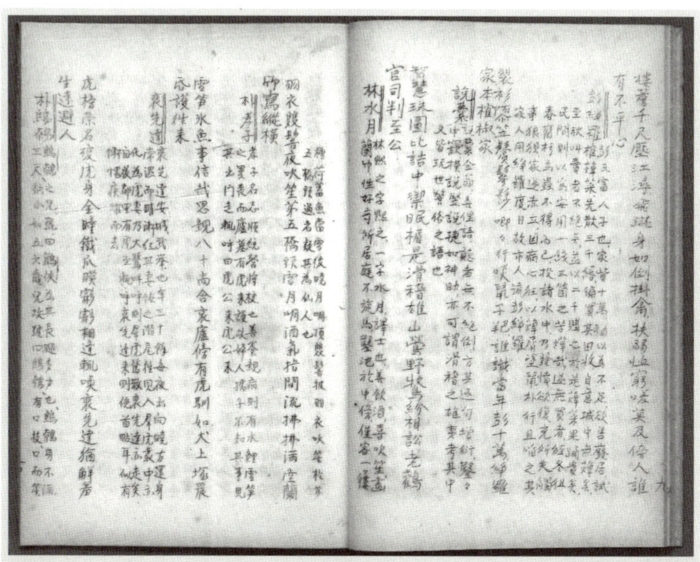

『추재기이』 조수삼이 조선 후기 저잣거리의 중인 이하 계층 사람 중에서 기이한 인물과 그 행적을 모아 엮은 책.(국립중앙도서관 소장)

나 부자나 모두 곤궁해져서 지아비가 그 아내를 팔고 종이 그 상전을 때리고 형제가 관에서 송사를 벌이고 부자간에 집안에서 다툰다."

그리고 그 전말을 장편 서사시로 읊었는데, 난이 일어나게 된 배경과 경과 그리고 난이 일어나지 않게 하는 방법을 적고 있다. 당시의 실정에 대해 『추재집秋齋集』에 쓴 글들이다.

옆집에 과부가 아홉이요

곡도 하기 전에 먼저 피눈물이 흐르네

백성은 주리고 추위에 떠는데 조세를 독촉하는 모습을 다음과
같이 읊고 있다.

> 관리는 드세게 독촉하고
> 이정里正은 채찍을 휘두르는구나
> ……
> 가난한 자는 아들 딸 팔아먹고
> 부한 자는 옷마저 벗어주는구나

세상 보는 그의 눈이 달라지고 있었다. 한번은 그가 충청도 옥
천 땅을 여행하던 중 누워 있는 장승을 보았다. 그는 이렇게 읊
었다.

> 서 있기가 고생될 터이니
> 소나무 아래 누워 있는 모습 신선 같구나
> 그대에게 세상 각박스러움 물어보니
> 멀건 눈으로 푸른 하늘만 바라보네

무엇을 빗대어 풍자하고 있는 것일까? 이 글은 서정을 그린
듯하지만 날카로운 현실풍자가 숨어 있다. 또 어미 소를 타고 가
다가 이렇게 읊조렸다.

> 촌 늙은이 어미소 타고 가노라니

더디고 더디게 개울가에 이르렀구나
소가 머리 돌리는 것만 꾸짖었지
송아지가 뒤따라오는 걸 몰랐구려

얼핏 시인의 목가적 정서를 그린 것 같지만 송아지 같은 민중을 노래한 것 아닌가?

시적 상상력으로 승화된 저항정신

유가적 교양을 지닌 그는 자신에 대한 신분적 제약을 슬퍼하며 비뚤어진 현실에 저항했다. 그는 자신을 스스로 '광사狂士'라고 했다. 미치지 않고서야 어찌 세상을 똑바로 보겠는가? 이런 그를 두고 어떤 이는 이렇게 평했다.

"도교와 불교를 모두 닦았지만 오히려 호방하게 여겼다."

이처럼 그는 현실을 뛰어넘는 상상력과 저항을 도교에서 찾고 있었다.

근래에 강명관은 그의 시 경향에 대해 다음과 같이 평가했다.

그의 시는 갈등과 불만을 근저에 깔면서도 세계와의 조화를 취하려는 의식의 형상물이지만, 후기의 시는 사실적이며 민중 지향적인 것들이다.

『조선후기 여항문학총서』 3, 해제

당시唐詩나 베껴 모방하고 음풍농월이나 일삼는 흔해빠진 시인들과 비교할 때 그가 추구한 세계는 사뭇 달랐던 것이다.

오늘날 조수삼의 시세계에 대한 평가작업이 남북한의 학자들에 의해 한창 진행되고 있다. 이런 현실에서 그의 면모를 살펴보는 것은 뜻 깊다. 불행한 시대에 태어나 불우한 삶을 살았다고 해서 악조건만은 아니다. 오히려 이를 여과하여 가슴으로 부딪치면 빛나는 시들이 생산될 수 있다. 조수삼에게서 우리는 그런 점을 발견한다.

그의 시문집『추재집』은 1936년 경성 보진재에서 제자들의 정성으로 간행되었는데 여기에는 중국의 문사인 주문한과 강련 등 두 사람이 서문과 발문을 썼다. 이를 통해 그가 중국의 문사들과 교유한 사실을 알 수 있다.

김삿갓
민중의 언어로 기성권위에 도전한 시인

조부를 조롱하는 시로 장원급제하다

우리는 흔히 김삿갓을 방랑시인, 그리고 풍자와 해학이 넘치는 시를 남긴 기행의 시인쯤으로 알고 있다. 그러나 그것이 김삿갓의 참모습일까?

김삿갓(1807~63)의 본명은 병연炳淵이요, 삿갓을 쓰고 다녔기에 흔히 김삿갓 또는 김립金笠이라고 부른다. 그의 조상은 19세기에 들어와 권력을 온통 휘어잡은 안동 김씨와 한 집안이었다. 그 때문에 그의 할아버지도 이런저런 벼슬을 할 수가 있었다. 그의 할아버지는 익순益淳이요, 그의 아버지는 안근安根이다. 그는 세 아들 중 둘째로 태어났다.

그가 태어날 때 그의 집안은 부러울 것이 없었다. 벼슬이 높았

던 그의 할아버지는 그가 다섯 살 때 평안도 선천부사로 나가 있
었다. 그런데 1811년 평안도 일대에서 홍경래가 주도한 농민전
쟁이 일어났다. 이때 농민군들은 가산·박천·선천을 차례로 함
락시켰는데, 가산군수 정시는 항복하지 않고 거역하다가 칼을
맞아 죽었고, 선천부사 김익순은 재빨리 몸을 피했다. 그 뒤 김
익순은 농민군에게 항복해 직함을 받기도 하고, 또 농민군의 참
모 김창시를 잡았을 때 그 목을 1천 냥에 사서 조정에 바쳐 공을
위장하려는 어줍잖은 짓거리를 하기도 했다. 이로 인해 김익순
은 모반대역죄로 참형을 당했다. 정시는 만고의 충신이 되었고,
반대로 김익순은 비열한 인물로 사람들 입에 오르내렸다.

　그의 집안은 폐가가 될 수밖에 없었다. 역적의 자손이니 그 자
식과 손자들은 법에 따라 죽음을 당하거나 종이 될 운명에 놓여
있었다. 그러나 죄는 당사자 김익순에게만 묻고 아들 손자들은
종이 되는 신세를 면했는데, 여기에는 안동 김씨들의 비호가 있
었던 것으로 보인다.

　김삿갓의 어머니는 아들을 보호하는 데 남다른 신경을 써야
했다. 나이든 큰아들 병하炳河와 작은아들 병연은 종을 딸려 황
해도 곡산으로 가서 숨어 살게 했다. 그리고 그녀는 막내아들을
데리고 광주廣州 땅 촌구석에서 살다가 이어 강원도 영월로 옮겨
가 살았다는 말도 있다. 그녀의 고향은 충청도 결성(지금의 홍성군
결성면)이었지만 창피해서 친정으로 갈 수도 없었을 것이다.

　김삿갓 형제는 세상이 좀 잠잠해지자, 어머니 곁으로 와 살았
던 것 같다. 그녀의 어머니는 집안 내력을 철저히 숨기고 살면서

남달리 영민한 작은아들 병연을 글방에 다니게 했다. 철없는 어린 병연은 열심히 공부했고, 스무 살이 되자 과거를 보아 출세하려고 마음먹었다.

그는 향시에 나갔다(어느 지방인지는 확인할 수 없다). 시제는 다음과 같았다.

"가산군수 정시의 충절을 논하고 선천부사 김익순의 죄가 하늘에 닿는 것을 탄식한다論鄭嘉山忠節死, 嘆金益淳罪通于天."

김삿갓은 가슴을 펴고 시를 써내려갔다. 그중 마지막 한 구절만 보면 이렇다.

> 임금을 잃은 이 날 또 어버이를 잃었으니
> 한 번만의 죽음은 가볍고 만 번 죽어 마땅하리
> 춘추필법을 네 아느냐 모르느냐
> 이 일을 우리 역사에 길이 전하리

김삿갓은 마음껏 붓을 놀렸다. 그는 장원급제를 했고 이 사실을 어머니에게 자랑했다. 그러나 어머니는 할아버지의 옛 일을 더 감출 수가 없었다. 이 말을 들은 김삿갓의 심정을 여기에서 적당히 표현하는 것은 적절하지 않다. 그의 어머니는 아들의 마음을 가라앉히려 했는지 스물두 살 때 장가를 보냈고 이어 손자도 보았다. 그러나 그는 마음을 잡지 못했다. 연민을 거듭한 끝에 그는 아무도 몰래 가족과 이별했다.

고통을 토해내는 방랑생활

그는 삿갓을 쓰고 전국 방방곡곡을 돌아다녔다. 삿갓을 비스 듬히 쓰고 해학을 토해내면서 이름을 물어도 대답하지 않고 고 향을 물어도 모르는 체했다. 그러니 김삿갓으로 통했던 것이다. 그의 호는 난고蘭皐였는데, 바위 틈에 자라는 난초라는 뜻으로 고고함을 드러내려는 호였다. 자신의 이름을 꼭 대야 할 자리에 서는 난鑾이라 했고, 자를 댈 적에는 이명而鳴, 호를 댈 적에는 정상正裳이라 했다. 방울이니까 울고 치마를 입었다는 뜻이니 이 것은 무엇을 상징하는가?

그는 2년 만에 집으로 돌아왔다. 형 병하가 죽었다는 소문 때 문이었다. 이때 아내와 동침을 해 둘째 아들이 태어났고, 아들을 본 뒤 그는 또 어느 날 훌쩍 집을 떠났다. 이것이 어머니와 아내 와의 마지막 이별이었고, 이 둘째 아들은 뒤에 아버지를 찾아 헤 맸다.

그 뒤 그의 발걸음은 안 닿는 곳이 없었다. 위로는 강계·금강 산·영월, 아래로는 여산·지리산·동복까지 끝없는 방랑의 길을 떠돌았다. 그의 발길이 닿는 곳마다 시가 물처럼 쏟아졌고, 그의 숨결이 닿는 곳마다 해학이 넘쳤다. 그는 세상을 환히 알고 있었 다. 거들먹거리는 양반의 모습, 거짓에 찬 훈장의 몰골, 정에 굶 주린 기생, 굶주림에 허덕이는 농민, 수탈만을 일삼는 벼슬아 치……. 그의 눈에 비치는 것은 모두 가식과 위선이었다.

이런 현실을 보고 그는 풍자와 해학을 일삼았지만 실제는 달인의 경지에 이르러 있었다. 중도 도인도 아닌 탈속의 달인, 이 것은 그의 행동과 모습에서 여실히 드러나고 있었다.

그는 언제나 겹옷을 입고 살았다. 추울 때는 솜옷, 더울 때는 홑옷을 입는 것이 평범한 사람들 모습이 아닌가? 누군가 따뜻이 재워주고 먹여주고 그리고 솜옷을 지어주면 마다 않고 입었다가 그 집을 떠날 때에는 어김없이 겹옷을 들고 나갔다. 그리고 헐벗 은 사람을 만나면 솜옷을 벗어주고 다시 남루한 겹옷을 걸쳤다.

그는 술만 보면 통음을 했다. 실컷 마시고 나서 싯줄을 지어놓 고 떠들다가 때로는 대성통곡을 일삼기도 했다. 주위 사람들에 게, 중국의 굴원屈原이 세상 돌아가는 꼴을 보고 통곡한 사연을 떠올리게도 했던 것이다. 세수를 하지 않아 땟국이 줄줄 흐르기 도 했고 옷과 신발이 해지거나 너덜거려도 꿰맬 줄을 몰랐다. 추 위와 더위, 배고픔과 배부름, 좋고 나쁨, 허위와 진실이 그의 행 동을 제어하지 못했다.

그는 발길 닿는 대로 살면서도 어머니에 대한 그리움을 떨쳐 버릴 수가 없었다. 한번은 어머니가 결성에서 친정살이한다는 소문을 듣고 찾아왔으나, 이미 세상을 떠났다는 말을 듣고 외가 에 들르지도 않고 발길을 돌렸다. 아마 패륜아의 심정으로 발길 을 돌렸을 것이다. 그의 둘째 아들은 그를 여기저기 찾아다니다 가 세 번쯤 따라잡았지만, 김삿갓은 변 보는 척하며 보리밭 속으 로 들어갔다가 도망치는 식으로 아들을 따돌리곤 했다.

그는 쉰일곱 살에 전라도 땅 동복에서 숨을 거두었다. 그의 아 들은 시신을 거두어 그의 연고지인 영월 땅 태백산 기슭에 묻어주었다. 이렇게 그는 자연으로 돌아가 모든 것을 떨쳐버렸다.

그의 참모습은 무엇인가

세상 사람들은 그를 방랑시인·철인·광인·술꾼으로 거듭 일컫고 있다. 하지만 그는 서민의 애환을 노래하고 민중과 벗이 되었으며, 한문을 조선 것으로 만들고 한시의 틀에 박힌 정형을 깨부순 시인이다. 한시를 짓는 선비나 시인들은 운자를 맞추고 글자의 고저를 따지고 또 화조월석이나 음풍농월만 일삼는다. 그래야만 시의 격이 높고 품위가 지켜진다고 생각한다.

그는 이런 것을 거부했다. 그의 시가 비록 칠언고시七言古詩(한 구가 칠언으로 된 한시의 체) 등의 형식을 빌려 운자를 달았지만 이것은 하나의 외형일 뿐이다. 그가 다루는 주제는 모두가 인간의 일이었고 그가 쓰는 시어는 더러운 것, 아니꼬운 것, 뒤틀린 것 그리고 우리말의 속어·비어가 질펀하게 깔려 있다. 예전에 박지원이 비·속어를 마구 써서 문장을 만들자, 젊은 문사들이 이를 추종했다. 그러자 정조는 이를 두고 크게 염려하여 '문체반정'을 지시했다. 즉 고전의 문장으로 돌아가라는 것이다.

김삿갓은 조정에 몸을 담지도 않았고 서울에서 양반 노릇을 하지도 않아 이런 간섭을 받지 않았다. 다시 말해 그는 제멋대로 시를 짓고 읊었다. 한번은 사람이 죽어 그에게 부고를 써달라고 하자, 그는 '유유화화柳柳花花'라고 써주었다. '버들버들하다가 꽃

꼿해졌다'는 뜻이다. 한자를 빌려 우리말을 표현한 것이요, 한자로 되지못하게 쓰는 부고가 못마땅하다는 것이다.

언젠가 그가 개성에 갔을 때였다. 어떤 집 문 앞에서 하룻밤 재워주기를 청하자, 그 집 주인은 문을 닫아걸고는 땔감이 없어 못 재워준다고 했다. 그러자 그의 입에서 이러한 시가 튀어나왔다.

> 고을 이름은 개성인데 어찌 문을 닫아걸며
> 산 이름은 송악인데 어찌 땔감이 없다 하느냐
> 邑名開城何閉門
> 山名松岳豈無薪

이 시는 해학으로만 볼 것이 아니다. 한문 또는 한시를 대중화한 것이다. 이런 것은 언문을 섞어 짓는 그의 모습에서 또 달리 나타난다. 그는 또한 한시를 지을 줄 모르면서 언문만 깨우쳤다고 거들먹거리는 선비를 농락했다. 그래서 언문을 섞어 지어보라고 하자, 이렇게 읊었다.

> 人間은 여기저기 有라
> 소위 언뚝삐뚝 客이
> 평생 쓰나다나 酒라

이처럼 김삿갓은 삐뚤어진 세상을 농락하고, 기성 권위에 도전하고, 민중과 함께 숨쉬며 탈속한 '참여시인'이었고 '민중시인'이었다. 예전에 겨울 동네 사랑방에서는 그의 싯줄을 외며 왁 자지껄 화제로 떠올렸다. 그러면서 자기들의 카타르시스로 삼았다. 이 소재는 우리의 훌륭한 전통유산이다.

정수동
풍자와 해학이 넘치는 시인

세상이 썩어갈수록 시인들의 입은 걸어진다. 우리나라 시인들이 본격적으로 입이 걸어지기 시작한 것은 19세기 세도정치가 판을 칠 때다.

이때의 시인 중에 정수동鄭壽銅(1808~58)이 있었는데 그의 이름은 지윤芝潤이었고 호는 하원夏園이었다. 그러나 스스로 '수동'이라는 별호를 지어 부른 탓에 세상 사람들은 그의 원래 이름이나 호는 잘 몰랐다. '수동'은 '오래 사는 구리'라는 뜻이니 무엇을 상징하는가? 그의 집안은 대대로 역관이었고 그의 할아버지는 의원을 생업으로 삼았다고 하니 중인의 집안이었다.

그의 아버지가 세상을 일찍 떠난 탓인지 그의 집안은 가난하기 짝이 없었다. 그래서 그의 어머니 최씨가 바느질로 생계를 꾸렸다. 그는 어릴 적부터 글을 익혔다. 어린 수동은 평소에 말이 없어 어리석은 듯했지만 온갖 책을 섭렵하면서 그 뜻을 환히 깨쳤다고 한다. 그렇게 많은 것을 알면서도 겸손하기 이를 데 없었다고 한다.

그러던 그가 언제부터인지 말술을 마셔대면서 해학과 우스개를 토해냈고, 골패·장기놀음 그리고 잡극雜劇을 즐겼으며, 점잖은 자리에 나가면 글 짓는 솜씨를 뽐냈다. 그 때문에 높은 벼슬아치에서 시정잡배에 이르기까지 그의 이름을 모르는 이가 없었다. 그러다 보니 높은 사람이나 명망가뿐만 아니라 청지기·장사꾼·구종별배驅從別陪들과도 친구처럼 어울렸다.

당시는 많은 여항시인들이 서울 거리를 누비며 활개를 치고 다녔다. 이를 주도했던 장혼과 장혼의 제자 장지완 등이 찢어지게 가난한 가운데에도 시사운동을 벌여 때로는 수십 명, 때로는 수백 명씩 몰려다녔다. 정수동은 이런 중인 출신 시인들과 자연스럽게 술을 나누며 멋진 해학을 토하고 세상을 마음껏 조롱하면서 지냈다. 한 번도 만나보지 않은 사람도 그를 흠모했고, 때로는 술집 주모들조차 돈 한푼 받지 않고 그에게 술과 밥을 대접했다. 이런 나날을 보냈으니, 그를 못마땅하게 여기는 점잖은 선비들도 있었다.

어느 날, 그를 유난히 아껴주는 재상 출신인 조두순에게 한 선비가 찾아와서 정수동을 헐뜯었다. 이에 조두순은 한 마디로 이렇게 내뱉었다.

"백년 뒤의 세상에서 정수동은 알아주지만 그대는 알아주지 않으리라."

이처럼 그에게는 두 가지 부류, 즉 헐뜯는 쪽과 칭송하는 쪽이 나누어져 있었다. 그의 양자인 정낙술에 관한 기록에 "아비는 역관으로 판관을 지낸 지윤"으로 기록되어 있으나, 그의 친구였던 장지완은 그의 묘비명을 쓰면서, "별로 마음이 내키지 않아 역관 일을 게을리했다"고 했다. 그리고 한번은 관의 일을 보지 않고 관악산으로 놀이를 간 탓에 문책을 받아 쫓겨났다고 한다.

그 뒤 그는 술을 더욱 즐겨 마시면서 열흘이고 스무날이고 밥을 한 톨도 입에 대지 않았다. 오늘날에는 기인 시인 천상병이 막걸리만 마시고 밥을 한 달쯤 먹지 않았다는데 혹시 정수동의 일을 알았을까? 이렇게 생활하다가 눈이 녹을 무렵인 2월 저녁에 그는 쉰한 살의 나이로 갑자기 죽었다. 그의 아내에게는 장사지낼 돈조차 없었다. 이에 그를 남달리 아끼던 세도가 김흥근의 아들 김병덕이 돈을 내어 장례를 치러주었다. 그다운 죽음이었다.

해학과 풍자에 담긴 삶에 대한 직관

보통 술을 마셔대고 행패를 부리기만 하면 술주정꾼이 된다. 술을 마시며 세상을 하찮게 바라보며 시와 해학을 토해내면 시인답게 우러러보기도 하고 때로는 지사로 떠받들기도 한다. 정수동은 세도가에게서 밥과 술을 얻어먹고 시를 지어주었으나 결코 아양을 떨지 않고 한 마디씩 씹었다. 바로 장례비를 대준 김홍근의 집에서 일어난 일이다. 그 집 사랑채에 식객들이 여럿 모여 있는 자리에 계집종이 헐레벌떡 뛰어들어오며 소리쳤다.

"어린 아씨가 돈 한 잎을 삼켰어요, 어떡하면 좋아요?"

이에 정수동이 썩 나섰다.

"누구 돈을 삼켰느냐?"

"그야 아씨 돈입죠."

"걱정할 것 없느니라. 배만 쓰다듬어주면 되느니라. 남의 돈 7만 냥을 삼키고도 아무 탈 없이 배만 쓰다듬고 있는 사람도 있는데 자기 돈 한 잎 삼켰다고 무슨 탈이 나랴."

바로 그 집 주인 김홍근을 빗댄 말이었다. 그 자리에 없었던 김홍근은 뒤에 이 이야기를 듣고 깊이 뉘우친 바 있어 뇌물로 받은 7만 냥을 되돌려주었다.

또 다른 일화다. 어느 고을에 갑작스럽게 감사행차가 있어서 길을 고치게 되었다. 이때 정수동이 적당한 경비를 받고 이 일을 맡게 되었다. 그런데 막상 감사행차가 있는 날까지 길을 하나도 고치지 않고 있었다. 그동안 받은 경비로 매일 술만 마시고 있었던 것이다. 감사행차가 있던 날, 정수동은 감사 앞에 불려나갔다. 감사는 그에게 호통을 쳐댔다.

"너는 국고만 축내고 손 하나 까딱하지 않았느냐?"

"그럴 만한 까닭이 있었사옵니다."

정수동은 길 가운데 박혀 있는 커다란 돌뿌리 앞에 가서 몇 마디 중얼거리고 되돌아왔다.

"저 돌이 이렇게 말했습니다. '나는 예전부터 이 자리에 박혀 있는 돌이오. 상감께서 지나가실 때에도 나를 뽑아버리지 않았는데 감사가 지나가는데 왜 나를 뽑으려 하오? 억울하오'라고요. 그래서 길을 닦지 못했습니다."

감사는 임금과 관련되어 혹시 불경죄에라도 걸릴까봐 씁쓰레하게 입맛을 다시며 지나가버렸다. 정수동은 물론 돈을 갚지 않아도 되었다.

또 어느 날 벼슬아치·양반들과 어울려 시회를 벌이는 자리에 서였다. 기생은 정수동의 꾀죄죄한 행색을 보고 술잔을 도통 건네주지 않았다. 이에 정수동은 자기를 건너 양반에게 가는 술잔을 낚아채 마셔댔다. 그 양반은 이를 몇 차례 참았지만 정수동이 계속 자기에게 오는 술잔을 가로채는 것이 아닌가? 양반은 끝내화가 나서 정수동의 뺨을 후려쳤다. 정수동은 서슴없이 옆에 앉은 엉뚱한 양반의 뺨을 후려쳤다. 뺨을 맞은 양반이 소리쳤다.

"왜 엉뚱한 사람을 쳐!"

"나는 돌림 뺨 때리는 줄 알았지."

이렇게 해서 넘어갔다.

하루는 그가 주막에서 자꾸 공짜로 술을 마셔대자 주모는 그에게 맞돈을 내야 술을 준다고 했다. 그러자 그는 슬그머니 일어나 뒤편으로 갔다. 그곳 돼지우리 옆 멍석에 지게미가 널려 있었다.

그가 돼지우리를 열어놓자 돼지들이 우루루 몰려나와 지게미를 먹어댔다. 한참 뒤에 주모가 돼지 소리에 놀라 뒤편으로 와보니 가관이 아닌가?

"이 양반아, 왜 돼지는 풀어놓았소. 또 돼지들이 지게미 먹는 것을 보고도 가만 있소?"

"나는 돼지들이 맞돈 주고 먹는 줄 알았지."

이런 그였다. 이런 이야기들은 수도 없이 많다. 대동강의 물을 팔아먹었다는 이야기에서부터 통행금지를 어기고 길에 누워 순라꾼에게 송장이라 소리친 이야기 등. 그러나 그의 참모습은 이보다 다른 데 있었다.

꾸밈없고 자유로운 시세계

어떤 자리에서 세상에서 무엇이 제일 무서운지에 대해 서로 이야기들을 늘어놓았다. 어떤 사람은 물이 무섭다는 둥 불이 무섭다는 둥, 또는 호랑이가 무섭다는 둥 시끌했다. 그런데 잠자코 있던 정수동이 내뱉었다.

"호랑이를 탄 양반도둑이 제일 무섭다네."

높은 벼슬아치나 양반들이 호랑이 가죽을 깔고 앉는 풍습이 있을 때였으니 이 말은 누구를 가리켰겠는가? 그는 이렇게 위선과 비리에 가득 찬 양반들을 철저히 미워했다. 그리고 세상 돌아가는 모양을 아니꼬운 눈으로 바라보았던 것이다.

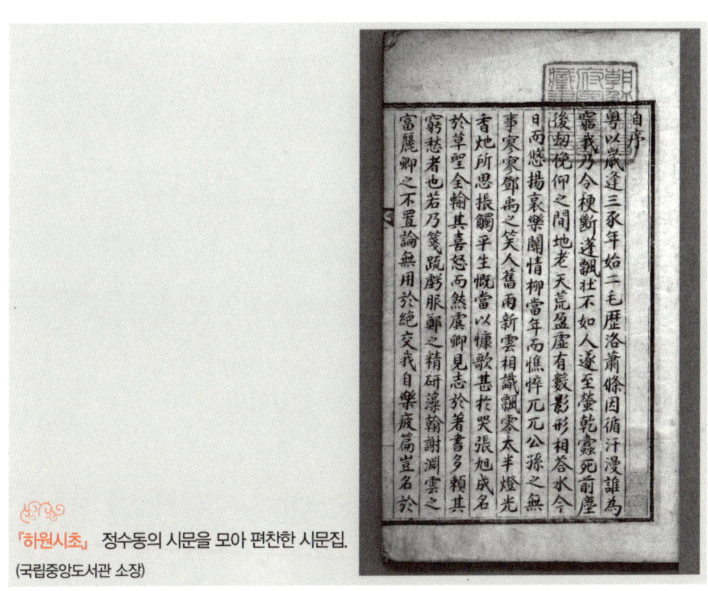

『하원시초』 정수동의 시문을 모아 편찬한 시문집.
(국립중앙도서관 소장)

어느 날 그는 호기롭게 남대문 꼭대기에 올라갔다. 그리고 시 한 구절을 읊었다.

방귀 한 방에 천지가 진동하니
팔만 호 서울에 향기로운 구름 가득하구나
放氣一聲天地動
八萬長安香雲滿

『하원시초夏園詩抄』

비록 한시의 형식은 빌렸지만 이런 시들을 토해냈다. 그런데 뒷날 그의 후배들이 모아놓은 『하원시초』에는 이런 시들이 담겨 있지 않고 점잖은 시들만 모아져 있다. 이 책 끝에서 그의 후배 최성환은 이렇게 썼다.

"저술이 매우 많았으나 아낄 것이 못 된다 하여 곧바로 내버리고 하나도 간직하지 않아서 남아 있는 것은 아주 적다."

이 때문에 제대로 수집하지 못하고 시집을 냈다. 그러기에 그의 참모습을 볼 수 있는 시들은 대개 사람의 입으로 전해지고 또 그의 일화들과 함께 세상에 떠돌았던 것이다.

그는 시를 지을 때 성령性靈을 중시했다. 곧 사람의 본 모습을 꾸밈없이 드러내고 자유롭게 표현했다. 그리고 기성의 격률格律에 얽매이지 않고 자신의 격률을 창조해냈다. 최성환은 그의 시에 대해 또 이렇게 말했다.

"그는 시를 지을 때 고법古法에 빠지지 않았지만 고법을 버리지도 않았다."

이 말은 그의 독창성이 억지로 만들어진 것이 아님을 뜻한다.

정수동은 비록 중인의 신분으로 불우한 생애를 보냈지만 그에 관한 많은 일화와 그가 남긴 시들은 우리를 즐겁게 한다. 후세인들은 그를 그저 재치 있는 사람으로만 생각하기 쉽다. 하지만 그의 시세 한탄과 세상에 대한 풍자에서 우리는 삶을 바라보는 지혜와 값진 교훈을 얻을 수 있다.

4부

식민지 시기 문인의 저항과 굴절

이인직 /　　　이상화 /　　　한용운 /　　　홍명희 /　　　최남선 /

이상화는 민족의 현실을 보고 비통한 심정을 민족어로 형상화했다. 그는 잡지 『개벽』에 저 유명한 「빼앗긴 들에도 봄은 오는가」를 발표했다. 이 시가 발표되자 일제 당국은 그 불온함을 즉각 알아차리고 『개벽』을 폐간시키는 구실로 삼았다. 그러나 그의 시는 입으로 손으로 전해지며 항일시로 널리 퍼졌다.

이인직

일본유학으로 견문을 넓히다

친일파 문제로 세상이 시끄럽다. 이번에 이야기하려는 이인직 李人稙(1861~1916)은 초기의 친일파로 꼽을 수 있다. 한편 그는 우리나라 최초의 신소설을 쓰고 신연극을 꾸민 개화문학인으로 추앙을 받아오기도 했다. 이런 이인직의 친일행각과 그의 문학활동을 알아보자.

이인직은 경기도 음죽(지금의 이천) 출신이다. 그의 집안은 명문 한산 이씨였으나 그의 직계 조상들은 겨우 상놈을 면하는 정도의 처지였다. 그는 겨우 다섯 살에 아버지를 여의어 어렵게 살았다. 그래도 어릴 적부터 전통적 교육을 받으며 자랐고, 이어 서울에 어떤 연줄을 대서 낮은 벼슬을 얻었다. 그러나 그는 큰 줄을 댈 수도 없었고 또 별로 수완이 있었던 것도 아니어서 조정의 중요한 자리를 차지하지는 못했다.

이때 그에게 기회가 찾아왔다. 당시 대한제국 정부에서는 신문물을 익히기 위해 관비 유학생을 일본에 계속 보내고 있었고, 이에 일본 정부에서는 친일파를 양성하기 위해 이들 유학생의 파견을 간청하기도 하고 지원하기도 했다. 그런데 20대 후반의 나이에 그가 여기에 뽑히게 된 것이다.

그리하여 1900년, 이인직은 당시 서울 명망가의 자제들과 어울려 도쿄로 유학의 길을 떠났다. 특히 동료들 중에는 뒷날 친일 주역인 조중응도 끼여 있었다. 그와 동갑인 조중응은 친일 김홍집 내각의 일원으로 활약했다가 김홍집 내각이 타도될 때 잠깐 일본에 망명한 적이 있었다. 그는 현해탄을 건너며 커다란 꿈과 희망에 부풀어 있었다. 이번 길의 성공 여부에 따라 집안을 크게 일으킬 수도 있을 것이요, 자신의 출세길이 환하게 열릴 수도 있었던 것이다.

이인직은 조중응과 함께 도쿄정치학교에 배치를 받아 청강생이 되었다. 그는 이 학교에서 국제법 등의 강의를 들었으나 어찌된 셈인지 도쿄에서 발행되는 신문의 연예란에 더 눈길을 돌려서 신파극에 관심을 보이기도 하고 극장에 가서 신파극을 직접 관람하기도 했다.

그는 정치보다는 예술 쪽에 관심을 가지고 몰두했는데, 이는 아마도 그의 예술적 재능이나 감각이 뛰어났기 때문이리라. 그는 또 남달리 여자를 유혹하는 재주가 있었던지 일본 여인을 아

내로 맞이하여 동거생활을 시작했다. 관비유학생이라지만 생활
도 빠듯한 판에 일본인 아내의 경제적 도움이 컸을 것임은 새삼
말할 나위도 없다. 도쿄정치학교에서는 소마쓰小松綠라는 이름을
가진 국제법 담당교수의 제자가 되어 친밀하게 지냈다. 서로에
게 이용가치가 있어서였을 것이다.

1903년 대한제국 정부에서는 일본 유학생들이 친일파가 되어
가는 모습을 보고 유학생 소환령을 내리고 불러들였다. 그는 이
소환령을 코웃음으로 받아 넘기고 눌러앉았다. 그리고 어느 작
은 신문사의 견습생이 되어 일본 여자를 데리고 살았다. 고국에
는 그의 아내가 시퍼렇게 살아서 남편이 출세하여 돌아오기를
기다리고 있었다. 그 일본 여자는 도쿄 중심가인 우에노에서 조
선루朝鮮樓라는 조선식 요리집을 경영했다고 하니 물질적 도움을
받았을 것이다. 이렇게 도쿄 생활을 마치고 4년 만에 가슴을 펴
고 고국에 돌아오게 되었다.

친일의 시작과 왕성한 문학·예술 활동

1904년 일제는 러일전쟁을 도발했다. 이때 그는 일본 육로성
에 조선어 통역으로 위촉되어 제1군 사령부를 따라 종군했다.
그는 일본군을 따라 평양 이북과 중국 땅에까지 진출했다. 이때
송병준도 통역으로 활약했는데 송병준은 군납업을 하기도 하고
일진회의 노역동원을 빌미로 삼아 이권을 챙기기도 했다. 그러

나 이인직은 예술가적 기질 탓인지 이권을 얻는 데는 별로 능력을 보여주지 못했다.

다음해 그는 서울로 와서 동아청년회에 가입하여 활동했다. 이 단체는 동아시아인의 단결을 이루고 동아시아 모든 나라에 문명의 보급을 꾀한다는 취지를 내걸었다. 일본 제국주의의 노선을 지지하고 선전하는 모임이었다.

러일전쟁이 일본의 승리로 끝나자, 그 공로로 이인직에게 더 그럴듯한 자리가 주어졌다. 당시 이용구·송병준이 주도하던 친일 재야단체인 일진회는 기관지로 『국민신보』를 발행하고 있었다. 초대 사장으로 이용구가 앉았고, 이인직은 이 신문의 주필이 되었다. 그는 이 신문의 주필로서 한 점 회의도 없이 일진회의 활동을 지지·고무하는 일에 협조했다.

그러나 그가 적극적 친일파가 되기에는 아직 일렀다. 『국민신보』가 창간된 지 6개월쯤 지나 『국민신보』의 반민족적 행태에 맞서는 신문을 천도교측에서 창간했다. 천도교에서는 동학교도를 일진회에 빼앗기는 현실적 문제에 대응하기 위해 손병희·오세창·권동진 등이 주동이 되어 『만세보』를 창간하면서 이인직을 끌어들여 다시 주필로 앉혔다.

『만세보』는 민족지로서 큰 역할을 했다. 일진회의 친일적 행각을 매도하고 나섰으며 자주독립노선을 추구해 일본의 외교권 접수 등에 일정한 비판적 노선을 깔았다. 이인직은 주필로서 이 신문의 논조에 협조하면서 최초의 신소설로 일컬어지는 「혈의 누」(피눈물의 꽃)를 연재했다. 그 내용은 이러하다.

청일전쟁으로 쑥대밭이 된 평양의 한 가정이 풍비박산나자 어린 고아 옥련은 일본 군의관의 수양딸이 되어 일본으로 건너간다. 그곳에서 신교육을 받다가 수양아버지가 죽자 개화 청년과 자유연애를 하여 미국으로 건너가 중국의 강유위康有爲의 소개로 그곳에서 서양문물을 공부하게 된다. 그리하여 이 두 남녀는 각자 우리나라를 문명국으로 만들고 여자도 남자와 같은 사회적 존재가 되도록 만들겠다는 꿈에 부풀게 된다. 이런 줄거리였다.

이 내용은 계몽주의적 수법을 빌렸을 뿐, 적극적인 친일 줄거리는 아니었다. 하지만 남자 주인공 구완서가 "일본·조선·만주를 모아 연방국가를 건설하겠다"는 포부를 지니고 있었으니 일본 제국주의 정책을 은근히 선전한 것이었다.

이것이 최초의 근대소설로 평가되고 최초의 신문 연애소설이 되었다. 그러나 「혈의 누」가 채 마무리되지도 않았는데 『만세보』는 1년 만에 경영난에 봉착했다. 이인직은 이완용에게 다리를 놓아 『만세보』 인수작업을 벌였다. 그리하여 이완용의 주선과 후원으로 『만세보』는 『대한신문』으로 바뀌고 자신은 사장이 되었으며, 신문은 친일내각의 기관지가 되었다. 이는 그에게 커다란 실수였다.

또한 일본인 은사 소마쓰는 1906년 일본 식민지 경영의 첨병인 한국통감부의 의사국장으로 와서 조선 통합의 실무자로 일했다. 두 사람은 자연스럽게 어울렸다. 또 조중응도 출세를 거듭하여 이완용 내각의 법무대신이 되어 있었다. 그는 무슨 사명을 띠었는지 일본을 뻔질나게 드나들었다.

이 무렵 이인직은 새로운 소설을 계속 발표해서 독자들의 가슴을 울렸다. 이때 그가 쓴 소설에는 「귀의 성」·「치악산」·「은세계」가 있다. 「귀의 성」은 처첩 관계의 가정적 비극을 통해 양반계급의 이면을 폭로했고, 「치악산」에서는 시어머니와 며느리의 갈등을 통해 보수와 혁신의 구도를 그림으로써 개화기의 시대의식을 반영했으며, 「은세계」에서는 양반의 전제와 부패에 대한 저항과 투쟁을 그리고 있다.

한편 그는 왕실극장이라고 할 수 있는 협률사協律社가 유명무실해지자, 그 자리에 원각사圓覺社라는 근대적 극장을 창립했다. 그리고 자신의 작품 「은세계」를 대본으로 신극을 공연했다. 당시 『황성신문』에는 이런 광고를 게재했다.

『대한신문』 사장 이인직 씨가 우리나라 연극을 개량하기 위해 신연극을 야주현夜珠峴의 협률사에 창설하고 제작일부터 개장했는데 「은세계」란 제목을 붙인 소설은 배우를 교육하여 2개월 후에는 이 신연극을 공연한다는데, 많은 배우의 연습비에 큰 돈이 들어가므로 그 경비를 메우기 위하여 7월 26일부터 2개월간을 매일 하고 7시부터 12시까지 영업적으로 우리나라에 옛부터 있어온 각종 연예를 공연한다더라.(이해를 위해 현대문으로 약간 고쳤다)

이것이 최초의 연극공연 광고였고, 신극 경비를 마련하기 위해 대중의 관심이 쏠리는 가면극 따위를 공연했던 것이다. 신극이 이렇게 최초로 상연된 뒤부터 원각사에서는 계속 신극 공연이 이어졌다.

이렇게 그는 언론활동과 문학·예술활동을 벌이면서 한편으로는 총리대신 이완용의 비서일도 충실하게 맡아보았다. 그는 점점 더 깊은 수렁으로 빠져들고 있었다. 1909년에는 일진회에서 연일 성명서와 대중집회를 통해 한일합방의 필요성을 역설하고 나왔고, 또 청원서를 순종 황제, 일본 통감, 이완용 내각에 제출했다. 이때 이인직은 또다시 이완용의 농간에 놀아나게 되었다. 아니, 어쩌면 그가 이완용을 이용했을 것이다.

양두구육의 한일합방 반대 연설회

1909년 12월 들어 일진회가 이런 운동을 벌일 때 송병준은 도쿄로 건너가서 대한제국은 속히 일본의 속방이 되어야 한다고 주장했는데 그는 이밖에도 또 다른 통로로 합병운동을 벌이고 있었다. 어차피 넘어갈 나라의 운명을 앞두고 친일파들은 그 공을 서로 세우려고 날뛰고 있었다.

이런 상황 속에 그해 12월 원각사에서는 국민대연설회가 개최되었다. 한일합방을 반대하는 집회라고 널리 선전해 1천 5백여 명의 시민이 몰려들어 모두 입장하지 못하고 밖에 서서 듣기도 했고, 또 김윤식 같은 원로와 대신들도 참여했다.

민영소·고희준에 이어 이인직이 연사로 나왔다. 그는 다음과 같은 내용의 연설을 했다.

"안중근이 이토 히로부미를 암살한 것은 우리의 황족을 죽인 것과 같이 가증스럽다. 일진회가 이를 이용하여 합방을 추진하니 저희들 일진회는 제2의 안중근이라 생각한다."

뭐가 뭔지도 모르는 청중들은 박수를 보내며 환호했다. 안중근을 역적으로 몰아간 것이다.

그러나 이것은 양두구육羊頭狗肉이었다. 이완용은 이용구와 송병준이 합방운동을 벌이며 선수를 치는 것에 커다란 질투와 시기를 느끼고 있었다. 자신의 주도로 합방이 이루어져야 했던 것이다. 그리하여 일진회의 합방 청원서는 아직 시기가 이르다는 핑계로 수리를 거절했다. 그리고 나서 이인직을 시켜 합방 반대 국민연설회를 개최하도록 사주한 것이다.

이인직은 이완용의 뜻에 따라 자기가 신극을 벌이던 원각사로 장소를 정했고, 당시 이완용 내각의 농상공부대신인 조중응의 협조를 얻어 대규모 연설회를 개최한 것이다. 그러나 이런 집회를 계속하려는 데 대해 한국통감부의 압력이 가해지고, 또 이완용이 명동성당 앞에서 이재명의 칼에 찔려 중태에 빠지는 사태를 맞이하자 이인직은 국민연설회를 더 이상 추진할 수 없었다.

그러나 이인직은 이 말고도 은밀한 계획을 벌였다. 그는 남산의 사저로 소마쓰를 찾아갔다. 한일합방이 이루어지기 불과 10여 일 전이었다. 그는 소마쓰에게 이완용의 심적 갈등을 전해주고, 또 송병준 내각이 들어선다는 소문의 진위를 확인하기도 했다. 그리고 그 주역으로 이완용을 내세워달라는 교섭을 벌였다. 소마쓰는 한국통감부의 통감에게 이를 전달했고 통감 이토 히로부미로부터 이완용을 주역으로 내세울 것을 확인했다. 그렇게 해서 이완용·조중응은 이인직의 중계로 소마쓰의 집을 직접 방문하기도 했다. 소마쓰와 이인직은 각기 대한제국 내각과 한국통감부를 연결하는 통로였던 셈이다.(전광용, 「신소설의 씨앗—이인직」)

마침내 한일합병이 이루어졌고, 관련 공로자들에게는 작위와 은사금이 내려졌으나 이인직은 여기에 끼일 정도가 못 되어서인지 수완이 부족해서인지 빠져 있었다. 이때 그의 심정에 대한 기록을 얻어 볼 수 없으니 알 길이 없다.

그는 조선총독부 기관지인 『매일신문』의 객원 노릇도 하고, 일제의 손아귀에 놀아난 성균관을 개편한 유림 단체인 경학원經學院의 사성司成 같은 보잘것없는 직책을 얻어 목구멍에 풀칠을 했다. 경학원의 친일행각 수준은 일진회보다는 낮았지만, 의병을 '철부지의 불장난'이라거나 조선을 평안하게 만들 유일한 길은 '오직 일본과 결합'하는 것이라는 둥 떠들었다. 이인직은 경학원 잡지를 발간하여 이런 논조를 폈다. 그는 작품활동도 활발히 하지 못하면서 이런 짓이나 꾸미고 조선총독부 정책에 동조하는 글줄이나 쓰며 살아갔다. 이와 반대로 그의 상전이기도 하고 친구이기도 한 이완용과 조중응은 작위도 받고 은사금도 받아 떵떵거리며 살았다.

이런 상황에서 개화를 향한 의지 또는 신문화에 대한 이인직의 관심은 빛을 잃어가고 있었다. 이렇게 친일행각을 벌이며 겪은 갈등과 방황에서 벗어나 새로운 안식처를 찾고자 갈망했는지 그는 일본 불교 계통인 천리교天理教(일본 신도와 접목된 종교)에 깊이 빠져들었다. 그런데 하필이면 왜 천리교였던가? 그의 정신 상태로 미루어보아 짐작할 만하다.

그는 쉰다섯의 나이로 신경병이 도져 조선총독부 병원에 입원했다가 죽었다. 그가 죽기 직전에 조선총독부에서는 연봉을 9백 원에서 1천 원(이완용 연봉은 2천 원, 조중응 연봉은 1천 6백 원이었다)으로 인상해주었고, 죽고 난 뒤에는 장례비로 450원을 지급했는데, 이는 그가 나라를 팔아치우는 데 일조한 공로를 인정받은 것이다. 그는 버젓한 묘나 묘비도 갖지 못하고, 천리교 의식에 따라 아현 화장장에서 한줌의 재로 이 세상과 유명을 달리했다.

이제 우리는 그를 새삼 평가해볼 때가 되었다. 옛말에 "호랑이는 가죽을 남기고 사람은 이름을 남긴다"는 말도 있고 "사람은 갔으되 작품은 남아 있다"는 말도 있다. 그는 분명히 신소설·신극운동의 선구자로 많은 작품을 남겼다. 우리는 이것을 흔히 '유산'으로 여기고 있다.

그러나 한 작품을 이야기할 때에는 이를 만든 인간의 삶도 함께 이야기하지 않으면 안 된다. 이인직 같은 인물을 통해 우리는 인간의 비극을 발견하게 된다. 그의 후배들, 곧 이광수·최남선 그리고 최재서·서정주 같은 인물들에게도 이런 평가는 적용된다.

이상화

시대정신을 구현한 민족시인

빼앗긴 들에서 부르는 비가

상화尙火 이상화李相和(1901~43)는 이 땅의 시인이다. 이 땅의 시인들이 처절하게 변신을 거듭하고 있을 때 그는 고고하게 자신을 지켰다. 한국사에서 주체적인 삶을 살아간 이를 모은 자리에 그가 한 자리를 차지하게 된 것은 오직 시인정신을 온전히 지켰기 때문이다.

우리는 그의 시 「나의 침실로」나 「빼앗긴 들에도 봄은 오는가」를 잘 알고 있으며 애송하고 있다. 단순한 시적 감흥 때문만은 아니다. 그는 이 시들을 통해 민족의 죽음을 노래했고, 이 민족의 처절한 삶을 읊었던 것이다. 그러면서 자신의 아호인 '상화尙火'처럼 스스로 타오르는 불길을 자처했다.

이상화 조국해방을 2년 남겨두고 43년간의 짧은 생애를 마친 이상화는 일제에 저항한 민족시인의 표상으로 남았다.

이상화는 대구 지주 집안의 후손으로 태어났으나 아버지 시우 時雨가 일곱 살 때 죽어 큰아버지 일우—雨의 가르침을 받고 자랐다. 그는 고아와 다름없이 자랐기에 고단한 어린 시절을 보냈다. 커서는 한때 서울로 유학했고 도쿄에서 노닐기도 했다. 그러는 사이 그는 식민지 나라의 백성임을 깨달았고 그로 인한 현실의 괴리를 뼈저리게 감지했다. 이런 탓인지 그는 10대 후반의 나이에 시인의 기질을 보이기 시작했고, 21세에 박종화·나도향 등과 함께, 우리나라 문학사에 이름을 올린 백조白潮 동인이 되어 활동했다.

그는 본격적으로 시작활동을 하기 전 18세의 나이에 가출해 금강산을 비롯, 강원도 일대를 방랑했는데 이때 끼니를 굶으며 노숙하는 경험을 했다. 석 달 열흘 만에 집에 돌아왔을 때에는 겨울인데도 다 떨어진 여름옷을 입고 있었고 흐트러진 장발은 어깨를 덮어 완연히 거지꼴이었다고 한다. 그러나 이 여행에서 그는 민족의 참상을 목격했고 이때 「나의 침실로」의 시상을 얻어 뒷날 이를 발표하여 큰 반향을 불러일으켰던 것이다.

곧이어 3·1운동이 일어나자 그는 친구들과 어울려 대구 지역에 선전문을 살포하고 만세운동을 벌이다가 발각되어 서울로 피신하는 몸이 되었다. 이 와중에도 시작활동을 계속하여 『백조』 3호에 「나의 침실로」를 발표하면서 전 시단에 이름을 떨쳤다.

이 무렵 그는 또 다른 경험을 하게 된다. 프랑스 유학을 가기 위해 도쿄로 발길을 옮겼는데 관동대지진을 만나 큰 수난을 당한 것이다. 목숨을 건진 것만도 행운이었다. 이상화는 프랑스 유학을 포기하고 고향으로 돌아왔다. 그러나 곧 이른바 '개척민'이라는 이름으로 허허벌판 만주 땅으로 강제 이주당하는 현실을 겪게 된다. 이때 그는 이렇게 읊는다.

아, 가도다 가도다, 쪼처가도다. 이즘(忘却) 속에 있는 간도와 요동벌로, 주린 목숨 움켜쥐고, 쪼처가도다. 진흙을 밥으로, 햇채(수채물)을 마셔도 마구나 가졌더면, 단잠은 얽맬(얽을)것을. 사람을 만든 검(한배검)아, 하로 일즉, 차라리 주린 목숨 빼서가거라.

「가장 悲痛한 祈慾」의 앞 구절

그야말로 민족의 현실을 보고 비통한 심정을 민족어로 형상화했다. 그는 이어 『개벽』에 저 유명한 「빼앗긴 들에도 봄은 오는가」를 발표했다. 이 시가 발표되자 일제당국은 그 불온함을 즉각 알아차리고 『개벽』을 폐간시키는 구실로 삼았다고 한다. 그러나 이 시는 입으로 전해지기도 하고 등사로 베껴져 손에서 손으로 전달되었는데, 당시에도 원숙한 참여시 또는 항일시로 칭송되었으며 시단의 주목도 한몸에 받게 되었다. 그의 나이 26세 때였다.

그는 이때 왕성한 시작활동을 하여 신문과 잡지에 많은 시를 발표했다. 그의 60여 편의 시 가운데 대부분이 이때 만들어진 것이라 한다.

서러운 해조

한편 『개벽』이 폐간된 뒤, 서울생활을 청산하고 낙향했다. 그리고 자신의 집 사랑채를 담교장談交莊이라 이름붙이고 문우들을 모아들였으나 살림이 파산하여 거처를 옮겼다. 그런데 그는 이때 시작에만 전념한 것이 아니었다. 만주에서 발족한 테러 단체인 의열단 활동에도 관여했고 좌우합작 단체인 신간회 대구지회 출판부 서무간사의 일도 맡아보았다. 그뿐만 아니라 민족주의 비밀결사인 ㄱ당 사건에 연루되어 체포되기도 했다. ㄱ당 결성의 목적은, 전도 유망한 청년들을 모집하여 중국 광동군관학교에 입학시키는 것이었는데 이것이 바로 의열단 단원과 연결되었던 것이다.

이제 그에게 시련의 시간이 닥쳐왔다. 맏형 상정相定이 중국에서 독립투쟁을 벌이고 있는 처지에서 파산을 겪었고, 일제 당국의 감시는 끊이지 않고 있었으니 활동이 자유롭지 못함은 뻔한 일이었다. 비록 소설을 쓰기도 했지만 작품활동은 침체를 맞이했고, 또 생계를 위해서였는지 『조선일보』 경북 총국을 경영하기도 했다.

1935년 이상화는 중대한 결심을 했다. 그는 일찍이 다음과 같은 「出家者(출가자)의 遺書(유서)」를 쓴 적이 있었다.

나가자! 집을 떠나서 내가 나가자! 내 몸과 내 마음아 빨리 나가자. 오늘까지 나의 존재를 지보持保해준 고마운 은혜만 사례해 두고 나의 생존을 비롯하려 집을 떠나고 말자. 자족심自足心으로 많은 죄를 지었고 미봉성彌縫性으로 내 양심을 시들게 한 내 몸을 집이라는 격리사隔離舍 속에 끼이게 함이야말로 우물에 비초이는 별과 달을 보라고 아모 짬 모를 어린아해를 우물가에다 둠이나 다름없다. ……

이것은 단순한 시인의 감상이 아니라 절박한 자기회오自己悔悟요, 민족에 대한 속죄였다. 그러기에 이를 두고, 오랫동안 이상화를 연구해온 이기철 교수는 다음과 같이 평했다.

안일, 자족, 굴종 그것이 남긴 것은 결국 남의 나라에 속국으로 살게 된 것밖에는 아무것도 없다는 각성, 남의 나라의 속국으로 식 그는 이런 심정으로 과감히 집을 뛰쳐나가고 내 나라를 떠나서 중국 땅으로 형을 찾아 나섰다. 그러면 그의 형 상정은 어떤 인물인가? 그는 일본 육군유년학교 출신으로 국내에서 한때 교육자의 길을 걷다가 중국으로 망명했다. 그리고 그곳에서 장개석 휘하의 국민군에 가담하여 항일전선에 참여했고, 이어 상하이와 난징을 중심으로 활동했으며 뒷날 국민군의 육군 중장으로 활약했다.

이상화가 중국으로 건너가 형을 만난 뒤 어떤 활동을 벌였는지는 자세하게 알려져 있지 않다. 그런데 그는 난징으로 가서 의열단에 가입해 활동한 것으로 나타난다. 그러나 중일전쟁이 일어나기 1년 전, 중국에 간 지 1년 만에 고국으로 돌아왔다. 그가 참담한 심정으로 다시 고향 땅을 밟았음은 말할 나위가 없을 것이다. 이때 그가 중국 땅에서 적극적으로 항일전선에 참여하지 않고 돌아온 것은 무슨 사정 때문일까?

그는 독립투사인 형을 만났다는 혐의로 체포되었다가 20여 일 만에 풀려났다. 이제 이상화는 차분한 마음으로 대구 교남학교嶠南學校에서 교편생활을 시작했다. 이 학교에서 영어와 작문을 가르치면서 약 4년 동안 무보수로 봉직했다. 이 일이라도 붙잡고

있어야 마음의 안정을 찾을 수 있었던 것이다. 그는 학교에서 권
투부를 만들고 "조선 같은 피압박 민족은 주먹이라도 굵어야 한
다"고 가르쳤다.

　일제는 태평양전쟁을 벌이고 나서 더욱 기승을 부리며 식민지
백성을 못살게 굴었다. 이때 그는 별다른 작품활동을 못하다가
1941년 마지막 시「서러운 해조諧調」를 발표했는데 그 첫째 구절
은 이랬다.

　　하이얗던 해는 떨어지려 하여 헐떡이며 피뭉텅이가 되다.

　이는 무엇을 형상화한 것이겠는가.
　끝내 그는 암으로 자리에 누워 조국해방을 2년 남겨두고 세상
을 떠났다. 43년 간의 짧은 생애였다. 그의 생애는 짧았으되 그
는 변절하지 않은 민족시인으로 남았다. 그는 일제에 대한 항거
정신과 근로대중의 울분을 시적으로 표현했다는 평가를 받는다.
북한에서도 식민지 시대 문학을 이야기할 때 소설은 이기영李箕
永, 시는 이상화를 가장 비중 있게 다룬다.

저 혼자 어깨춤만 추고 가네

　수많은 평가에서처럼 그는 꿋꿋이 살았다. 식민지 시대 많은
문인들, 곧 최남선·이광수·최재서 등이 변절함으로써 오늘날

그들의 문학적 유산을 놓고 시시비비가 끊이지 않는다. 이런 현실에서 우리가 '이상화'라는 문학유산을 지니고 있다는 것은 큰 자랑거리이다.

이 때문에 해방 뒤 교과서에 그의 시가 실려 널리 애송되었던 것이다. 그런데 여기에 하나 밝혀둘 것이 있다. 교과서에 실린 「빼앗긴 들에도 봄은 오는가」의 내용은 『개벽』에 실린 시를 옮겨 적을 때 빠진 것을 모르고 전재했기 때문에 6연 전체가 누락된 채로 교과서에 수록되어 있다는 것이다. 곧 '혼자라도 갓부게나 가자. 마른 논을 안고 도는 착한 도랑이, 젖먹이 달래는 노래를 하고 제혼자 엇개춤만 추고 가네'가 빠졌다는 것이다. 이를 두고 이기철 교수는 이렇게 한탄했다.

"제6연의 아름다움을 빼놓고 이 시를 배우고 가르치고 음미했던 것이다."

이상화는 넉넉한 집안에서 태어났으나 고난의 삶을 이으며 나라와 민중의 고통에 동참했고 신교육이라고는 중앙학교(지금의 중동학교의 전신) 3년밖에 다니지 않았으나 서양의 사조와 동양의 고전에 해박했다. 민족의 유산을 알리기 위해 『춘향전』을 영어로 번역했고 국문학사를 쓰려고 시도했다. 하지만 불치의 위암으로 꿈을 이루지 못하고 불귀의 객이 되었다.

지금 대구 달성공원에는 상화시비가 세워져 있다. 이것이 우리나라 최초의 시비(1947년 건립)로, 「나의 침실로」의 마지막 연이 새겨져 있다. 비록 초라한 시비이지만 이 땅의 시인들에게 하나의 표상이 되어주고 있다.

한용운
붓끝으로 보여준 굳은 지조와 나라사랑

동학농민전쟁을 목격하고 번민에 빠지다

산을 깎아 집을 짓고
돌을 뚫어 샘을 팠다

이 대목은 만해卍海 한용운韓龍雲(1879~1944)의 시 「산거山居」의 한 구절로, 끝없는 고행과 굳센 의지를 적절히 표현했다. 그의 삶이 바로 이런 모습이었다.

한용운은 개항으로 외국의 문물이 밀어닥치기 시작할 때 충청도 결성에 있는 옥동이라는 한 궁벽한 마을에서 태어났다. 생활을 꾸리며 행세를 할 정도의 재산을 지닌 작은 지주 집안이라 그도 어릴 적부터 안락한 환경에서 글공부에 열중할 수 있었다. 10

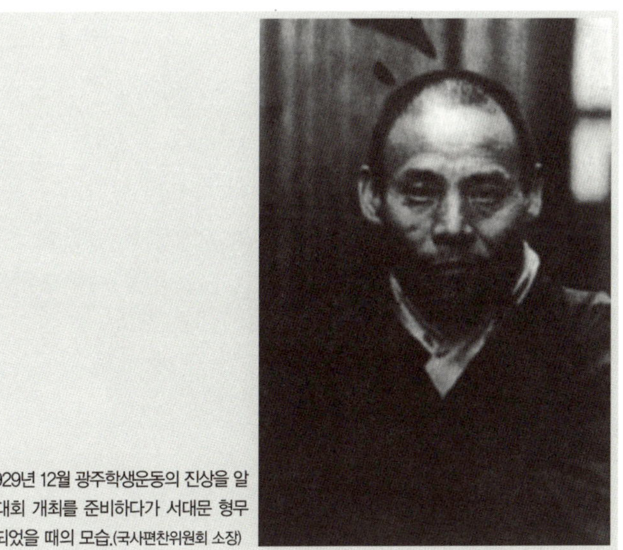

여 년간 글공부를 한 끝에 그는 상당한 한문 실력을 쌓았다.

그는 1894년 거세게 타오른 동학농민전쟁을 열다섯 살의 나이에 겪었고, 아버지가 이를 토벌하기 위해 나서는 모습도 보았다. 이때 아마도 그는 커다란 회의에 빠져들었을 것이다. 그래서인지 열여덟 살에 의병의 자금을 위해 관가의 돈 1천 5백 냥을 터는 모험을 감행했다. 이 일로 인해 군대에 쫓기느라 뜻하지 않게 출가하게 되었다. 이것이 출가의 직접적 동기라 할 수 있다.

한편 그의 아버지가 동학농민군 토벌에 나선 일을 두고 늘 번민했다고 한다. 그래서 이를 반성하는 마음으로 출가한 것이라고도 한다. 현재 탑골공원의 3·1만세 시위 장면을 담은 부조상 옆에 그의 공적비가 세워져 있다. 이 비문을 명승 이운허李耘虛가

썼는데 여기에 그런 내용을 적은 글이 나온다. 이운허는 한동안 한용운을 모시고 있었으니 직접 들은 이야기를 적었을 것이다.

그는 쫓기면서 세상에 태어나 처음으로 굶주림과 기갈에 시달리며 인생의 쓴맛을 보았다. 소년의 발길은 강원도 깊은 산골로 향했다. 산속을 헤매다가 오대산의 오세암에 닿았다. 오세암은 저 유명한 김시습이 머물러 있었던 암자였다. 그는 이곳에서 불목하니로 일을 해주며 밥을 얻어먹었다. 그러다가 그곳 산 아래 냇가에 있는 백담사로 찾아가 다시 땔나무를 해주며 지냈다.

불교혁신에 헌신하다

1905년, 이런 산속에까지 을사조약으로 나라가 껍데기만 남았다는 소식이 전해졌는지는 모르겠지만 한용운은 정식으로 득도식得度式을 갖고 중이 되었다. 이렇게 해서 만해 스님이 태어났다. 중이 된 한용운은 5년 동안 불경공부와 참선에 열중하면서 중으로서 갖추어야 할 지식과 경험을 쌓았다. 그러나 그는 평범한 중이 되기에는 기氣가 너무 셌고 또 현실문제에 대한 관심이 높았다.

그는 먼저 5개월 정도 일본 각지를 방랑객의 모습으로 돌아보았다. 일본이 무슨 힘으로 우리나라를 삼키려 하는지를 알아보려 한 것 아니겠는가? 그리고 이듬해인 1910년 나라가 완전히 일제의 식민지가 되던 해, 홀연히 바랑을 짊어지고 만행萬行의 길에 나섰다. 삭풍이 몰아치는 북간도와 시베리아로 떠돌아다녔다.

그리고 다시 서울로 왔다가 또다시 북간도 일대로 갔는데 아마 이때 망명을 결심하고 독립군의 군자금을 모집하러 다녔던 것으로 보인다. 이렇게 3년을 또 보냈다. 의기 넘치는 장년의 그는 어느덧 국내외의 정세와 독립운동의 수준도 나름대로 판단할 수 있는 지도자가 되어 있었다. 그러나 그가 몸담고 있는 불교계는 너무나 침체되었고 어느덧 친일불교로 전락하고 있었다.

이 때문인지 그는 산사에 묻혀 있지 않고 서울로 와서 살았다. 1912년 한용운이 중심이 되어 서울 대사동(지금의 인사동)에 본부를 두고 조선 임제종 중앙포교당을 설립했지만 조선총독부에서 곧바로 폐지 조처가 내려왔다. 이어 조선총독부의 보호를 받는 30본산에 맞서 조선불교회를 조직하려 했지만 온갖 방해를 받아 뜻을 이루지 못했다. 이런 상황에서 조선불교개혁론이 등장했다.

한용운은 1913년 오랜 고민 끝에 『조선불교유신론朝鮮佛教維新論』을 집필해서 세상에 발표했다. 이 글은 사회진화론에 입각해 우승열패優勝劣敗 약육강식弱肉强食 이론을 도입해 경쟁을 통해 살아남아야 한다는 내용을 기저에 깔고 자기반성과 현실비판을 추구했다. 이것의 기반이 된 것은 부처의 평등주의였다. 좀 장황하지만 그 서문의 한 대목을 보자.

내가 일찍이 불교를 유신할 뜻을 품고 조금 마음속에 그려보았으나 모든 일이 뜻대로 되지 아니하여 당장 실천에 옮기지 못하고 시험 삼아 하나의 형적 없는 불교의 신세계를 구구하게 글자로 얽

어서 풀어, 스스로 아무 소리 없는 적막한 세상에 위로로 삼을 뿐
이다. 무릇 갈증을 느낄 때 신 매실(매화나무)을 바라보고 침이 고여
잠시 갈증을 푸는 것도 또한 양생의 한 방법이다. 이 논의야말로
실로 매화의 그림자이며 나의 갈증으로 내 몸을 태우는 것이다. 그
러니 스스로 어쩔 수 없어 하나의 매화 그림자에 펄펄 솟는 맑은
샘물을 퍼부으려는 것이다. 요즈음 불가는 너무나 가문데 우리 무
리들 속에 갈증이 나는 사람이 있는지 모르겠다. 과연 있다면 이
매화 그림자로써 서로 비추어보기 바란다.(이해를 위해 현대문으로 약간
고쳤다)

이렇게 겸손하게 말문을 열었으나 이어 법방망이를 이렇게 들
이대고 있었다.

유신이란 무엇인고, 파괴의 자손이오. 파괴란 무엇인고, 유신의
어머니라. 천하에 어미 없는 자식이 없다고 말하되 파괴 없는 유신
이 없다고 말하면 더러 알아먹지 못하니 어찌 그 비유의 학에 이렇
게 어두울 수 있는가? 무릇 파괴란 것은 헐어서 없애는 것을 말하
는 것이 아니라, 다만 그 시세에 맞지 아니하는 구습을 고쳐서 새
로운 것으로 향하게 하는 것뿐이다. 이름은 비록 파괴이나 실은 파
괴가 아니다. 유신을 보다 잘 하는 것은 파괴를 더욱 잘 하는 것이
니 파괴에 느린 자는 유신이 느리고 파괴에 빠른 자는 유신이 빠르
고 파괴가 작은 자는 유신이 작고 파괴가 큰 자는 유신이 크다.(이해
를 위해 현대문으로 약간 고쳤다)

이 대목에서 그는 파괴를 혁명의 첫걸음으로 갈파했다. 이어 그가 제시한 내용은, 절을 산속에 두고 중들이 산속에 사는 것은 염세에 적합하고 구세를 외면하는 것이니 도시와 민간 속으로 들어가 다른 종교와 경쟁해야 한다는 것이다. 또 만행의 하나로 구걸행각하는 짓은 금지해야 하며, 예불격식도 하루 한 번으로 줄여 간소하게 해야 하며, 염불당·칠성각·산신각은 미신을 조장하는 것이니 헐어내야 한다고 외쳤다. 또한 승려는 구구하게 계율에 얽매이지 말고 장가를 들어서 세속 안으로 들어와야 한다고 주장했다. 그 요지를 한마디로 요약하면 부처의 평등주의를 토대로 중생제도에 앞장 서야 한다는 것이다.

이 마지막 대목이 오늘날까지 가장 많은 논란을 빚는다. 적어도 조선총독부가 조선불교를 일본불교로 만드는 과정에서 승려의 취처娶妻를 허락하기 13년 앞선 주장이었다.

국한문 혼용의 4만 2천 자로 쓰인 이 글은 일본불교와 개신교를 모델로 제시했다는 비판이 따랐고, 지나치게 전통을 무시하고 세속화를 주장했으며 제국주의 발전논리인 진화론을 수용했다는 한계를 지적하기도 한다. 하지만 조선시대 이후 불교개혁을 이렇게 강렬하게 주장한 이가 없었다. 그리하여 민족불교의 성향을 가진 승려와 진보적 지식인 등이 열띤 호응을 보였다. 그의 인기는 치솟았다.

한용운은 계속해서 불교혁신을 위해 잡지 『유심』을 간행했으며 강연과 글을 줄기차게 벌이고 썼다. 그는 불교의 침체를 질타하고 불교가 대중 속으로 파고들어야 한다고 역설했다. 분명히

이런 목소리는 그때로서는 여간 혁신적이 아니었으며 그의 주장
은 선승禪僧들의 머리를 어지럽혔다.

최후의 일인까지 최후의 일각까지

　1919년 봄, 그는 서울에 머물러 있었다. 3·1운동을 일으킬 때
한용운은 처음에는 개인 자격으로 참여했다. 손병희 주도로 민
족대표 33인을 지정할 때 한용운은 박한영·진진응·도진호 등
여러 승려를 추천했으나 모두 전보와 전화로 연락할 수 없는 산
속에 있어서 마침 서울에 와 있던 배인사 승려인 백용성을 추천
할 수밖에 없었다.

　그리고 최남선이 지은 「독립선언문」을 읽어보고 그 미지근한
내용에 분통을 터뜨리며 자신이 다시 짓겠다고 나섰다. 그러나
이 뜻이 관철되지 않자, 마지막 공약 3장에 "최후의 일인까지 최
후의 일각까지 정당한 의사를 쾌히 발표하라"라는 구절을 넣게
했다. 그뿐만이 아니라 이른바 민족대표 33인이 체포될 것을 알
고 또다시 투쟁원칙을 제시했다. 첫째 변호사를 대지 말 것, 둘
째 사식을 먹지 말 것, 셋째 보석을 요구하지 말 것 등이었다.

　그의 행동은 여기에서 멈추지 않았다. 중앙학림의 학생들, 곧
백성욱·김법린 등을 유심 사무실로 불러 「독립선언문」 3천 장을
주어 여러 절에 배포하게 하고 만세시위에 참여하게 지시했다.
그 결과 동화사·표충사·석왕사 등의 승려들이 만세시위를 벌였

던 것이다. 또 이들은 한용운의 지시를 받아 상하이에 파견되어 요인들과 접촉했고 국내에서 지하신문 『혁신공보』를 발행해 해외 독립운동을 알렸다.

그는 구속되어서도 일제 경찰에 맞서 과감하게 자기 의사를 발표했다. 어떤 사람은 미리 변명을 늘어놓기도 했고 어떤 사람은 주동자가 아니라고 발뺌을 했고 어떤 사람은 자기의 뜻이 아니었다고 늘어놓았으나 그는 한점 꿀림이 없이 조선독립을 주장했다. 결국 그는 3년의 옥살이를 하고 풀려났다.

3·1운동을 겪은 뒤 한용운은 어느 누구보다도 이미지가 뚜렷한 민족 지도자로 부상했다. 서울에 살면서 민족운동을 은밀하게 벌이고 청년교육에 나서기도 했고, 시작詩作에도 열중했다. 또한 총독부가 제정한 사찰령의 철폐운동도 벌였다. 1929년에는 불교도 중심의 만당卍黨이 결성되어 그를 당수로 추대했다.

님과 조국 그리고 민중 사랑

그는 학교에 발을 들여놓은 적이 없다. 어떤 동기로 시작의 방법을 배우고 시를 지었는지는 모른다. 그는 한시를 거의 짓지 않았다. 하지만 민족어를 구사해 주옥 같은 시를 토해냈다.

그의 시에는 '님'이 등장한다. 그 님은 누구인가? 그의 조국이기도 했고 그의 민족이기도 했고 그의 동경과 이상의 사람이기도 했을 것이다. 이들 시를 모아 1926년에 시집 『님의 침묵』을 출판하니, 이제 민족시인이라는 또 하나의 이름이 그에게 붙게 되었다. 그의 시는 널리 애송되었다. 식민지 아래에서 사랑이니 눈물이니 하는 이른바 신시新詩에 젖어 있던 사람들에게 그의 시는 커다란 충격과 함께 새바람을 불러일으켰다.

그의 많은 시들 중에서 한 작품만 보자.

뜰 앞에 버들을 심어 님의 말을 매랐더니
님은 가실 적에 버들을 꺾어 말채찍을 하였습니다.
가지마다 채찍이 되어 님 따르는 나의 말 채칠까 하였더니
남은 가지 천만사千萬絲는 해마다 해마다
보낸 한을 감아 맵니다.

『님의 침묵』

여기에서 '님'은 누구일까? 바로 잃은 나라요 서러운 민중이다. 한용운은 선후를 구분할 수 없을 정도로 시작활동도 민족운동도 왕성하게 벌였다.

한동안 항일민족운동이 침체되어 있었던 1926년, 좌우의 여러 세력이 합작하여 신간회新幹會를 발족시키고 민족운동의 새로운 전기를 마련했다. 한용운은 이 단체의 집행위원과 서울지회장을 맡아 맹활약했다. 그러나 신간회는 창립된 지 2년 만에 조선총독부의 방해공작과 내부의 분열로 해체되고 말았다.

한용운은 다시 불교청년운동을 벌이기도 하고 불교언론운동을 벌이기도 했다. 이때 그는 쉰이 훨씬 넘은 나이로 새장가를

들었는데 고향의 전처 소식도 모르고 있던 때이다. 이제 중의 몸
으로 『불교유신론』에서 주장한 대로 아내를 맞고 가정을 꾸렸다.

이 무렵, 국내는 중일전쟁과 태평양전쟁으로 항일민족운동이
침체를 면하지 못하고 있었다. 이럴 때 많은 동지들은 거듭 변절
해서 학병을 권유하거나, 정신대 동원에 나서거나 총독부 정책
에 협조했다. 그는 이를 통한해 마지않았다. 어느 날 그는 거적
을 끼고 친구인 최남선의 집을 찾아가 문앞에 펼쳐놓고 구슬프
게 곡을 했다. 친일행각을 벌이는 최남선은 죽었다는 뜻이다. 또
이상재가 죽었을 때 사회장을 치르게 되었는데 한용운을 장례위
원으로 올렸다. 그러자 그는 장례식장에 가서 이상재의 이름을
철필로 죽죽 그어대더니 철필을 내던지고 나왔다. 이상재의 미
온적 운동을 나무란 것이다.

그는 끼니를 이을 수조차 없는 쪼들린 생활 속에서 시를 쓰고
소설을 썼다. 그래도 생활이 어렵기는 매한가지여서 그나마 제
자들이 간간이 쌀되를 보내주는 것으로 죽을 끓여 먹었다. 이렇
게 살면서도 그의 지조는 한 점 굽힘이 없었다. 어느 독지가가
성북동 골짜기에 그의 거처를 마련해주기 위해 집을 지으려 하
자 엉뚱하게도 북향으로 집을 짓게 했다. 조선총독부 쪽을 바라
보고 살 수 없다는 고집이었다. 그는 이처럼 사소한 일에도 일제
에 대항했다. 단지 죽을 무렵 『조선일보』에 어줍잖은 소설을 써
서 원고료를 챙긴 일 때문에 논란이 벌어진 일이 있을 뿐이었다.

한용운은 8·15 광복이 되기 1년 전, 5월의 신록이 그의 거처
심우장尋牛莊에 드리워질 적에 오랜 지병인 중풍으로 세상을 떠

났다. 그는 한을 가슴에 묻어둔 채, 조국의 해방을 보지도 못하고 눈을 감았다. 오늘날 우리는 그의 굳은 지조와 나라사랑의 모습을 배우고 있다.

현재 심우장이 서울 성북동에 보존되어 있고 설악산의 백담사에는 시비를 세워 그를 기리고 있으며 그 아래에는 만해 창작마을을 조성해 작가들의 집필 공간으로 제공하고 있다. 또 불교계에서 만해상을 제정해 해마다 그의 정신을 이은 인사들을 골라 시상하고 있다.

홍명희
프롤레타리아 문학의 정수 『임꺽정』의 저자

아버지와 아들이 맞담배질을 하다니

북한에서 역사연구와 국역사업에 일생을 바친 홍기문洪起文은 바로 소설 『임꺽정』의 작가로 널리 알려진 홍명희洪命熹(1888~1968)의 아들이다. 또한 『황진이』를 써 화제를 불러일으킨 소설가 홍석중은 홍명희의 손자요 홍기문의 아들이다.

이들 부자에게 다음과 같은 일화가 전해진다. 괴산의 풍산 홍씨 집안의 어른들이 무슨 일로 서울에 있는 홍명희의 집에 들이닥쳤다. 그런데 이들 부자는 집안 어른이 온 줄도 모르고 바둑 두기에 열중하고 있었다. 더욱이 그들 부자는 맞담배질을 하며 바둑을 놓고 있었다. 이런 광경을 보다 못한 집안 어른이 불호령을 내렸다.

"풍산 홍씨 가문이 어떤 집안인데 부자가 맞담배질을 하다니, 집안이 망했구나."

이 말대로 풍산 홍씨는 조선시대 5대 명문가로 뽑혔고 특히 그의 집안은 임진왜란 때 활약한 홍이상洪履祥 이후 줄줄이 고관을 누렸다.

그러면 이런 집안에서 법도를 잘 익혔을 홍명희는 왜 아들과 맞담배질을 했던가? 이들 부자는 어느 누구보다도 개명했고 잘못된 관습을 고치는 데 앞장섰으며 양반의 위세를 깨부수기 위해 노력했다. 따지고 보면 부자가 한자리에서 담배를 피우지 못할 이유가 무엇이겠는가? 이것을 구습개량운동이라 한다.

홍명희의 아버지 홍범식洪範植은 괴산 인산리에서 태어나서 집안 배경 덕에 일찍이 중앙의 벼슬아치가 되었다. 그는 구한말, 외세에 흔들리는 조정에서 심한 갈등을 겪었는데 1907년 의병이 한창 일어날 즈음 태인군수로 부임해 있었는데 일제가 의병을 마구 잡아 죽일 때 이들을 많이 구했다고 전해진다. 이어 금산군수로 나가 있을 때 나라가 일제에 의해 완전히 합병되었다는 소식을 듣고 유서를 남기고는 그곳 조종산에 올라가 목을 매 자결하여 나라를 위해 순국한 인물로 널리 이름이 알려졌다.

홍명희는 이런 아버지의 장남으로 역시 괴산 인산리에서 태어났다. 그는 어릴 적 사정을 이렇게 회고했다.

내가 세상에 나온 뒤 세 살 되던 해에 어머니가 돌아가시고 증조부가 돌아가시고 여섯 살 되던 해에 할머니가 돌아가셨다. 네 살에 새 어머니가 생겼으나 나는 증조모와 대고모 손에서 자라났다. …… 젖 얻어먹는 것만 해도 여간 일이 아니었는데 어린 내가 몸이 약하고 병이 잦아서 밤잠을 편히 잘 날이 드물었다.

자서전

그는 명문의 부잣집 아들로서는 불행하게 자랐던 것이다. 또 그를 키워준 증조모는 이렇게 말했다.

클 때 어찌나 셈이 바르고 얼마나 영악했는지 모른다.

홍기문「아들로서 본 아버지」

이로 보면 그는 어릴 적부터 천재성이 드러나고 있었다. 또 여덟 살 때부터 글을 짓기 시작하면서 어머니를 그리워하여 이런 시를 썼다고 한다.

사람들은 해마다 태어나는데
우리 어머니 어찌 돌아오시지 않는고
蒼繩年年生
吾母何不歸

이것이 그의 어릴 적의 모습이다. 한편 열세 살 어린 나이에 민씨와 혼인했는데 여느 개화 청년의 경우와 달리 끝까지 해로한 것으로 알려져 있다.

아버지가 순국할 때 그의 나이 스물두 살이었으니 모든 정황을 꿰뚫어보았다. 당시 그는 도쿄 유학을 중단하고 고국에 돌아와 있었다. 곧 졸업을 앞두고 새로운 번민에 싸여 있었는데 결국 고국에 돌아와 민족운동을 결심하게 된 것이다. 그는 도쿄 대성중학교에 다닐 적에 문일평·최남선·이광수·최인 등과 어울려 민족독립심을 고취하고 있었다. 그에겐 아버지가 순국한 뒤에 가족과 일가를 이끌 종손의 책임, 많은 토지와 머슴을 관리할 가장의 임무가 지워져 있었다.

그도 어릴 적부터 전통적 교육을 받아온 터이다. 그런데 그는 서울 집에 살면서 고향 땅을 자주 밟지 않았다. 진보적 청년들과 어울려 새로운 학문에 빠졌고 이어 다시 일본 도쿄로 건너가 그곳 대성중학교를 다니다 중퇴했던 것이다. 그곳에서 그는 서양의 문학작품을 탐독했고 또 사상 관련 서적에도 몰입했다.

그는 일본에서 돌아와 새로운 번민에 빠졌으나 아버지의 순국을 보고 무한한 감동을 받았다. 그리하여 뒷날 자식들을 앞에 앉혀놓고 말했다.

나는 『임꺽정』을 쓴 작가도 아니고 학자도 아니다. 홍범식의 아들, 애국자다. 일생 동안 애국자라는 그 명예를 잃을까봐 그 명예에 티끌이라도 묻을세라 마음을 쓰며 살아왔다.

그는 국내 독립운동의 활로를 찾아 정인보와 함께 처음에는 만주 서간도, 나중에는 중국의 상하이 등지를 떠돌아다녔다. 이때의 홍명희의 모습을 이광수는 이렇게 전한다.

나는 침대나 침구를 살 돈도 없어서 벽초의 침대에서 벽초의 이불을 덮고 잤다. 매트리스도 없는 침대, 게다가 도쿄에서 같으면 서로 꼭 껴안고 입이라도 맞추고 자련마는 둘이 다 스물이 훨씬 넘은 징글징글한 엉그럭이라 자다가 깨어보면 궁둥이만 마주 대고 잤다. …… 그래도 그때에 가인(假人, 가짜 인생이라는 뜻)이던 벽초는 싫다는 빛 하나도 아니 보이고 1개월 이상이나 나를 한자리에 넣어 사랑하여주었다. 이것은 실로 인생의 일생에 드문 일이다.

「문단고행 30년」 『조광』 1936년 5월호

그 어려운 생활과 함께 홍명희의 인간됨이 드러난다. 당시 홍명희는 '가인'이라는 가명을 지어 부르게 하였고 프랑스 조계에 집 한 채를 얻어 중국인 심부름꾼과 식모를 두고 살았다. 홍가인은 관조의 생활을 하면서 오스카 와일드의 『도리언 그레이의 초상』이나 바이런의 시집 등 명작을 탐독했다 한다.

그 당시 청년 홍명희는 상하이에서 일이 뜻대로 되지 않자 우리의 독립기지를 버마나 싱가포르와 같은 동남아시아에 옮겨두려는 계획을 세우기도 했다. 그는 싱가포르 일대에서 3년을 보냈는데 그 고생은 여기에서 굳이 말하지 않아도 알 만하다. 이일이 뜻대로 되지 않자 중국이나 만주에서 독립항쟁을 하기보다는 국내에서 활동을 전개하기로 방향을 정했다.

그리하여 1918년 초반경 다시 국내로 잠입했다. 그의 귀국 동기에 대해 아들 홍기문은 이렇게 썼다.

그렇게 나가신 우리 아버지도 만주로 상해로 남양으로 7~8년 온갖 풍상을 다 겪으며 돌아다니시는 동안 몸도 피곤하고 마음도 고달프셨다. 어머니같이 키워주신 늙은 증조모도 생전에 한번 뵐 겸 아우들이나 아들들도 가르칠 겸 조선 땅을 다시 밟으시게 되었다.

「아들로서 본 아버지」 『조광』 1936년 5월호

그러나 고향생활이라고 편할 날이 없었다. 곧 3·1운동이 일어나자 고향 괴산 땅에서 만세시위를 주동한 혐의로 체포되어 3년형을 받아 복역했다. 이때부터 그는 독립지사 또는 민족 지도자로 주목받게 되었다.

홍명희의 국내 초기 활동에서는 교육자와 언론인의 면모가 두드러진다. 그는 한때 국학의 본산으로 일컬어진 연희전문 강사를 지냈고 휘문고보 교원이 되기도 했다. 또한 『동아일보』 편집국장과 시대일보사 일을 맡기도 했다. 일제는 교육자요 언론인인 그를 끊임없이 감시했는데, 이를테면 민족주의자라는 낙인에다 사회주의자들과 어울려 일을 벌인 탓에 꼬리표 하나가 더 붙어 있어서 더욱 크게 주목을 받았던 것이다.

사실주의 문학의 대표작 『임꺽정』

1919년 3·1운동으로 상하이 임시정부가 태동하고 만주 일대에서 무장항쟁이 치열하게 전개되었으나 3~4년이 지나자 다시 침체의 국면에 빠졌다. 국내의 독립운동 세력들도 좌·우익으로 갈라져 그 운동 방향을 놓고 분열 양상을 보였다.

이 시기 홍명희는 새로운 사상에 심취해 있었다. 그의 목소리를 들어보자

좋다! 그러면 이른바 신흥문학은 유산계급문학에 대항한 문학일 것이며, 생활을 떠난 문예에 대항한 생활의 문학일 것이며, 구계급에 대항한 신흥계급의 사회변혁의 문학일 것이다. 그러면 프롤레타리아 문예는 즉 신흥문학의 별명이 아닌가? 그리하여 지금 신흥

문예는 조선의 문예계에 있어서 새로운 기운을 진작하고 있다. 그리고 역사적 필연을 가진 신흥계급이 계급전선에 있어서 반드시 이길 것이나 마찬가지로 문단세력에 있어서도 신흥문예가 주도를 잡을 것은 멀지 않은 장래일 것이라 한다.

「신흥문예운동」『문예운동』1926년 1월호

아주 신념에 찬 새로운 문학관을 피력하고 있다. 그는 사회주의자로 많은 주장을 폈으나 타협을 모색한 온건파였다.

이때 좌우 합작으로 전국적 규모의 운동단체를 태동시켰는데 그것이 바로 신간회新幹會이다. 회장에 이상재가 추대되고 부회장을 권동진이 맡았다. 이 단체의 이름은 홍명희가 지었는데, 분열과 이견을 지양한 새로운 줄기라는 뜻으로 신간회라 한 것이다. 그리고 그는 신간회의 중앙집행위원 등을 맡으며 좌우익의 통일전선 형성에 주력했다.

조선총독부는 처음에는 신간회를 합법적 단체로 인정했으나 차츰 교활한 음해공작을 펴나갔다. 이에 사회주의 계열은 그 해소解消를 결의했고 이어 지하운동으로 방향을 돌렸다. 홍명희는 민족해방 항쟁과 반봉건적 운동을 위해 사회주의의 이념이 필요했으나 결코 모험주의자나 급진파는 아니었다. 이 나라와 사회에 보수세력의 뿌리가 얼마나 깊은지를 알고 있었다. 따라서 그는 신중하게 현실에 대처했다.

1931년 신간회가 일단 해소되자, 홍명희는 잠시 한가한 시간을 얻었다. 그는 오랫동안 구상하고 있던 소설을 『조선일보』에 연재하기로 했다. 곧 조선왕조 초기 의적 임꺽정의 행적을 더듬어 문학작품으로 형상화한 것이다. 그는 이 소설을 쓰면서 당시의 풍습·언어·생활상을 철저히 고증했고 또 임꺽정 개인의 활동상과 도둑들의 모습을 여러 자료를 섭렵하여 사실적으로 그려냈다. 그는 하루 2백자 원고지 10장 분량을 겨우 채우면서 거듭 생각하고 거듭 고쳤다고 한다.

이 작품이 연재되는 동안 독자의 인기는 말할 것도 없었거니와 그 뒤 미완성인 채로 조선일보사(1939~40)와 을유문화사(1948)에서 단행본으로 간행되자, 우리나라 사실주의 문학 또는 프롤레타리아 문학의 대표적 작품으로 꼽히게 되었다. 조선일보의 부수는 치솟았고 책을 낸 출판사는 떼돈을 벌었다. 그가 쓴 처음이요 마지막 소설 『임꺽정』은 이렇게 해서 우리 문학사에서 독특한 위치를 점령했다.

필자는 10대와 50대의 나이에 두 차례에 걸쳐 탐독했다. 그런데 『임꺽정』에는 빼앗아 먹을지라도 배고픈 이야기는 도통 없다. 왜 그럴까? 작가가 어릴 적에 너무 부유한 집안에서 산 탓일까? 한번 따져보아야 할 문제이다. 하지만 당대를 잘 반영했다는 점과 소설적 기법의 우수성 면에서 홍명희의 『임꺽정』과 조정래의 『태백산맥』을 2대 소설로 꼽기에 오늘도 주저함이 없다.

북한에서 생애를 보내다

『임꺽정』을 쓸 때 홍명희의 나이는 40대 중반이었다. 이 소설이 나오자 그의 명성은 더욱 높아졌다. 언제부터인가 조선의 3대 천재로 이광수·최남선·홍명희를 꼽았고, 또 문일평과 정인보가 이 세 사람을 대신해 비집고 들락날락거렸다.

다른 사람들은 일단 제쳐두고 홍명희의 경우를 살펴보면, 한문과 고전에 해박한데다가 일어·영어·스페인어까지 능통했다. 그리고 철학·역사 등 광범위한 지식을 가지고 있었으니 그런 말이 엉뚱한 것은 아니었다.

그러나 그는 위의 사람들과 달랐다. 위의 사람들이 흔히 써대는 남의 문집의 서문이나 묘비문을 그는 거의 쓰지 않았다. 그리고 그 스스로 남보다 한발 앞서 봉건잔재를 청산하기에 힘썼다. 또 위 두 사람은 뒷날 친일파로 변신했으나 그는 끝까지 지조를 지켰다.

광복이 된 뒤, 그의 친구인 이광수나 최남선은 반민특위에 걸려들었으나 그는 조선문학가동맹 위원장과 남조선 과도입법위원을 맡아 활약했다. 그리고 그 자신이 민주독립당을 창당하여 위원장으로 활동했다. 그리고 이즈음 남조선 단독정부를 반대하여 남북정치협상회의에 민주독립당 당수 자격으로 평양에 갔다가 그곳에 눌러앉았다.

그가 북한에 머무른 동기는 분명했다. 남쪽에서는 이승만과 한민당의 입김을 받아 미 군정시기부터 친일 경찰·군인·교사

그리고 판사·검사들이 다시 날뛰면서 독립지사들을 '빨갱이' 등 온갖 혐의를 씌워 탄압했다. 이를테면 친일청산이 되기는커녕 다시 친일파 천지가 되었던 것이다. 그는 이를 참을 수 없었다. 그런 와중에 북한에서는 일찌감치 청산작업이 이루어지고 있는 모습을 보았던 것이다. 그런데 과연 이 판단이 옳았을까? 그가 만일 후기 김일성의 유일사상, 김정일의 독재를 목격했더라면 생각을 달리했을 것이다. 그는 아들 기문을 비롯 가족을 평양으로 불러 올렸다. 이것도 대단한 용단이었다.

그 뒤 그는 북한의 부수상까지 되었으나 신중한 몸가짐 덕에 박헌영 등의 남로당 사건에도 연루되지 않았고 또 연안파가 숙청될 때에도 관련되지 않았다. 그리하여 연안파의 숙청이 일어날 무렵 조용히 병사했다고 전한다. 이런 삶을 살다 간 그를 일반 사람들은 정치적 행동인으로서보다는 『임꺽정』의 저자로 더욱 우러러보고 있다. 시대상황에 따라 반봉건·반제국주의운동에 앞장 선 그였지만, 마지막까지 문필가로서 생애를 보낼 수 있었다면 그 비중과 의의는 훨씬 컸을 것이다.

16년 차이인 아들 홍기문도 비록 최고인민회의 부의장 또는 사회과학원 원장 등을 역임했지만 어디까지나 역사학자·국어학자·고전번역가로 일생을 마쳤다. 특히 홍기문은 『이조실록』의 번역 완성이라는 큰 공적을 세웠으니 아버지와 시대상황이 달랐던 탓인지도 모른다.

오늘날 남쪽에서는 그동안 금서로 나돌던 『임꺽정』을 합법적으로 출간하기도 했고(1985년, 사계절), 그의 고향인 괴산에서는 그

의 생가를 복원하여 관리하고 있다. 하지만 안타깝게도 월북했
다는 이유로 그를 독립유공자로 대우하지는 않고 있다.

최남선
굴절된 친일파 지식인

　육당六堂 최남선崔南善(1890~1957) 하면 우리는 흔히 천재를 떠올린다. 그뿐만 아니라 그는 박람강기博覽强記(동서고금의 서적을 많이 읽고 사물을 잘 기억함)한 학자로, 부지런한 신문화운동가로, 논설을 쓰면서 신문사 사장을 지낸 언론인으로, 많은 시조를 쓴 시조시인으로, 우리 역사를 줄기차게 쓴 역사학자로, 수많은 책을 모은 장서가로, 3·1운동의 「독립선언문」을 기초한 민족대표로 우리에게 각인되어 있다. 확실히 그는 자신이 살았던 당대에 3대 천재의 한 사람으로 꼽혔을 정도로 범상하지 않은 인물이었다.

　그러나 우리는 최남선을 그리 좋은 인상으로 기억할 수 없다. 말년에 가서 친일파로 변신하여 민족 앞에 죄를 지었기 때문이

최남선 한 지식인의 굴절은 민족사에 깊은
상흔을 남겼다.

다. 보통 선비라 함은 비록 가난한 생활을 해도 명예를 중히 여기고 순탄한 삶을 누리는 터인데, 그는 이런 통상의 범주에서 벗어났던 것이요, 또 여러 차례에 걸쳐 자기갈등을 겪으면서 잦은 변신을 했던 것이다.

왜 그랬을까? 변신하지 않으면 끼니 걱정이 어려웠던 것도 아니고 목숨을 내놓아야 할 절박한 처지에 놓인 것도 아니었는데. 더군다나 역사를 연구한 이로서 시대정신을 꿰뚫어보지 못할 리도 만무하고 그의 친일행각이 훗날 준엄한 심판으로 다가올 것을 모를 리 없었을 터인데.

12세에 겪은 필화사건

따사로운 햇볕이 내리쬐던 1890년의 어느 봄날, 웃보시꼬지(지금의 서울 을지로 2가)의 한약방에서는 생남례(生男禮, 사내아이 출생을 축하하는 잔치)가 펼쳐지고 있었다. 이 약방 주인이요, 관상감(지금의 천문대)에 소속된 지관(묘자리 등을 보는 벼슬아치) 최현규의 둘째 아들이 태어난 것이다. 이 아이가 최남선이다. 이 최씨 집안은 쓰러져가는 고려를 받치려고 안간힘을 쓰다가 죽은 최영 장군의 후손이었다. 이 명문 집안이 언젠가부터 기술관 노릇을 하는 중인이 되었고, 그의 부친 최현규도 관상감에 소속되어 낮은 벼슬을 했던 것이다. 그런데 최남선이 태어날 무렵에는 그의 집안에 상서로운 기운이 감돌았다고 한다. 갑오개혁으로 중인들도 실력과 줄만 있으면 어떤 고관이라도 될 수 있는 현실이 되었기 때문이다. 실제로 최현규는 뒤에 관상감의 기감을 거쳐 학부의 학무국장에까지 올랐다. 비록 나라가 망해가는 때였지만 중인 신분으로 예전 관직으로 따지면 '참의'라는 차관급에 해당하는 고관 대열에 들어선 것이었다. 나라가 완전히 망한 뒤에는 한약재 무역 사업을 벌여 많은 돈을 벌었고 이 넉넉한 살림으로 아들들의 사업을 뒷바라지해줄 수가 있었다.

최남선은 천재의 재질과 남달리 많은 탐구심을 타고 났다. 어릴 적부터 글방에 다녔고 열 살 무렵에는 『춘향전』 같은 이야기책을 읽었으며, 관수동에 있는 중국인 서점에 드나들며 중국 소설들도 탐독했다. 또 미국인이 세운 병원인 제중원에 드나들며 성경과 서양역사 책들도 읽었고, 당시에 발행되던『황성신문』
등도 구독했다. 열두 살에는 책을 읽는 것에서 한 발짝 나아가
스스로 글을 써서『황성신문』에 투고하기도 했다.

이때쯤 그는 단순한 글방의 서생을 넘어서 신문물에도 심취했
고 나라 돌아가는 사정도 잘 알았다. 특히 구한말의 개화파는 역
관 오경석·한의사 유대치 등 중인들이 주도했던지라 그의 아버
지도 여기에 한 자리 끼게 되어 그도 이런 개화파의 애기와 신학
문을 어릴 적부터 듣고 배울 수 있었다.

이런 가정환경에다가 얼마든지 책을 사볼 수 있는 생활의 여유
도 있었으니 그의 자질은 십분 발휘될 수밖에 없었을 것이다. 그
는 더 발전하여 열세 살에는 일본인이 경영하는 경성학당에 입학
하여 일본 말을 배웠고, 이 일본 말을 밑천으로『조일신문』을 구
독하기도 했다. 바야흐로 이 소년에 대한 명성이 서울바닥에 자
자하게 퍼졌고 주위의 관심과 촉망을 받게 되었다.

그의 나이 열다섯 살인 1904년, 대한제국 황실에서는 50명의
고관 자제를 뽑아 일본에 보내 신문물을 익히게 했다. 여기에 뽑
히려면 높은 신분이어야 함은 물론 부모의 배경도 있어야 했다.
소년 최남선은 여기에 들었다. 그리하여 일본으로 건너가 도쿄
부립 제일중학교에 입학했다. 그는 소년반장으로 뽑혀 활약하면
서 일본의 신문물을 익히는 한편 최인·홍명희 같은 친구들을 사
귀게 되었다.

이때 최인과의 만남은 큰 의미를 지니는 것이었다. 최인은 함
흥 출신으로 조선시대에 소외되던 지방 출신이었으나 그의 아버

지가 중앙에 나와 고관을 지낸데다 집안이 엄청난 부자라 여기
에 뽑힌 것인데, 가정배경이나 현실 조건이 최남선과 매우 비슷
했다. 둘은 이때 만난 이후 너무나 비슷한 길을 걸었다. 두 사람
은 일본 학교에 입학하여 신문물도 제대로 배우지 못하고 있을
때 일본인 교장에게서 "조선민족은 열등하여 교육을 시킬 필요
가 없다"는 따위의 말을 듣자 분개하여 항의 동맹휴교를 일으켰
고, 그로 인하여 주동자로 몰려 다른 조선인 학생들과 함께 퇴학
을 당했다.

　퇴학을 당하고 나서 최인은 그대로 일본에 머물렀지만 최남선
은 고국으로 돌아왔다. 유학을 떠난 지 석 달 만의 일이었다. 귀
국하여 그는 사춘기 소년으로 일본을 배격하는 글을 썼다. 1905
년, 이른바 을사조약이 맺어지던 해였다. 그는 조약이 맺어지기
전 이 글을 『황성신문』에 투고했는데 그 내용이 문제가 되어 한
달간 잡혀가 구류를 당했다. 이것이 그의 일생 최초의 필화사건
이었다.

잡지 『소년』을 창간하다

1906년, 17세의 그는 두 번째로 일본으로 건너가 와세다대학
역사·지리과에 입학했다(3·1운동 때 잡혀 심문을 받을 때에는 배울 것이 없
어 입학하지 않았다고 했다). 그리고 동시에 유학생 회보 편집일도 했다.
　그는 이때 이광수를 만나게 되었다. 이광수와 최남선, 최인 이

세 사람이 나중에 친일의 3거두가 되었음은 운명의 장난일까? 이들은 학보 등 출판물에 열렬히 글을 쓰면서 나라 잃은 학생으로서 민족의식을 고취했다.

그러나 여기서 또다시 유학생들의 모의국회에서 불온한 사상을 고취했다고 하여 다른 한국인 학생들과 함께 퇴학을 당했다. 학교와는 인연이 없었던 셈이다(학교에 더 이상 다니지 못했지만 그는 나중에 대학에서 강사와 교수직을 맡게 된다).

그는 학교에 다니지는 않으면서 도쿄에 남아 출판사업을 일으킬 준비를 서둘렀다. 그의 말에 따르면 청년들을 계몽하고 국민정신을 진작하기 위해서였다. 무력 독립항쟁보다는 자신의 지식을 활용하여 문화운동을 하려 했음을 알 수 있다. 그는 아버지에게 자금 지원을 요청해 거금으로 인쇄기계를 사들이고 일본인 기술자까지 고용하여 귀국했다.

그리하여 웃보시꼬지의 한약방에다 이 기계들을 차려놓고 '신문관新文館'이라는 출판사를 차렸다. 그때 그의 나이 열여덟이었다. 그만한 또래의 부잣집 아들들이 도쿄에서 기생이나 끼고 한창 질탕한 놀이에 빠져 있을 적에 그는 이 일을 벌였으니, 비록 칼과 총으로 일제침략에 대항하지는 않았지만 그의 계획과 의지를 칭찬할지언정 나무랄 일은 아니었다.

그 뒤 그는 잡지 『소년』을 창간했고 조선광문회를 만들어 조선어 편찬을 시작했으며, 싼값으로 일반에 보급하기 위해 '6전 소설'을 내는 등 많은 책을 찍어냈다. 또 그 자신도 많은 글을 지어냈고 안창호 밑에서 여기저기 강연을 하러 다녔으며, 소년 잡지 『아이들 보이』를 통해 소년들의 민족의식을 고취해나갔다.

자그마치 12년에 걸쳐 이런 일에 몰두하는 동안 때로는 판금을 당하기도 했고, 때로는 찍은 책을 몰수당하기도 했다. 그러는 사이 나라가 완전히 제국주의 일본에 넘어가 많은 지사들이 투옥되거나 죽음을 당하거나 동북 만주나 상하이로 가서 무력항쟁을 벌였는데, 그는 이에 조금도 개의치 않고 글 잘 쓰는 문사로서, 해박한 학자로서의 기반을 착실히 다져나갔다. 그리하여 그의 명성은 온 장안에 울려 퍼졌다.

시류에 타협하는 굴절된 지식인의 모습

1919년 봄, 나라 안팎의 정세에 힘입어 국내 인사들 위주로 일대 시위운동이 준비되면서 그에게도 일거리가 하나 주어졌다. 그의 문장력을 높이 사 「독립선언문」을 작성하게 한 것이다. 그는 웅혼한 문장으로 이 선언문을 지었다. 그러나 정작 민족대표 서명 차례가 오자 학자로 남겠다는 뜻을 비치면서 이를 거부했다. 그 말고도 김성수는 사업을, 송진우는 언론을, 현상윤은 교육을 핑계대고 서명에 끼지 않았다.

그가 작성한 「독립선언문」은 뛰어난 한문투의 문장으로 이루어졌고, 그때로서는 참신한 감각을 지닌 용어가 구사되었다. 그러나 일제침략에 저항하는 독립선언문으로서는 지나치게 온건했고, 또 지나칠 정도로 비폭력을 내세웠다. 이에 이 선언문을 맨 처음 비판하고 나선 사람이 바로 한용운이었고, 오늘날에도 그 온건한 내용과 함께 어려운 문투가 민중의 가슴에 와닿지 못했다는 지적을 받는다. 그는 이 글 말고도 「일본 정부에 대한 통고」, 「윌슨 미 대통령에게 보내는 의견서」, 「파리강화회의에 보내는 메시지」 등의 공식문서를 썼는데, 이것들도 오늘날 한결같은 비판을 받고 있다.

그는 이 사건으로 일제의 경찰에 의해 삼각동 자택에서 체포되었는데, 경찰과 법정의 심문 과정에서 "민족자결은 이상에 불과하다"는 둥, "내가 선언문을 지었다는 사실을 결코 말하지 말라고 대표들에게 부탁했다"는 둥, "대표들과는 동지가 아니다"는 둥, "나는 학자로 남을 결심으로 해외 망명지사들과 연락도 아니했다"는 둥 너무나 책임없는 말들을 했다.(이병헌 『3·1운동비사』) 나약한 지식인의 모습을 여지없이 드러낸 것이다. 그의 이런 미지근하고 비굴한 태도는 그동안 쌓아올린 명성의 탑을 하루아침에 와르르 무너뜨렸다고 볼 수 있다.

그는 3·1운동 대표 48인의 한 사람으로 2년 6개월의 징역형을 언도받았고 복역한 지 열석 달 만에 가출옥으로 석방되었다. 왜 일제는 형기를 다 채우지 않은 그를 내보냈던가? 여기에는 그만한 까닭이 있었다. 그 뒤에는 3·1운동 뒤 부임해온 사이토 총독의 정책이 숨어 있었던 것이다. 사이토 총독은 겉으로는 문화통치를 내세우고 『동아일보』·『조선일보』의 창간을 허락하는 따위로 온건정책을 펴는 한편, 음흉한 계획, 이른바 민족주의 세력을 매수하는 공작을 펴고 있었던 것이다.

그러니까 명망 있는 민족주의 인사들을 회유하거나 매수하거나 공갈과 협박을 동원하여 한편으로는 민족주의 노선의 분열을 꾀하고, 한편으로는 민족주의자들을 이용하려 들었다. 우선 손병희를 비롯하여 송진우·최인·최남선 등 민족주의 우파들을 가출옥시켰고, 계속해서 이들에게 검은 손을 뻗쳐나갔다. 이것은 바로 세차게 뻗어가는 항일노선을 약화하고 해외에서 활동하는 독립투사들의 활동에 대한 국내인의 호응을 줄이려는 술책이었다고 볼 수 있겠다.(강동진 『일제의 한국침략정책사』)

최남선은 감옥에서 나와 주간지 『동명』을 창간하는가 하면 이를 발전시켜 일간 신문 『시대일보』를 발행하는 등 사업을 벌여나가면서 일본에 대해서는 온건노선을 고수했다. 그도 때로는 일제의 간섭을 받았지만 온건노선 덕에 큰 탄압은 받지 않았다. 결국 그는 일제가 '조선민족은 아직 열등하여 독립을 누릴 자격이 없다'는 논리로 교묘하게 깔아놓은 덫에 걸렸다. 이른바 민족개량주의로 빠져들고 만 것이다. 그의 친구 이광수·최인도 다 여기에 걸려들고 있었다.

일제는 기왕에 만들어놓은 이완용·송병준 등 친일파를 동원해보아야 국민들에게 별반 영향을 끼치지도 못할 터이니, 한때 민족운동을 벌였던 이들이야말로 이용가치가 있다고 판단한 것이다. 이광수가 맨 먼저 「민족개조론」을 써서 총독정치에 이용당했다. 이어 최남선도 「조선민시론朝鮮民是論」을 발표하여 간접적으로 여기에 동조했다. 최인이 천도교를 친일어용으로 돌리는 데 온 힘을 쏟고 있을 때였다.

　　이후 이들은 총독부가 거들어 이루어진 연정회研政會에도 참여하고 조선자치론에도 찬성하고 나서는 등 총독부 정책에 영합하고 나섰다. 여기에 침여한 세력은 거의 민족주의 우파들로서 언론이나 교육계의 지식인들, 기업을 벌이고 있던 이른바 민족자본가들이었다.

　　최남선은 1925년에 『동아일보』 객원이 되어 많은 사설들을 썼고, 1927년에는 조선사편수회에 위원으로 촉탁되었다. 『동아일보』에 발표된 글들은 단군의 정신과 백두산의 혼을 이야기함으로써 민족의 유래와 역사를 말했고, 조선사편수회에서는 일제가 조선의 역사를 자기들 구미에 맞추어 조작하는 일에 협조하는 일을 했다.

　　이렇게 그는 1920~30년대를 보냈다. 그의 옛 동지들인 한용운·정인보 등은 그를 죽은 사람으로 쳐서 상대도 하지 않았지만 그는 줄기차게 그들을 찾아다녔다. 그가 '친일파'라는 이름에 고뇌하고 있었음은 분명했다. 1938년에는 이런 갈등과 고뇌를 털어버리려는 듯 만주로 떠나갔다. 그곳에서 그는 일본의 괴뢰 신문인 『만몽일보滿蒙日報』의 고문이 되었다.

　　이듬해에는 또 우리의 독립투사들을 무수히 잡아들여 고문과 살육을 감행하던 일본 관동군이 세운 건국대학의 교수로 취임했다. 이 일로 그는 많은 월급을 받았다. 이것은 월급이라기보다는 매수자금이었다. 그와 비슷한 처지의 이광수가 『동아일보』 논설위원으로 있을 때 받은 월급이 3백 원(강동진은 『일제의 한국침략정책사』에서 "이 돈을 1980년의 물가가치로 환산하면 450만 원으로 대비되나 실질가치는

더 높다"고 했다)이었으니 그가 받은 월급 액수가 어느 정도였는지
는 대충 짐작이 간다.

나약한 지식인으로 회한에 찬 삶을 마감하다

그 뒤 그는 일제의 공작에 더욱더 휘말려 들어갔다. 그들에게
농락당하면서 발을 뺄 수 없을 정도로 깊은 수렁 속에 빠져버렸
다. 우리 조선 유학생들을 학병으로 나가게 하려고 도쿄에 가서
강연을 하는가 하면, 서울에서도 이런저런 일에 끌려 다니며 일
제의 침략정책에 협조했다. 그러면서도 창동에 은거하고 있던
정인보·홍명희 등을 찾아가 그들이 외면하는데도 얼굴을 계속
들이밀었다. 지식인의 나약한 모습을 보여준 것이다.

마침내 시대의 운이 바뀌어 일제는 패망했다. 회한에 찬 그는
우이동의 집에서 반민특위에 의해 친일부역배로 잡혀 이광수·
최인과 함께 오랏줄에 묶여 서대문 감옥에 갇혔다. 30년 만에 다
시 들어온 서대문 감옥. 그때와 이때의 사정은 너무나 달랐다.
그러나 그는 그 유려한 문장으로 자기반성문을 쓰고 한 달 만에
풀려났다. 『독립선언문』을 쓰던 손으로 이 자열서自列書를 썼던
것이다.

그는 이후 우이동에 칩거하면서 남은 정열로 우리 역사에 관
한 글을 계속 썼다. 그러나 이런 글이 무슨 감동을 주랴. 학문은
그 사람의 인격이나 의지에 따라 해석이 달라지지 않던가.

　1957년 죽음을 맞이하며 그는 걸맞지 않게 천주교에 귀의했다. 이 또한 단군을 숭배하는 마음으로 연구에 몰두했고 또 우리 민족의 무속을 정열적으로 파고들던 그로서는 어딘가 이치에 맞지 않는 행동이었다.

　우리는 최남선을 통해 한 지식인의 굴절된 모습을 보게 된다. 그 모습은 바로 우리 자신의 모습일 수도 있기에 글 쓰는 이로서 한편으로는 옷깃이 여며지고 한편으로는 가슴이 떨린다.

5부

천재와 광기로 꽃피운 예술혼

신재효 / 이원영 / 송만갑 / 정율성 / 심사정 /
최북 / 나운규 /

최북은 자신이 그린 그림이 썩 잘되었다고 생각하고 팔려고 할 때 쳐주는 값이 생각보다 적으면 화를 버럭 내고 욕질을 하고는 그림을 찢어버렸다. 이와 달리 그림이 제대로 되지 못했는데도 그림값을 넉넉하게 쳐주면 돈을 돌려주면서 손가락질을 해대며 "저치는 그림값도 몰라" 하며 한바탕 웃어젖혔다.

신재효
판소리의 아버지

고창에서 태어난 판소리의 대가

전라북도 고창군 모양성 앞에는 동리국악당桐里國樂堂이 세워져 있다. 이는 말할 것도 없이 판소리 여섯 마당의 체계를 잡아 작품화하고 사재를 털어가며 많은 소리꾼을 교육한 신재효申在孝 (1812~84)를 기리기 위함이다. 고창에 가면 곳곳에 신재효의 전설과 유적이 남아 있다. 지금도 남아 있는 고창 모양성 안에는 그의 추모비가 서 있고 성문 입구에 있는 신재효의 생가를 지방 문화재로 지정하여 보호하고 있으며, 그 집 안에는 그의 업적을 기리는 돌비가 서 있다. 또 그의 묘소는 고창읍 내 성두리에 있다. 이처럼 고창에는 신재효의 유적이 널려 있어서 '신재효 판소리'의 고장으로 알려지게 되었다.

그의 생애는 정확히 알려져 있지 않다. 조선시대 천대받던 아전 출신인데다가 '상놈'들이나 부르는 판소리에 평생 매달려 있었으니 시문집이나 연보 같은 기록이 제대로 정리되지 않은 것이다. 그러나 그에 관한 단편적인 글과 전설을 종합해 그의 생애를 알아보자.

그의 신상을 알려주는 호적 단자單子가 전하는데 그에 따르면 그의 아버지는 광흡光洽이요, 평산 신씨였다. 그리고 조상 대대로 경기도 고양에서 살았다. 그의 아버지는 한양의 경주인京主人 노릇을 했다고 하니 중인이었던 셈이다. 경주인은 중앙과 지방의 연락사무를 맡기기 위해 수령이 서울에 보낸 아전 또는 향리였다. 그의 아버지는 경주인 노릇을 하면서 고창과 인연이 닿아 고창으로 내려와서 관에서 하는 약방을 맡아 보았다.

지금 그의 생가로 알려져 있는 고창읍성인 모양성 입구에 있는 집의 규모는 여염 농가보다 조금 크긴 하지만 부호의 거처였다고는 볼 수 없다. 그의 나이 일흔한 살 때의 호적 단자에도 주소가 고창 천남면 서문리로 되어 있다. 이것으로 보아 그는 이 집에서 태어나서 이 집에서 생애를 마친 것으로 보인다.

그는 고창에서 자라면서 글을 배웠고, 자라서는 고창현감인 이익상 밑에서 이방 노릇을 하다가 호장이 되었다. 그가 몇 년 동안 이 자리를 맡아 일을 했는지도 확실히 전해지지 않는다. 아마 인정 많고 남 돕기를 잘했다는 그의 성품으로 보아 그 당시 일반화되어 있던 호장戶長(구실아치의 우두머리)의 위세는 별로 부리지 않았던 것 같다.

판소리 여섯 마당을 정리하나

비록 아전 벼슬을 지냈지만 젊을 때부터 학식이 뛰어나고 풍류를 즐긴 멋쟁이인 것만은 틀림없다. 그런데 그가 호장 노릇을 할 때 관아에서 잔치를 자주 벌였다. 그는 잔치를 위해 원근 여기저기에서 소리꾼을 불러들였고, 그들의 소리를 들으면서 여러 모로 고칠 내용이 많다고 여겼다. 그래서 중대 결심을 했다. 몇 살 때인지는 확실하지 않지만, 호장을 그만둔 뒤부터 50대 중반 이후에 판소리 사설을 정리하고 소리꾼들을 가르친 것으로 확인되었다.

신재효는 자신의 집을 '동리정사桐里精舍'라고 이름 붙이고 소리청을 만들었다. '동리'는 그의 아호이다. 그는 이 소리청에 소리꾼들을 불러들였다. 당시 소리꾼들은 대개 무식하여 판소리 가사의 내용을 이해하지도 못할 뿐만 아니라 한자의 음도 제멋대로 부르고 있었다. 이에 그는 소리꾼들이 몰려들자, 그들에게 문자를 가르치고 판소리의 정확한 발음과 뜻을 일러주었다. 물론 소리꾼들이 먹고 자는 일, 때로는 그들 가정의 생활비까지도 대주었다. 천석꾼이라 불렸으니 별로 모자람이 없었을 것이다.

신재효는 이들에게 소리를 가르치는 스승으로 동편제東便制의 명창 김세종을 초빙했다. 그와 김세종은 소리의 새로운 영역을 개척했다. 동편제 소리는 장단에 충실하고 박자의 변화를 엄격하게 제한한 것에 반해, 서편제 소리는 잔가락이 많고 박자의 변화도 많아, 두 편의 소리가 달랐다. 이 차이를 종합하고 조화를 이루게 했다.

그리고 그는 판소리의 가사가 난잡하기도 하고 조리가 없기도 하다고 여겨 이에 체계를 세우고 정리하기도 했다. 곧 「춘향가」·「심청가」·「수궁가」·「홍보가」·「적벽가」·「변강쇠타령」 등의 가사를 정리하고 이를 제자들에게 해설하여 내용을 이해하게 한 것이다. 그 당시 유행하던 판소리 열두 마당 중에 위의 여섯 마당만 온전히 전해지고 있었다.

그는 소리청에서 명창들과 어울려 술과 벗하며 많은 제자를 길러냈다. 이들 제자가 뒷날 명창이 된 김세종·정춘풍·진채선·허금 등이었고 이들 명창이 오늘날의 판소리를 전수했다.

정현석이라는 사람은 당시의 소리청 전경을 이렇게 전한다.

"멀고 가까움을 가릴 것 없이 배우러 몰려든 사람들이 매일 그의 집 문을 꽉 채울 정도였는데, 모두 재워주고 먹여주었다."

정현석은 또 이경태라는 소리꾼에 대해서도 썼다.

"자음子音이 분명하고 소릿말에 조리가 있는 것으로 보아 물어보지 않아도 선생의 제자임을 알 수 있었다."

이만큼 그의 교육은 철저했던 것이다.

그는 또 유달리 인정이 많아 가난한 사람을 잘 도와주었고 아무리 천한 사람이라도 깍듯이 대해주었다. 그 자신이 아전 출신이기 때문이기도 했지만, 선비 대접을 받는 처지인데도 거들먹거리지 않는 이런 태도는 바로 그의 인품을 나타낸다.

어느 날, 신재효는 한 선비와 함께 길을 가다가 갓 만드는 상놈 출신 갓장이笠工를 만났다. 그는 이 갓장이와 반갑게 인사를 나누고 다정하게 이야기를 주고받았다. 그러자 그 선비가 난처해하면서 나무랐다.

"체신머리 없이 상놈에게 그토록 다정하게 대하는가."

그러자 신재효가 대꾸했다.

"양반은 통갓을 쓰고 뽐내며 깃을 귀하게 여기면서도 정작 갓 만드는 사람을 얕보는 버릇이 있네. 선비의 할 짓이 아니야."

그는 판소리 여섯 마당을 정리했고, 「도리화가」·「성조가」·「광대가」·「오섬가」·「어부사」·「방아타령」·「괘씸한 양국놈가」 등 30여 편의 작품을 지어 남기기도 했다.(『신오위장본』, 서울대 도서관 소장)

그런데 그는 여섯 마당을 정리할 때 야한 언어나 음담패설 등을 손질해 민중정서를 순화했고 나머지 것들은 아예 없애버렸다고 한다. 그 결과 판소리를 변질시켰다는 비난을 받기도 했다. 다시 말해 벼슬아치나 양반들의 비위를 맞추려 변경시켰다는 뜻이다.

경복궁에서 울린 신재효의 「방아타령」

그런데 그의 작품을 서울 경복궁에서 연주할 수 있는 기회가 찾아왔다. 동리정사와 경복궁. 그 거리는 너무도 까마득했다. 당시 흥선대원군은 왕실의 권위를 위해 온 국력을 들여 경복궁의 중건을 마친 참이었다. 흥선대원군은 경복궁 역사를 벌일 때 많은 노래를 지어 일꾼들에게 부르게 했다. '경복궁타령'도 그중 하나로 오늘날까지 전한다. 이는 대원군이 노랫가락을 좋아했기 때문이기도 하지만 일꾼들의 능률을 올리고 노동의 즐거움을 느끼게 만들려는 의도도 있었다.

이 경복궁 역사가 끝나자 경회루에서 축하잔치가 벌어졌는데 이때 신재효의 제자요 연인인 진채선이 이 자리에서 아리따운 몸짓을 하며 흥겨운 「방아타령」을 불렀다. 이 타령은 바로 신재효의 작품이었다. 누구보다도 지음知音에 밝은 흥선대원군에게 진채선이 금방 눈에 띄지 않을 리 없었다. 진채선은 단번에 흥선대원군의 총애를 받게 되었다. 운현궁에서 '대령기생'이라 하여 두 명의 명창을 묶어두었는데 진채선을 여기에 끼게 했다. 진채선은 이렇게 하여 신재효에게 돌아올 수 없었다.

신재효는 이에 그리운 정을 이기지 못하여 끝내 위에서 말한 「도리화가」라는 노래를 엮어 진채선에게 보냈다. 만나지 못하는 정인을 향한 그리움을 여기에 담았다. 그때 신재효의 나이 회갑을 앞둔 쉰아홉 살, 진채선의 나이 꽃다운 스물네 살이었다.

신재효의 명성은 진채선에 의해 흥선대원군에게 알려졌다. 그리하여 신재효에게 오위장五衛將이라는 무관직이 내려지게 되었다. 오위장은 중앙군인 오위의 최고 책임자인 종2품 장수였으나 조선 후기에 들어와 오위를 혁파한 뒤 이 이름을 그대로 두고 실직이 아닌 명예직으로 삼았다. 명예직이라 해도 정3품의 당상관에 해당되고 때때로 궁궐에 입직했다. 당시 시골 호장 출신의 '판소리 선생'에게는 파격적인 대단한 영예였던 것이다. 단번에 중인 신분에서 양반 신분으로 상승한 것이다. 그가 이 벼슬을 받고 얼마나 감격했는지, 어떤 모습을 보였는지는 알려지지 않았지만 그 뒤 이 직함을 누리면서도 거들먹거리지 않았음은 두말할 나위 없다.

민중과 함께 한숨 짓고 눈물 흘리다

1876년 큰 흉년이 들었을 때 그는 재산을 풀어 빈민들을 잘 돌보아주었다고 하여 통정대부라는 품계를 받았다(죽을 때는 가선대부로 올려 받았다). 이리하여 신재효는 전국에서 유명한 인물이 되었고 향리에서는 명망가가 되어, 위세 높았던 고을 원들도 그의 앞에서 '노리老吏'(늙은 아전 출신)라고 깔보지 못할 뿐만 아니라 오히려 그를 떠받드는 처지가 되었다. 이런 결과는 뒤에서 그를 뒷받침한 진채선의 수단에서 나온 것이 아니었겠는가? 진채선은 일구월심 스승이요 정인인 신재효를 위해 정성을 다했던 것이다.

그 뒤 신재효와 진채선의 아름다운 이야기는 더 알려진 것이 별로 없다. 그러나 신재효의 여성관은 판소리 사설 곳곳에서 드러난다. 신재효는 「춘향전」에서 월매의 입을 통해 이렇게 늘어놓고 있다.

재전일 생각하면 지금 것들 우습더구 우리 처녀시절에는 이십먹은 계집애도 서방생각 안하더니 요샛년들 우습더구 열다섯 안팎되

면 젖통이가 똥도도름 장기궁짝 되어가고 궁둥이가 너부데레 소쿠
리 엎어논듯 봉숭아꽃 벌어지면 머리글고 딴홰내고 …… 뒷동산
에 두견 울면 한숨 쉬고 잠 안자기 우리집 딸아기도 그네뛰는 핑계
하고 바깥출입 팔짝팔짝 못듣던 사람소리 방 안에서 소근소근 정
녕 무슨 탈이 났제…….

강한영 『판소리사설집』

당시 자유분방한 여속女俗의 모습을 이렇게 그리고 있다. 너무
나도 사실적으로 늘어놓고 있다. 봉건제도의 질곡에서 신음하는
민중의 삶을 그는 사설 곳곳에서 날카롭게 깔아놓고 있다. 현실
을 보는 그의 비판정신이 살아 꿈틀대고 있었던 것이다.

그러나 그가 정리한 사설은 한문투가 지나치게 많다는 비판을
받기도 하고 선비투를 낸다는 지적을 받기도 한다. 그런가 하면
그는 우리의 사설문학을 정리·집대성했다 하여 '한국의 셰익스
피어'라고까지 추앙받기도 한다. 그의 삶에 대해 당시 고창현감
이었던 유청람은 이런 시를 써서 보냈다.

만 권의 책을 쌓고 한 몸 편안히 지내면서
남은 재물 남김없이 주린 사람들에게 나누어주네
……
그윽한 향기 감도는 꽃밭에 난초를 키우나니
태수太守(지은이 자신을 가리킴) 나날의 삶이
그대 배우기 어렵겠네

그는 찌든 현실을 이렇게 내면으로 승화시켰으며 강한 행동적 저항을 접어두고 노래 속에서 민중의 삶을 찾으려 했다. 오늘날 그를 기리는 뜻이 바로 여기에 있다. 신재효는 고매한 예술가라 기보다는 민중과 애환을 함께하며 한숨 짓고 눈물 흘린 인간이 었다.

지금 그의 생가에 있는 연못의 물은 고여서 썩고 있다. 넘쳐 흐르게 되어 있는 연못의 물이 물길을 막은 탓에 원형을 잃고 만 것이다. 혹시라도 그의 공로가 이 물을 닮아서는 안 될 것이다.

이원영
거문고의 명인

  예전의 기술자들은 언제나 중인이라는 신분으로 문무관 밑에서 굽실거려야 했다. 그나마 의원·서사들은 어느 정도 대접을 받았다. 그러나 예술가들이라고 불러야 할 가객歌客·금사琴師·악공樂工들은 이들 중인보다 훨씬 아랫자리에 놓여 형편없는 대접을 받기도 하고 떠돌이 생활을 해야 했다. 비록 그들이 조정에 들어와 낮은 벼슬을 했을지라도 그 말로는 대개 비참했다.

  19세기 중엽 이원영李元永이라는 거문고의 명인이 장안을 뜨르르 울릴 정도로 이름이 높았다. 기생방에서도 거문고 잘 타고 훤칠한 미남인데다 돈도 잘 써서 인기를 누렸다. 이러한 그를 사람들은 "이 별감"이라 칭했고 때로는 "한양의 멋쟁이" 또는 "탕아"

라고도 불렀다. 개화파의 거물 김윤식은 이렇게 기록했다.

내가 서울에 있을 때 때로 금객琴客들과 어울려 놀았는데 모두들 금사 이원영을 칭송하는 말을 들었다.

윤양집『금사이원영전』

그러면 그가 어떻게 살아왔는지 알아보기로 하자. 이들 금사 부류에 대한 기록은 거의 전해지지 않지만 이원영만은 김윤식의 관심을 끌어 그 생애의 일부가 추적되고 있다.

이원영의 본명은 원풍元豐, 자는 군보君甫라 했다. 그의 고향은 어딘지 확실하지 않지만 경기도 광주라 하는데 서울 근방에서 이리저리 옮겨 다니며 산 듯하다. 그의 가계는 대대로 음악가 집안이었는데 별로 뛰어난 명인은 없었다 한다. 그는 어려서부터 거문고 타기를 배워 이름을 떨쳤으나 성품이 놀기 좋아하고 호탕하여 집에 붙어 있지를 않았다.

열일곱 살 때 액정서掖庭署에서 일을 보게 되었다. 이를테면 문지기·순라꾼 같은 일이다. 그런데 그는 이때 여러 친구들과 어울려 기생방 출입이 잦았다. 그때 노래 잘하는 유명한 기생이 있어서 친구들이 가깝게 접촉하기를 바랐지만 늘 주머니 사정이 여의치 않았다. 그는 어느 날 친구들을 이끌고 많은 돈을 내서 그 기생과 어울려 놀았다.

그는 거문고를 연주해주고 받은 돈을 아끼지 않고 펑펑 써댔다. 그러니 돈 밝히는 기생들이 그를 따르지 않을 수 없었다. 이

로 인해 그는 장안의 기생들 사이에서 '이 별감'으로 통했다(별감
은 액정서의 중간 책임자 직함이다). 이 또한 한편으로는 그가 거문고에
심취해 있으면서 명창의 기생을 남달리 이해했기 때문이겠다.

풍류를 즐기던 거문고의 명인

그 뒤부터 그의 이름은 거문고 명인으로서 장안에 널리 퍼진
듯하다. 이렇게 금객琴客의 이름으로 그는 여기저기 잔치자리에
불려 다녔다. 때로는 거문고 줄에 자기의 심금을 읊기도 했지만,
때로는 양반들의 술자리에 끼여 앉아 노리갯감이 되기도 했다.
이렇게 뛰어난 거문고 솜씨 덕에 그는 금객에서 금사로 한층 높
은 호칭을 얻게 되었다.

그의 이름은 당시 왕인 순조가 연로하여 대리청정을 하던 아
들 익종翼宗(죽은 뒤 효명세자로 추존됨)의 귀에까지 들렸다. 익종은 정
무를 보던 중희당重熙堂으로 그를 불러들였다. 익종은 대리청정
을 하던 해인 1827년 창덕궁 안에 새 건물을 짓고 '중희당'이라
고 이름 지어 현판을 달고 3년 동안 이곳에서 정무를 보았다. 이
원영은 1827년 무렵 이곳을 출입했던 것이다.

이원영은 거문고를 끼고 들어와 매일 세자 옆에서 거문고를
타며 익종의 마음을 즐겁게 했다. 그러나 그의 마음이 내킬 리가
없었다. 여느 사람 같으면 출세의 지름길로 삼았을 테지만, 형식
과 예절을 싫어한 그가 몸도 마음도 자유롭지 못한 궁중생활에

익숙해질 리 없었다. 그는 병을 핑계로 어렵사리 왕자 곁을 떠나왔다. 궁궐 밖으로 나오자 그는 날아갈듯 몸이 가벼웠다. 그는 예전처럼 멋대로 노닐며 살았다.

그러나 세상은 그를 내버려두지 않았다. 유명해진 그를 높은 벼슬아치들과 이름난 선비들이 이런저런 자리에 불렀다. 그는 때로는 흥이 나서 거문고를 타기도 했을 것이며, 때로는 마지못해 거문고 줄을 퉁겼을 것이며, 또 때로는 기생방 용돈을 위해서도 거문고를 들고 다녔을 것이다. 그의 명성은 장안 바닥을 더욱 울렸다.

그는 젊은 나이에 한창 거문고 재주를 부릴 때엔 명기들과 어울려 많은 돈을 탕진했고 또 한껏 사랑을 속삭였다. 또한 기생방 출입만이 아니라 닭싸움 구경하기, 노름판 벌이기 같은 재미로 나날을 보냈다. 가정을 돌보지 않은 탕아 그 자체였다.

그의 거문고 솜씨에 흠뻑 빠진 높은 벼슬아치들은 그의 재주를 아껴 내수사 별제(종6품)라는 벼슬을 내리도록 주선했다. 이어 자헌대부資憲大夫(정2품)라는 상당히 높은 품계로 올려주었다. 자헌대부는 판서와 같은 품계이다. 하지만 실직이 아니어서 녹봉을 받는 것은 아니었으니 허울뿐이었다.

시골 부호들이 통덕랑 따위의 아무 실권 없는 벼슬도 몇백 냥, 몇천 냥을 주고 사서 시골바닥에서 군림하던 현실에서 '자헌대부'라는 품계가 얼마나 영광스러웠을까? 그러나 그는 양반·벼슬아치의 노리갯감에 지나지 않는 이런 자리가 별로 마음에 내키지 않았고 더욱이 허울 좋은 감투가 이내 싫증이 났다.

중년에 접어들었을 무렵, 그는 창의문彰義門 바깥에 집터를 잡아 집을 짓고 '일계산방一溪山房'이라는 현판을 내걸었다. 그에게 거문고를 배우려는 청년들이 이 집으로 몰려들었다. 그에게서 거문고 줄 잡는 법과 퉁기는 법을 조금이라도 익히면 곧장 좋은 곡조를 엮어낼 수 있었기에 다투어 모여들었던 것이다. 그는 이들이 가져다주는 쌀과 돈으로 얼마 동안 생계를 꾸려가고 있었다. 그런데 그의 가정생활은 말이 아니었다. 평생 가정을 제대로 돌보지 않았으니 그의 아내는 생활고에 이만저만 시달린 게 아니었다. 그의 가족은 더 이상 서울에서 살 수가 없어서 수원의 송산촌으로 이사를 했다.

그는 이제 연로한데다가 물건을 분간할 수 없을 정도로 눈이 어두워져 저자 출입도 못하게 되었다. 그리하여 수원의 집으로 옮겨가 살게 되었다. 그의 아들과 손자들은 때로는 나무를 하고 때로는 농사를 지어 눈 먼 그를 극진히 봉양했다. 그의 늙은 아내도 지아비의 손발이 되어주었다.

그가 10여 년 동안 서울 나들이를 하지 않자 세상 사람들도 그를 잊었다. 그가 가정에 돌아와 살게 된 것은 '탕자의 귀가'일 법도 했다. 그가 늙고 병들어 눈마저 어두워지자 아무도 그를 부르지도 않고 돌보아주지도 않았다. 다들 그의 곁을 떠났다.

그러나 그의 아내만큼은 병든 몸으로 돌아온 사내를 따뜻이 맞이하여 가난한 살림 속에서도 정성을 다해 섬겼다. 그는 커다란 회한을 느꼈고 아내 보기가 부끄러웠다. 그의 아내는 이런 사내의 뜻을 헤아리고는 극진히 받들며 이렇게 말했다.

"장부가 한번 세상을 질탕하게 놀다가 이런 궁벽진 시골에서 지루한 나날을 보내는 것이 얼마나 안타까운가."

그도 지난날의 행동을 뉘우치고 늙은 아내를 극진히 위해주었다. 그의 방 안에는 장식품 하나 없이 벽에 오직 거문고 하나만 덩그렇게 걸려 있었다. 그는 매양 가을이 깊거나 밤이 고요하거나 잎새에 바람이 솔솔 불 때면 뜰에 앉아 늙은 아내를 옆에 두고 거문고를 뜯으며 노래를 불렀다.

이는 남에게 듣게 하려는 것이 아니라 자신에게 들려주는 심금이었다. 그의 아내도 이를 듣고 거문고 솜씨를 평할 정도라 했다. 이를 예전에는 '지음知音'이라고 했다. 이원영은 더욱 흥이 솟아나 "늙은 뒤에야 부부의 즐거움을 알았노라"고 말했다.

김윤식, 이원영을 만나 그의 전기를 쓰다

구한말 개화파로 이름이 높았고 나중에 높은 벼슬을 지낸 김윤식이 서른한 살 되던 1865년에 수원 근방 화성에 있는 건침랑健寢郎(정조의 능인 건릉의 낮은 벼슬)이라는 하찮은 벼슬을 얻었다. 김윤식은 선비의 몸으로 '금객 이원영'에 대한 소문을 익히 듣고 있었다. 김윤식이 직재소直齋所(능의 일을 보는 곳)에서 한가한 나날을 보내고 있을 때 수원 고을에 바로 그 이원영이 살고 있다는 말을 들었다.

김윤식은 사람을 보내 그를 초대했다. 한식경이 지난 뒤에 키가 훤칠하고 기골이 늠름한 노인이 흰수염을 드날리며 더듬거리며 문을 들어오고 있었다. 얼른 사람을 시켜 뜰에 오르게 하고 "내가 여기 있소, 내가 여기 있소"라고 외쳤다. 그리고 자리에 앉아 또 말했다.

"나는 영감님께서 다른 세상 사람인 줄 알았더니 영감님께서 참으로 여기에 있는 것입니까?"

김윤식은 그가 죽은 줄 알았는데 살아서 만나게 되어 반갑다는 말을 한 것이다. 그러자 이원영은 자기 신세를 털어놓았다. 그리고 김윤식 앞에서 거문고를 잡더니 한참을 응시하다가 이윽고 거문고를 뜯으며 노래를 불렀다.

이 몸, 이 몸이여. 세자의 귀염을 받았도다
이 거문고, 이 거문고여, 대궐에서 즐겼도다
꽃다운 나이는 머물지 않아 몸은 흩날리는 봉두蓬頭(쑥대강이) 같고,
거문고여, 거문고여, 누가 너의 궁색함을 알랴

『금사이원영전』

그는 노래가 끝나자, 거문고를 천천히 부드럽게 어루만졌다. 좌중은 하도 그 가락이 애잔하고 구슬퍼 모두 눈물을 흘렸다. 한동안 고개를 숙이고 있던 김윤식이 말했다.

"영감님께서는 늙었습니다. 다시 세상에 이름을 떨칠 수가 없을 것입니다. 내가 영감님을 위해 뒷세상 사람들에게 알리는 전기를 쓰고 싶은데 괜찮습니까?"

이렇게 해서 김윤식은 그에 대해 들은 얘기를 간단한 전기로 남긴 것이다. 김윤식은 전기의 끝에 이렇게 적었다.

나는 세상 사람들이 경박하여 놀기를 좋아하면서, 명주실이나 삼실(기생)을 소중하게 여기고 왕골이나 기령풀(아내)을 천박하게 여기는 자들을 본다. 이들이 어찌 하루아침에 이 영감님의 처지가 되지 않음을 알랴? 이를 보고 감회가 있을진저.

이 말은 『춘추좌씨전』에 나오는 다음에 구절에서 온 것이다.
"명주실이나 삼실이 있어도 왕골이나 기령풀을 버리지 말며, 미인이 있더라도 초라한 아내를 버리지 말라."
이는 세인들에게 모호한 측면도 있지만 교훈을 주려는 뜻이었다.
김윤식의 메시지는 어딘지 모호한 측면도 있지만 어느 정도 예술가의 처지를 생각하고 그를 동정한 말이다. 또 아내에게 돌아온 그를 칭찬하는 말로도 들린다. 지난 시대, 예술가를 천히 여기는 현실에서 그의 예술적 경지를 인정하고 이만한 전기와 칭찬의 말이라도 써놓았으니 다행이라면 다행이다.
사실 왕조시대의 훌륭한 예술가들은 이름도 없이 사라졌다. 도공陶工은 비록 이름은 없지만 유형의 명품이라도 남겼으니 뒷세상에 그의 명품을 감상할 기회를 주었다. 그러나 소리꾼이나 금사·악공들의 예술은 무형의 예술품으로 후세에 거의 전해지지 않을 뿐 아니라 이름도 함께 사라졌다. 비록 판소리 일부가 후에 다소 전수되어 명창의 이름이 전해지기는 했지만 이는 극소수에 지나지 않는다.

많은 양반붙이가 남긴 '시문집'들이 음풍농월이나 일삼는 한시들을 모아놓고 가보처럼 자손들에게 전해지는 모습과는 너무나 판이하다.

송만갑
독창적인 창법의 판소리꾼

판소리 8명창 가문의 자손

　우리나라 판소리 명창 중에서 송만갑宋萬甲(1865~1939)은 생존시 유난히 화제를 뿌리면서 독창적인 더늠(판소리를 짠 사람이나 노래 부르는 사람의 독특한 음악 양식이나 연주기법)을 개발한 것으로 유명하다.

　그가 죽기 몇 해 전, 명창들이 한자리에 모여 소리 돌림판이 벌어졌다. 마침 같은 명창인 박기홍이 먼저 「적벽가」를 불렀는데 그야말로 절창이었다. 그즈음 「흥부가」의 '박타령'을 곧잘 부른 송만갑은 다음 차례였다. 그런데 그가 벌떡 일어서더니 느닷없이 문을 박차고 버선발로 달아나고 말았다. 뒷날 그는 도저히 박기홍의 절창을 따라갈 수가 없어서 나와버렸다고 말했다. 그는 자신의 소리를 객관적으로 평가할 줄 아는 명창이었던 것이다.

당시 흥선대원군은 유난히 판소리를 좋아해서 명창들을 길러 내어 벼슬도 주고, 명창 진채선을 자기 곁에 두고 흥을 돋우기도 했다.

이 무렵 활약한 여덟 명창 중에 송흥록宋興祿·송광록宋光祿 형제가 있었는데, 송만갑은 송광록의 손자로 전라도 구례 땅 세내면 봉산리에서 태어났다. 그의 아버지 우룡雨龍 또한 당대의 명창으로 활약했다.

이런 명창의 가문에서 그는 일곱 살 때부터 고향 마을에서 할아버지와 아버지에게 판소리를 배우기 시작했다. 열세 살에는 그의 이름도 널리 퍼졌다. 이때 그는 어른들을 따라 전주 대사습 구경을 간 적이 있었다. 8명창이 각기 소리를 한 뒤에 그에게 기회가 주어졌다. 이 자리에서 어린 그는 단가를 불러 8명창을 압도하는 박수를 받았다.

그는 아버지에게서 배운 바탕에 당시 여러 명창들의 장점을 취해 새로운 창법으로 노래를 불렀다. 하지만 그의 아버지는 아들을 준엄히 나무랐다.

"가문의 법통대로 부조父祖의 더늠을 따라라."

하지만 그는 이를 듣지 않고 자기 나름의 형식을 굳혀갔다. 그러자 그의 아버지는 그를 독살하려고까지 했으나 그는 아버지의 말을 과감히 떨쳐버리고 집을 나왔다.

그는 어릴 적에 '야무지다'고 하여 "밤쇠"로 불렸는데 그 밤쇠의 '배짱'을 이때 유감없이 보여준 것이다. 그는 전국을 떠돌며 밥을 빌어먹었고, 절간에 찾아들어 판소리 독공獨功에 몰두하기도 했다. 그는 구례 천은사에 들어가 독공을 거듭한 끝에 폭포 소리를 뚫고 나오는 득음을 하게 되었다. 이제 그는 일가를 이룬 것이다.

1890년대, 고종 또한 아버지 흥선대원군의 영향 탓인지 판소리를 무척 좋아했다. 그리하여 고종은 왕비와 함께 궁중에 전깃불을 환히 밝혀놓고 밤새 판소리를 들었다. 고종은 이때 전국의 명창들을 궁으로 불러들였는데 송만갑이 여기에 끼인 데는 하나의 계기가 있었다.

전라감사로 부임한 이재각은 고종의 동생뻘로 그 또한 판소리를 무척 좋아했다. 30대의 송만갑을 만난 이재각은 그의 소리에 반해 그에게 참봉이라는 벼슬을 내려주었다. 이재각은 그를 임금에게 소개했고 이렇게 하여 그는 궁중에 들어가 어전에서 소리를 했던 것이다. 이를 "어전광대"라 부른다.

그의 소리는 어전광대가 되었을 무렵 장소와 듣는 사람에 따라 더욱 자유자재로 변화했다. 듣는 사람이 슬픈 가락을 좋아하면 그것에 맞추었고, 흥겨운 가락을 좋아하면 또 그것에 맞추었다. 그러므로 그의 소리는 똑같은 형식을 추구하지 않고 끊임없이 변화했던 것이다. 그렇다고 그가 전통적 기법을 배우지 않았거나 몰랐던 것은 아니었다.

김연수의 「흥부가」 가사 중에 이런 구절이 나온다.

"판소리 명창 중 권삼득 선생님 더늠인디 그 더늠을 후에 감찰 송만갑 선생님 전통으로……."

그는 권삼득의 전통을 이어받은 명창이었다. 그런 그였으니 안목이 높은 고종의 눈에 든 것은 당연했다. 고종은 그에게 감찰이라는 벼슬을 내려주었다. 이만저만한 총애와 배려가 아니었다. 판소리꾼에게 벼슬을 주는 전통은 흥선대원군이 세워놓았지만, 고종도 이를 따랐던 것이다.

고종의 배려로 감찰영감이 되다

보잘것없는 신분의 그는 이제 "감찰영감"으로 통했고, 그 뒤로는 이름보다 "송 감찰"로 불리었다. 고종과 이재각의 배려는 끊이지 않아 1910년에는 궁내부의 별순검別巡檢(궁중의 호위경찰) 직책을 받아 약 3개월간 그 일에 종사하기도 했다. 이를테면 요즈음으로 따져 청와대 경호원이 되었으니 이변치고는 큰 이변이었다. 그러나 나라가 망해가는 판국인데다 더욱이 그런 직책이 소리꾼의 생리에 맞을 리 없었다.

1910년 고종은 내탕금을 내어 국립극장격인 원각사를 설립하게 했다. 그리하여 여기에서 송만갑을 비롯, 김창환·이동백 등이 중심이 되어 국악운동을 벌였다. 아마 고종은 나라는 망했지만 민족음악인 판소리만큼은 제대로 키우려고 원각사 설립을 추진했는지도 모른다. 국악인들은 이 뜻을 받들어 연극 형식을 빌려 판소리를 무대에 올렸다. 「춘향전」·「심청전」·「장끼타령」·「흥부전」 등이 무대에 올려져 창극의 틀을 잡아나갔다. 그들은 4~5년 동안 밥을 굶고 헐벗으며 이 운동을 벌였지만 나라를 잃은 궁중의 지원도 보잘것없고 관객도 시원치 않아 끝내 원각사는 문을 닫고 말았다.

그 뒤 그들은 협률사·조선성악연구회 등을 조직하여 나라 잃은 백성으로 줄기차게 국악운동을 벌였다. 비록 굶주리는 한이 있더라도 창극 부흥의 기치에 열을 올렸다. 송만갑은 좌상座上으로서 제자들을 이끌었다. 이때 그가 키운 제자로는 김정문·김광순 등이 있고, 근래까지 활약한 박녹주·박초월 등이 있다.

이 무렵, 그의 아내가 죽었다. 그는 누구보다도 아내를 끔찍이 사랑했다. 아내가 죽고 난 뒤, 그는 즐겨 부르던 「심청가」를 「흥부가」로 바꾸었다고 한다. 홀아비의 신세를 노래한 「심청가」의 내용이 아내를 그리워하는 자신의 심정에 비교되었기 때문이었다. 이렇게 감상적이고 인정 많았던 그는 '밤쇠'답지 않게 남의 잘못을 지적하지도 않았고, 또 재물에 욕심이 없어서 집 한 칸 제대로 지니지 못했다. 그는 왕십리에 있는 가난한 맏아들 집에서 죽음을 맞이했다.

판소리의 새로운 문호를 세우다

그는 명창으로 가장 큰 인기를 누리고 또 많은 공적을 남기고 죽었다. 그가 아버지에게 버림을 받으면서까지 몸을 굽히지 않은 것은 자신의 옹고집 때문이 아니라 바로 판소리관 때문이었다. 『조선창극사』에서는 그를 이렇게 평가했다.

> 창조唱調와 제작制作에서 가문의 전통적 법제를 따르지 않고 독특한 제작을 하여 다른 하나의 문호를 세웠다. 그것은 시대적 요구를 순응키 위하여 통속화한 경향이 많았다.

이 말과 같이 그는 주장했다.

"판소리는 언제나 동편의 우조羽調에 기본을 두고 서편의 계면界面으로 단청丹靑 치레를 해야 한다."

이는 그가 할아버지와 아버지의 창법을 따르지 않았을 뿐만 아니라, 동료 명창인 이동백이 그를 두고 "이중예술을 지닌 소리꾼"이라고 혹평한 말에서도 나타난다.

그는 비록 할아버지와 아버지의 더늠은 따르지 않았지만 그 기질만은 이어받았다. 그의 할아버지는 형 송흥록이 명창으로 거드름을 피우고 위세를 부리자, 제주도로 건너가 4~5년 피나는 노력으로 목을 틔우고 난 뒤 형과 맞섰다. 이런 기질이 그에게도 있었기에 가출을 했고 그 뒤 굽히지 않고 독창적인 더늠을 찾아냈던 것이다.

오늘날, 지나치게 스승의 더늠을 따르는 모습이 두드러지고 이것을 마치 판소리 전통인 양 여기는 풍토가 있다. 전봉준·홍범도 같은 인물들을 소재로 새로운 판소리가 창작되는 마당에, 앞으로도 더욱 새로운 더늠이 개발되어야 할 것이다. 이런 점에서 송만갑의 공적은 더할 나위 없이 크다.

정율성
혁명과 음악의 만남

1990년 베이징의 하계 아시안게임 경기장에서 아시안게임 개막식이 열리고 있었다. 사회자의 개막식 선포가 있자 첫 프로그램으로 장엄한 음악이 연주되었다. 모두들 일어서서 옷깃을 여미고 경건하게 듣고 있었다. 이때 연주된 음악은 '인민해방군가'였다. 그러나 그 자리에 참석한 사람들은 이 곡의 작곡가를 잘 모르고 있었다. 그 작곡가는 바로 조선의 독립투사요 음악가인 정율성鄭律成(1914~76)이었다.

그가 죽고 난 뒤, 중국의 유명한 시인이며 정율성의 전우였던 하경지는 이렇게 말했다.

　나는 정율성을 통하여 조선민족을 알았다. 정열적이고 재간이 많고 정의감과 헌신성이 강한 것이 조선민족인 줄을 알았다. 그 뿐만 아니라 정율성을 통해 또 수많은 조선민족의 아들딸들이 중화민족의 해방사업을 위해 총을 들고 용감하게 싸웠다는 것을 알게 되었고, 정율성처럼 시대의 앞장에 서서 중국 인민을 혁명의 제1선에로 고무추동해준 일류 예술가를 낳아 키워준 것이 조선민족인 줄 알았다.

최문섭「불멸의 노래와 더불어」『중국의 광활한 대지 우에서』

　이는 정율성이 항일전선에 참여해 공로를 세운 사실을 말하면서 저항 음악가로서의 정율성을 기린 것이다.

　또 그가 죽은 뒤 1997년 4월에 베이징 교외 팔보산 혁명공묘에 장사 지내고 묘비를 세웠는데 그 앞면에는 간단한 이력을 다음과 같이 적었다.

　정율성 동지는 1914년 음력 7월 7일(호적에 9월 2일)에 조선 전라남도 광주의 한 혁명가정에서 태어났다. 소년 시절에 애국독립운동에 참여했고 1933년에 중국에 와서 앞뒤로 난징과 상하이 일대에서 항일구국활동을 벌였으며 1937년 10월에 연안으로 갔고 1939년 1월에 중국공산당에 가입했다. 자신의 생애를 중국 인민의 혁명과 건설사업에 바쳤다. 그는 충성스러운 국제주의 전사이다. 1976년 12월 7일 베이징에서 세상을 떠났는데 향년 62세이다.

그의 생애와 공적을 간단하게 적었으나 어딘지 중국혁명에 초점을 맞춘 듯하다. 사실 정율성은 중화인민공화국 수립 후 음악을 통한 문예운동의 일급 공적을 인정받았다. 현재도 중국 사람들은 국가 공식행사에서 정율성이 작곡한 노래를 자주 부른다.

독립투사이자 중국의 3대 현대 음악가

이렇게 중국 땅에서 우리 민족의 기개와 재주를 뽐냈던 정율성은 누구인가? 먼저 중국의 3대 현대 음악가의 하나로 꼽히는 정율성이 국내에 알려진 전말부터 먼저 알아보자.

필자는 1990년부터 연달아 세 번에 걸쳐 중국 땅을 답사해 항일독립운동 유적이 있는 곳을 돌아다녔다. 특히 미개방 지구인 조선의용군과 조선독립동맹의 근거지였던 한단과 태항산 지구에 잠입하여 조사활동을 벌였다.

조선의용군은 태항산 지구인 동욕과 섭현涉縣 일대 그리고 연안에서 군정학교를 열고 한때 활동을 벌인 적이 있었다. 필자는 해방 뒤 한국인으로서는 최초로 태항산 지구 하남진을 답사했고, 연안 교외 나가평에 있었던 군정학교 유적 답사는 조동걸 교수팀 다음으로 두 번째로 찾아갔다.

필자는 이런 과정에서 정율성을 알게 되었다. 연변에서 소설가 김학철 선생 등 여러 옛 독립동맹과 조선의용군 출신을 만나 정율성에 대한 이야기를 들을 수 있었다. 정율성은 조선의용군과 군정학교의 교사를 맡았던 독립투사였을 뿐만 아니라 작곡가로 명성을 얻으면서 수많은 조선독립군가와 중국 공산당 휘하의 팔로군 군가를 작곡하고 연주한 사실을 알게 된 것이다.

또 시안 시내에 있는 팔로군주섬판사처기념관八路軍駐陝辦事處紀念館(홍군 본부로 팔로군의 비밀 거점. 이곳은 근래에 철거되었다)을 돌아보는데 「연안송延安頌」의 가사와 함께 "조선 청년 정율성 작곡"이라 적힌 걸개를 발견하고 더욱 흥미를 느꼈다. 다음과 같이 정율성을 소개하고 있다.

조선족 청년 정율성은 남경에 있다가 선협부宣俠父의 도움을 받아 시안에 왔다. 그는 홍군의 군가를 많이 작곡했다. 팔로군 판사처를 거쳐 연안으로 들어간 애국청년이다.

이이화 『중국역사기행』

특히 그가 '광주 양림동' 출신이라는 기록이 흥미를 더욱 끌었다. 필자는 중고 시절을 광주에서 보냈을 뿐만 아니라 양림동 숲속을 자주 거닐면서 사색에 잠기는 등 문학소년 시절을 보낸 적이 있었다. 정율성이 그곳에서 태어났다니 옛 감상이 떠올라 눈이 번쩍 뜨였다.

필자는 국내에서는 최초로 정율성의 업적과 생애에 대한 약전을 써서 잡지에 기고하거나 책에도 수록했다. 필자가 정율성의 약전을 써서 알리자 많은 독자들이 남다른 관심을 보였다. 하지만 당시 필자의 이 약전은 자료의 한계와 정확하지 않은 증언을 토대로 작성해서 부실하고 군데군데 오류가 있었다.

그러던 중 광주 남구에서는 양림동 출생설에 근거하여 2005년 11월 국제음악제와 학술 세미나, 관련 사진 전시회를 개최하기도 했다. 그리고 이 행사에 그의 부인과 딸을 초청했다. 지방자치 단체에서 해마다 이렇게 본격적인 추모사업을 벌이자 시민들의 관심도 높아졌다.

다만 이런 과정에서 무엇보다 그의 출생 연대와 출생지 기록이 다른 것이 가장 큰 논란거리가 되었다. 중국에서 활동한 독립투사요 민족음악가로서 정율성에 대한 본격적인 연구와 조사가 아쉬운 대목이다.

정율성은 언제 어디에서 태어났는가

먼저 그의 출생 연대를 알아보자.

중국과 연변의 정율성 관련 기록에는 태어난 연대가 대부분 1918년으로 되어 있다. 아마도 구전으로 전해 들은 말을 옮긴 탓에 오류를 범한 것으로 보인다. 예전에 영아의 출생 신고는 대개 출생한 시기부터 1년 이상이 지난 뒤에 하는 경우가 많았다. 영아기에 죽는 수가 많기 때문이었다. 또는 게을러 미루다 보면 몇 년이 지난 뒤에 출생 신고를 하는 경우도 더러 있었다. 이런 경우를 감안하더라도 이 출생연대는 여러 정황과 자료에 따라 살펴보면 잘못된 것이다.

현재 보관되어 있는 호적과 학적부 등의 기록에 따라 이를 정리하면 다음과 같다. 정해업鄭海業(1873년 출생)은 5남 3녀를 두었는데 율성(호적 이름은 부은富恩)은 1914년 7월 7일, 5남으로 태어났다. 곧 막내로 태어난 것이다. 그의 맏형 효룡孝龍(1894년 출생)과는 스무 살 차이, 바로 윗형인 의은과는 두 살 차이가 난다(화순군 능주면 호적부, 능주초등학교 학적부, 광주시 동구 호적부에 의거함).

다음으로 출생지를 알아보자.

광주 동구청에 보존되어 있는 호적 등부에는 정해업의 본적이 전라남도 광주군 광주면 부동정 94번지(뒤에 행정개편에 따라 광주읍 부동정 백63번지, 뒤에는 광주부 불로동)로 되어 있으며, 또 어떤 데는 전라남도 광주군 광주면 금계리(광주읍 금정 162번지)로 기재되어 있기도 하다.

광주면 광주읍 광주부 등 행정구역이 여러 차례 개편됨에 따라 동명과 번지가 바뀐 것이다. 더욱이 광주 남문 밖의 불로동은 조선시대 효종 때인 1650년부터 이들 정씨의 증시조인 정용鄭蓉이 최초로 정착하여 살았던 곳이라고 한다(하동 정씨 사무국장 정승렬 씨 증언). 그러니 남문 밖의 "남밖일갖"이라 불리는 동네는 하동 정씨들의 집성촌(하동 정씨 종친회)이었다고 한다. 그러므로 정율성의 할아버지인 정남현鄭南鉉이 이곳에서 살았고 아버지 정해업도 이곳에서 출생한 것으로 판단된다. 더욱이 토지대장 기록에 따르면 정해엽의 대지(토지)가 위 불로동 163번지에 있었다. 소유 기간은 1912~19년까지이다.

따라서 정율성의 호적부에도 광주군 광주면 부동정 94번지로 기재되어 있다. 1914년에는 조선총독부에서 전국의 행적구역을 면제面制로 개편했다. 여러 관계자들은 불로동 94번지(현재 광주 광역시 동구 불로동 163번지 히딩크 관광호텔)를 생가로 확인하고 있다. 한편 맏형 효룡의 2남인 상훈祥勳도 1916년 위의 곳에서 출생한 것으로 기재되어 있다. 대가족 제도 아래에서 숙질간이 한 주소지에서 살았기 때문일 것이다.

그러므로 정율성은 여러 관련 자료에 나타난 대로 불로동에서 태어난 것으로 판단된다. 다만 약간의 문제는 남아 있다. 만일 단순한 출생만으로 따진다면 전통적 관례대로 양림동에 외가가 있을 경우, 양림동 태생설이 근거가 될 수 있다. 그러나 이는 희소한 경우이다.

정율성의 중국인 아내 정설송과 딸 정소제의 증언에 따르면 정율성이 생전에 친필로 작성한 글에 "광주 양림동의 가난한 가정에서 태어났다"고 기록되어 있다. 부인은 이를 남구청에 보낸 편지에 썼다. 시어머니 최영온도 같은 말을 했다고 한다. 또 광주 국제음악제에 참석한 딸은 1970년 정율성이 작성하여 중국 중앙악단에 제출한 이력서를 공개하면서 "양림동에서 태어난 것으로 알고 있다"고 증언했다.

아마도 정율성이 평소에 숭일학교의 위치와 가까운 양림동의 추억을 떠올리고 누나 봉은(정해업의 2녀)이 양림동에 있는 수피아여학교에 다닌 적이 있는데, 이런 이유로 착각하여 양림동 출생설이 나온 것으로 보인다. 어린 나이의 기억은 정확하지 않은 경우가 많다.

또 호적에 기재된 본적지와 출생지가 다를 수도 있다. 정율성은 어린 나이에 화순 능주로 이사 가서 산 적이 있는데 이런 정황으로 보아 본적지와 출생지가 일치한다고 보는 것이 순리일 것이다.

정해업은 분가하면서 1917년 주소지를 화순군 능주면 관영리로 옮겨가 살았고 호적에도 이전 사실이 기재되어 있다. 정율성이 다섯 살 때의 일이다. 그리하여 그는 능주에서 능주 심상학교에 입학했다. 형 의은과 함께 능주 심상학교를 1학년까지 다니다가 광주로 전학했다. 또 아버지 정해업이 능주 일대에 토지를 구입한 사실도 밝혀졌다.

1924년 이들 가족이 다시 광주로 옮길 때 위에서 말한 대로 광주군 광주면 금계리를 본적지로 기재했던 것이다. 금계리를 본적지로 기재한 호적 기록은 어디까지나 편리상 거주지를 본적지로 올린 것으로 추정된다. 이 글을 읽는 이들은 상당히 복잡하다고 여길 것이요 또 그 문제가 그리 중요하냐고 반문할 수도 있다. 하지만 현재 광주 남구청과 동구청이 이를 두고 논쟁을 벌이고 있으므로 유의해볼 필요가 있다.

'율성'으로 이름을 바꾸고 음악가의 길을 가다

정율성이 성장할 시기에는 화순의 능주와 광주를 옮겨 다니면서 능주 심상학교(1년 수료 후 중퇴)와 광주 숭일학교(1928년 졸업) 그리고 전주의 신흥중학을 다녔다. 그의 아버지는 본인의 증언과는 달리 가난한 농부가 아니라 상당한 자산가였던 것으로 보인다. 그러기에 막내아들을 광주에서 전주로 유학 보낼 수 있었을 것이다. 그런데 신흥중학 학적부에는 1929년 입학하여 4학년 때인 1932년 퇴학한 것으로 기록되어 있다.

그는 학교를 다니면서 탁구대회에서 우승을 하고 문예백일장에서 장원도 하며 촉망받는 소년으로 이름을 떨쳤다. 그런데 어쩐 일인지 교과서 공부보다는 노래를 배워 반복해 부르고, 만돌린 같은 악기를 만지는 데 더욱 열중했다. 이 때문에 때로는 아버지에게 꾸중을 듣기도 하고 동네 사람들의 눈총을 받기도 했다.

그러나 그의 아버지는 단순한 농부가 아닌 지식인이었다. 음악에 열중하는 어린 아들을 보고, 예전에는 외적을 물리칠 적에

북과 나팔로 사기를 돋웠던 일을 상기하며 우리나라에 군가가 없다며 한탄했다. 이에 그는 깊이 느낀 바가 있어 그런 음악을 작곡하는 작곡가가 되기로 결심했다. 그리고 결심을 굳혀 '음악을 이룬다'는 뜻을 지닌 율성律成으로 이름을 바꾸었다. 이것으로도 소년 부은의 굳은 결의를 짐작할 만하다. 이제 부은이 율성으로 변신하는 새 모습을 보게 된다.

그는 열다섯 살에 아버지를 여의는 슬픔을 겪었다. 당시 그의 맏형과 둘째 형은 독립운동가로 활동하고 있었다. 또 셋째 형 의은은 그의 누님과 함께 중국 땅으로 건너가 활동하고 있었다. 이들 형제는 독립투쟁 단체인 의열단義烈團 단원이었다고 한다. 그의 첫째 형이 한때 고국 땅에 와서 비밀활동을 벌이다가 다시 중국으로 들어갈 때 그는 형을 따라 중국으로 건너갔다. 이렇게 해서 그의 길고 긴 망명생활이 시작되었다.

그가 1932년 중국으로 망명했다 하니 신흥중학교를 중퇴하고 곧바로 난징 등지로 갔다고 판단된다. 당시 상하이에는 상하이 사변 이후 일제의 군대들이 득실거릴 시기였으므로 난징으로 먼저 망명한 것으로 추정된다. 당시 일본군은 상하이를 점령하고 있었는데, 일본군과 거류민이 천장절과 상하이 점령 1주년 기념식을 벌이는 식장에 윤봉길이 폭탄을 투척한 사건으로 임시정부 요인들은 상하이에서 난징 등지로 피란을 하고 있을 때였다.

정율성은 당시 항일 근거지였던 난징으로 가서 항일단체에 가입해 새 활동을 시작했다. 그리고 의열단 단장인 김원봉이 창설한 조선혁명군사정치간부학교에 들어갔다. 위 학교를 졸업한 뒤 조선의용대에 들어갔으며, 조선의용대가 좌우로 갈리자 그는 김원봉과 길을 달리해 1937년 연안으로 가서 모택동 계열이 지원하는 무정(한국인 독립투사) 휘하의 조선의용군 그리고 조선독립동맹, 그 산하의 화북조선혁명군정학교에서 활동하게 되었던 것이다.

그는 난징에서 의열단원인 형 의은과 누나와 함께 산 것으로 보인다. 호적에는 정해업의 장녀 숭이는 1906년생, 2녀 봉이는 1908년생으로 기재되어 있다. 이 누나 중 하나가 의열단원 박건웅에게 시집을 갔다고 한다. 당시 난징은 의열단의 근거지였다.

한편 그는 난징에서 항일활동을 하면서도 피아노 공부와 성악 공부에 열중했다. 특히 상하이에는 레닌그라드의 유명한 러시아인 음악가 끄릴노와 교수가 살고 있었는데, 그는 매주 한 번씩 은밀히 상하이로 나와 그 교수에게 음악이론을 비롯하여 성악을 배웠고, 그 덕분에 명곡들을 두루 접하게 되었다.

그의 열의가 대단해 금세 상하이 일대의 독립지사들 사이에서 화제가 되었고, 특히 끄릴노와 교수는 격찬을 아끼지 않았다.

"만일 이탈리아에 가서 깊이 공부한다면 동방의 카루소가 될 것이오."

그는 1년 동안 참으로 열성적으로 음악공부에 매진했고, 이어 난징의 '5월 문예사'와 상하이의 조선민족해방동맹에 가입했고 때때로 항일단체 행사에서 「아리랑」 등을 부르기도 하고 혁명가곡을 가르치기도 했다.

그러나 그는 심한 생활고로 상하이를 오갈 수가 없어서 끄릴노와 교수의 사사를 포기할 수밖에 없었다. 그러나 이에 굴하지 않고 그는 독학으로 음악공부를 계속했다. 그때 파리에서 음악 공부를 하고 돌아온 중국인 신성해를 만난 것은 행운이었다. 정율성은 그에게 많은 지도와 격려를 받았다. 그러나 각자의 활동 때문에 얼마 못 가 헤어졌다.

「연안송」을 만들고 중국인 아내를 만나다

1937년 일제는 중일전쟁을 도발해 전면전을 벌이면서 일시 후퇴했던 상하이를 다시 점령했고 이어 난징을 위협했다. 정율성은 이 해 중국 인사(선협부인 듯)의 안내를 받아 중국 팔로군의 근거지인 연안을 향해 길을 떠났는데 그의 손에는 낡은 세계명곡집과 바이올린과 만돌린이 쥐어져 있었다. 이때 그의 나이 스물세 살. 새로운 생활이 시작된 것이다. 연변대 박창욱 교수는 "연안으로 들어올 때 바이올린만 달랑 챙겨 들고 왔다"는 말을 본인에게서 들었다고 한다.

연안에서 그는 중국공산당의 지원을 받았지만 움집에서 조밥을 먹고 살면서도 음악활동을 멈추지 않아 그의 음악은 바야흐로 빛을 내기 시작했다. 이 당시 그는 음악적 정감이 넘치는 청년이었다. 어느 날 그는 연안 북문 밖 산에 올라가 혁명의 열기에 가득 찬 시가지의 아름다운 풍광을 바라보고 있었다. 그는 북받치는 흥분을 누르고 함께 데이트를 즐기던 중국의 문학처녀

막야에게 새 노래의 가사를 써달라고 부탁했다. 막야는 즉석에서 가사를 써주었다.

정율성은 이 가사를 가지고 며칠 밤을 새워 곡을 만들었다. 이것이 유명한 「연안송」으로, 그의 본격적인 첫 작품이다. 며칠 지나 연안 항일군정대학 강당에서 모택동 이하 간부와 청년들을 모아놓고 발표회를 가졌다. 중국 여가수 당영매와 함께 한 합창에서 정율성은 만돌린을 켜면서 이 노래를 불렀다. 그중 한 구절은 이러하다.

아, 연안!
장엄하고 웅위한 도시
철벽의 성새城塞, 승리의 요람
그대 이름 세월과 함께
역사에 길이 빛나리

그는 이때 모택동 주석의 격찬을 받았고, 주덕 총사령관의 집에 초대되었다. 「연안송」은 인쇄되어 널리 배포되었고 곳곳에서 불렸다.

그는 항일군정대학에서 활동도 하고 노신예술학원에서 음악을 가르치고 군가·행진곡도 작곡하면서 바쁜 나날을 보내고 있었다. 그런데 이 군정대학에 정설송이라는 중국인 여학생 대대장이 있었다. 정율성은 그녀에게 끓어오르는 연정을 느꼈다. 그는 그녀의 움집 방에 『안나카레니나』 같은 소설책이나 꽃을 가져다 놓기도 하면서 사랑을 고백했다. 두 남녀의 교제는 자연스럽게 이루어졌다. 정설송은 조선에서 온 앳되고 정감 어린 청년을 곧 사랑하게 되었다. 그러나 정설송의 상사가 이 사실을 알고 교제를 끊으라고 일렀다.

둘은 잠시 헤어져 시간을 기다리기로 했다. 이때 무정이 연안으로 왔고 곧 정율성을 친동생처럼 아껴주었다. 무정은 이들의 사연을 듣고 결혼 주선에 나섰다. 그리하여 두 남녀는 교제한 지 2년 만에 노신예술학원에서 결혼식을 올렸다. 움집에서나마 그들의 사랑은 오붓했고 만인의 축복을 받았다. 그러나 정율성이 폐결핵을 앓게 되면서 그들의 행복한 가정에 첫 시련이 닥쳤다.

병든 몸을 이끌고 태항산 근거지로 들어가다

그의 취미는 물고기잡이와 사냥이었다. 그는 운동과 취미를 통해서 몸을 단련했는데 폐결핵만큼은 막을 수가 없었다. 약도 못 쓰고 요양도 못 하는 망명생활이라 젊은 나이에 이국땅에서 폐결핵으로 죽을 것만 같았다. 그러나 그의 의지는 강인했다. 망한 나라를 찾겠다고 저 머나먼 조선의 광주에서 중국의 오지인 연안까지 오지 않았는가? 그는 그물이 없어서 손으로 돌 틈새를 더듬어 물고기를 잡기도 하고 때로는 나무 막대기에 바늘을 꽂아 물고기를 잡기도 했다. 또 총을 빌려서 메고 산을 헤매며 산양을 잡기도 했다.

그는 잡은 고기의 피를 받아 마시기도 하고 구워 먹기도 하며 몸을 보신했다. 다행히 건강이 조금씩 나아졌다. 이때 무정은 일본과 전선이 형성된 태항산 지구로 나가 조선독립동맹과 조선의용군 창설 계획을 세웠다. 앞에서 잠깐 언급한 대로 그는 결연히 여기에 참여하기로 했다. 그의 아내와 무정이 만류했지만 그의 고집을 꺾지 못했다.

1942년 8월 그는 연안에 아내를 떼어놓고 성치 못한 몸을 이끌고 동욕과 하남점의 태항산 근거지로 잠입했다. 태항산은 중국의 서쪽을 가로지르는 산으로, 보통 2~3천 미터의 준령이 길게 뻗어 있다. 일본군은 연안을 폭격하면서도 이 준령을 넘지 못했다. 그는 그곳에 조선독립동맹 산하의 화북조선혁명군정학교(나중에는 군정학교로 불림)가 세워지자 교장인 무정 아래에서 교무주임을 맡았다. 이때 그는 음악활동보다 무장활동에 참여했다. 많은 조선 청년들은 일선에 나가서 일본군을 상대로 염전厭戰(향수를 자극하는 등 전쟁에 대해 싫증 나게 하는 선동전술)활동을 전개하기도 하고, 잠입해 전단을 뿌리기도 하고, 총을 들고 맞서 싸우기도 했다. 이때 저 유명한 조선 청년 진광화도 전사했고(묘소는 한단 지구 열사능원에 있음) 나중에 소설가로 『항전별곡』을 쓴 김학철은 총상으로 한쪽 다리를 잃어 평생 절뚝발이가 되었다.

1943년 이곳에 근거를 둔 조선독립동맹과 조선의용군은 참으로 혹독한 시기를 보냈다. 직접 생산활동을 해 먹고 입어야 했다. 그들은 황무지를 개간하여 작물을 심고 산나물과 미나리를 뜯어 연명했다. 또한 상점을 차려 장사를 했으며, 방직공장을 만들어 직물을 짰고, 이발소를 차려 돈을 벌었다. 또 그들은 병원을 지어 우리 동포는 물론 현지 중국인 치료에 나서기도 했다. 그 어려움은 이루 형언할 수 없었다. 이때 정율성은 개인적으로는 작곡에 열중했고 때로는 작사도 했다. 어릴 적 문학에 대한 재질을 다시 발휘한 것이다.

이곳에서 그는 「조선의용군행진곡」을 작곡했고, 「조국을 향해 나가자」를 작사·작곡했다. 또 노동가요도 새롭게 작곡했다. 그가 늘 누나처럼 따르던 이화림이 여자들을 데리고 일을 하면서 미나리타령의 가사를 만들어 작곡을 부탁했던 것이다.

미나리 미나리 돌미나리
태항산 골짜기의 돌미나리
한두 뿌리만 뜯어도
대바구니가 찰찰 넘치누나
……
남동무들은 곡괭이 메고
태항산 골짜기로 올라가서
한 포기 두 포기 드덜기 빼고(나뭇등걸을 뽑고)
감자를 두둥실 심는구나

이런 가사에 곡을 흥겹게 붙였다. 그밖에도 「강남 아리랑」·「호미가」 등을 우리의 가락에 맞추어 새롭게 작곡했고, 이 노래들을 부르며 고된 일을 했다. 또한 우리의 민요인 「노들강변」·

「방아타령」·「양산도」·「농부가」도 가르치고 함께 불렀다.

이렇게 조선의용군(군정학교) 활동을 하며 2년을 보냈다. 그 뒤 연안의 팔로군 본부에서는 조선의용군의 철수를 명했다. 일본군의 공격이 더욱 치열해지자 조선독립투사를 보호하려고 일선에서 후퇴하게 한 것이다. 1944년 3백여 명의 조선의용군은 태항산 근거지를 떠났고, 정율성도 다시 연안으로 돌아왔다.

연안으로 돌아와 보니 아내는 딸을 낳아 기르고 있었다. 아내는 젖이 나오지 않자 바이올린을 팔아서 사온 양젖을 딸에게 먹였다. 그리고 바이올린을 팔아 젖을 먹였다는 뜻으로 소제小提라는 이름을 붙였다. 그가 돌아오자, 그의 아내는 새로운 활동을 위해 딸을 그에게 맡기고 떠나갔다. 그들이 오붓한 가정을 이루기에는 할 일이 너무 많았다.

한편 군정학교는 연안의 외곽 지대에 있는 산골 마을 나가평의 동굴에 자리를 잡고 훈련을 거듭했다. 이곳에 있던 김두봉 등 조선군정학교 인사들은 또다시 자력갱생의 고된 생활을 해야 했다. 정율성은 이곳에도 드나들었던 것으로 보인다.

민족의 혼을 노래한 진정한 독립투사

이러한 어려움 속에서 마침내 1945년 감격의 해방을 맞았다. 그들 부부는 조선독립동맹 인사들과 조선의용군이 북한으로 들어갈 때 따라와서 평양에 살았다. 정율성은 처음에는 조선노동당 황해도당위원회 선전부상을 맡았다가 평양으로 다시 와서 조선인민군구락부(군문화부장에 해당) 부장, 협주단 단장, 조선음악대학 작곡부 교수 등을 맡아 보면서 음악활동을 벌였다. 그동안 「조선해방행진곡」·「조선인민행진곡」 등의 가곡과 「두만강」 등의 대합창곡을 창작했다.

그러나 분단된 조국에서 그는 남쪽의 고향 땅을 찾을 수 없었다. 그는 1950년 한국전쟁이 발발하자 주은래의 주선으로 다시 중국으로 귀환했다. 주은래는 수양딸인 정설송을 보호하기 위해 이들 부부를 소환했다고 한다. 하지만 박창욱 교수는 주은래가 "한번 조국에 갔으면 돌아오지 말고 봉작했어야 한다"고 말했다고 한다. 앞으로 연구가 필요한 대목이다.

얼마 후 그는 중국 인민지원군으로 다시 조국 땅을 밟았다. 정율성은 1950년 당시 중국인민지원군 창작조와 함께 한국전쟁에 참전했을 때 꿈에 그리던 고향 광주로 왔다. 그는 고향집에서 일구월심 막내아들을 기다리던 77세의 고령인 어머니를 모시고 중국 베이징으로 들어갔다. 이때 처음이자 마지막으로 고향 땅을 밟은 것이다. 그의 소원은 어머니에게 한 번만이라도 따뜻한 이부자리와 밥을 지어드리는 것이었다. 그의 효심을 엿볼 수 있는 대목이다(그가 직접 광주로 왔는지 사람을 보냈는지 규명해볼 일이다).

그는 다시 중국으로 돌아간 뒤 왕성한 음악활동을 전개했다. 중앙가무단 중국음악협회 창작조 등에서 활동하면서 가극 등을 작곡·편곡했다. 또한 그의 아내는 주은래의 특별한 배려로 최초의 중국 여성 대사로 임명되어 덴마크·네덜란드 등지에서 외교

관으로 활동했다. 당시 북한에서는 연안파들이 숙청되어 죽기도 하고 중국으로 망명하는 사태가 벌어졌지만 그는 베이징에서 안전할 수 있었다. 행운과 행복이 넘쳐나는 시기였다.

그러나 1966년 문화대혁명 기간에는 여러 해 동안 창작의 권리를 빼앗기는 수난을 당했다. 하지만 그다지 심한 탄압은 받지 않았다. 인민대혁명이 끝난 뒤 다시 창작활동을 전개했지만 대부분 예전과는 달리 미발표 작품으로 남았다. 이러한 활동 속에서도 그는 내면에서 우러나오는 민족정서에 끊임없이 관심을 기울였다. 핏줄은 속일 수 없었다.

1963년 정율성은 연변조선족 자치주를 찾아왔다. 처음 그는 귀빈이 머무는 빈관賓館으로 들어왔다가 너무 검소한 차림 탓에 쫓겨났다고 한다. 그러나 그는 아무 말 없이 거리를 헤매다가 그를 알아본 누군가에 의해 빈관으로 안내되었다고 한다. 그는 연변에서 우리 동포들과 어울려 막걸리를 마시고 물고기를 잡아 회를 쳐 먹기도 하고 춤도 추고, 우리 농민들과 어울려 노래도 불렀다. 그는 모처럼 민족정서에 흠뻑 빠졌다. 그리고 동포들의 가정을 찾거나 농사 짓는 논밭을 돌아보기도 했으며, 옛 동지인 이화림·김학철 등도 만났다.

그는 다시 베이징으로 돌아와 심혈을 기울여 우리 민요를 창작의 소재로 삼았다. 그리하여 「노들강변」·「늴리리」·「달아달아」·「농부가」 등을 창작했다. 이런 나날을 보내던 중, 그는 평소처럼 머리를 식히려고 겨울철인데도 그물질을 하러 베이징 교외에 있는 창평 강가로 나갔다. 그런데 그물을 던지고 천천히 잡아

낭기다가 힘을 너무 쓴 탓인지 그 자리에서 갑자기 고꾸라졌다. 뇌출혈로 쓰러진 것이다. 그의 나이 62세였다. 그의 묘비에는 이런 내용이 있다.

> 율성은 사람을 대함에 소박하고 진실하며 자기를 자랑하거나 허풍치며 남보다 잘난 척하지 않았고, 인민군중에 대하여 성심성의로 봉사했으며 개인의 득실을 절대로 따지지 않았다. 그와 한자리에 있으면 과감한 전사와 함께 있는 것 같으며, 꾀를 부리지 않는 뜨거운 마음을 가진 사람과 함께 있는 것 같다. 율성의 친구 중에는 끝내 굽힘이 없는 혁명장군들이 있는가 하면 산림의 사냥꾼도 있고, 강변의 어민들도 있으며, 광산이나 벌목장의 공인들도 있었다.

그의 인품과 사람됨을 알려주는 대목이다. 그는 개인적으로도 소탈하고 검소하게 살았다고 한다. 또 우리 동포를 만나면 손을 잡고 어떻게 사느냐고 물으면서 곧잘 눈물을 흘렸다고도 한다.

그는 인민음악가로 호칭되어 팔보산 혁명공묘에 묻혔고, 그의 업적을 적은 묘비가 교우의 글과 함께 새겨져 혁명공묘에 세워졌다. 또 연안에 세워진 중국인민항일전쟁기념관에는 팔로군 군가의 가사와 곡을 석조로 조성해 누구나 익히게 했다. 1980년에는 그가 작곡한 팔로군행진곡이 중국인민해방군가로 정식 결정되어 앞에서 본 대로 여러 국가행사에서 불리고 있다.

정율성은 중국 현대 3대 음악가로 꼽힌다. 그러나 음악가이기 전에 조선의 독립투사였다. 그는 처음 연안에서 「연안송」 등 많은 중국 팔로군의 군가를 작곡했다. 하지만 그의 음악은 어디까지나 조국을 향한 애국심에 맞추어져 있었다고 평가해야 옳을 것이다.

태항산 지구에 있을 때는 우렁찬 「조선의용군행진곡」을 작곡했고 「조국을 향해 나가자」라는 독립군가를 작사·작곡했으며, 「미나리타령」과 같은 노동가와 「노들 강변」·「방아타령」·「양산도」 등 민족정서를 담은 수많은 가요를 만들었다. 그가 작곡한 360여 곡 가운데 조선독립군가 또는 민족정서를 담은 가곡의 비율이 어느 정도인지 앞으로 면밀한 검토가 필요하다.

조국독립을 쟁취하기 위한 이러한 노력은, 다른 독립지사들과 마찬가지로 중국공산당의 협조를 받아 이루어졌다는 데 방법적인 차이가 있다. 하지만 이는 김구와 김원봉이 말기에 중국공산당과 적대관계에 있는 중국국민당의 협조를 받아 독립을 쟁취하려는 의도와 같은 목적을 지닌다.

정율성은 음악을 통해 애국심 고취와 민족정서를 쉴 새 없이 노래함으로써 조국에 헌신하려 했다. 국내의 많은 음악가들이 일본 군국주의를 찬양하는 노래를 작사 작곡할 때 그는 고고하게 애국가요를 창작해냈다. 정율성의 역사적 위치는 바로 여기에 있다고 평가할 수 있다. 그런데도 중국에서는 그를 중국혁명에 참여한 인물로만 부각시키려 하고, 우리나라에서는 사회주의 음악가로 치부해 애써 무시하려 하고 있다.

우리는 한국이 낳은 위대한 음악가요 생생한 역사적 인물인 정율성을 기리고 그 정신을 올바르게 알아야 한다.

심사정
그림에 대한 정열로 고독과 싸운 화가

그림으로 온갖 굴욕을 극복하다

조선시대 화가들은 같은 시대의 시인들이나 서예가보다 훨씬 고독과 가난에 시달렸던 것으로 나타난다. 그림이 제대로 상품화되지 않은 사회에서 그림 그리는 것으로 생업을 삼았으니 그럴 수밖에 없었다. 여기서 이야기하려는 현재玄齋 심사정沈師正(1707~69)은 그런 사람 중에서도 유난스러운 모습을 보였다.

조선 후기의 뛰어난 화가로 흔히 겸재 정선, 관아재 조영석, 현재 심사정을 3재라 부른다. 그런데도 그의 생애를 알려주는 글은 그의 7촌 손자가 쓴 묘지명 하나뿐이다. 죽어서도 그는 이처럼 고독했다.

청송 심씨 양반 가문에서 태어난 그는 어릴 적부터 글공부보다 그림 그리기에 열중했다. 몇 살 때인지는 확실하지 않지만 어릴 적부터 당대의 이름난 화가 정선에게서 그림을 배우고 나서 수묵산수를 그렸는데 아주 독특한 기법을 사용했다. 그는 꿈에서 본 관음상이나 관운장의 상을 이런 수법으로 그렸고, 중국 사람들이 앞다투어 그의 그림을 사갔다.

그는 남달리 끈질긴 성격으로도 소문이 났다. 밥 먹고 잠자는 일 외에는 늘 그림에 매달렸고, 남들이 깔보거나 가난함을 나무라도 한 점 관심을 기울이지 않았다. 50년 동안을 이렇게 그림으로 일관하여 국내는 물론 중국에까지 이름 있는 화가로 소문이 났으니, 따지고 보면 그림으로 모든 굴욕을 극복해낸 것이다. 그는 최북이나 장승업처럼 술에 취해 광기를 부리거나 술이 있어야 그림을 그리는 화가가 아니었다. 그의 묘지명의 끝에는 이런 글귀가 있다.

현재 거사가 이미 세상을 떠났건만 집이 가난하여 시신을 염하지도 못하였다. 나 심익순은 여러 사람의 부의를 모아서 장례 치르는 것을 도와주어 모년 모월 그의 양아들 숙진과 파주 분수원 어느 자리에 장사지냈다. …… 아내에게는 자식이 없어 사촌형의 아들을 양자로 들였고 향년 예순셋에 돌아가시어 여기에 장례를 치렀다. 애닯도다 뒷사람들이여, 이 무덤을 헐어내지 말지어다.

유홍준 「조선시대 화가들의 삶과 예술-심사정」

하지만 글쓴이의 부탁과는 달리 그의 묘는 오늘날 흔적도 없다.

그의 윗대는 화려한 양반 가문이었다. 그의 증조할아버지는 영의정을 지낸 심지원이었다. 그런데 숙종 때 그의 할아버지인 심익창이 성천부사로 있을 때 단종 복위를 경축하는 과거시험에서 다른 사람의 답안지와 이름을 바꿔치기하다가 들통이 나서 귀양살이를 하게 되었다. 그 뒤 할아버지는 풀려났으나 사화에 걸려 소론 계열로 죽음을 당했다.

노론 계열의 힘을 업고 왕위에 오른 영조는 처음에는 소론 계열을 억압했는데 그도 여기에 끼이게 된 것이다. 그러니 벼슬은 말할 것도 없고 역적의 후손이라고 손가락질당하며 살아야 했다. 더욱이 그림을 그리면 선비들이 그 그림에 붙여 시를 짓는

것이 하나의 관례였는데 그의 그림에는 도통 이런 관례의 화제畵
題가 없었다.

어느 누구도 그와 가까이하려 하지 않았을 뿐 아니라 경원했
던 것이다. 이런 그에게도 기회가 왔다. 역대 임금들의 초상화가
빛이 바래서 새로 그리게 되었는데 그가 이 일의 감독을 맡게 된
것이다. 그에게 그림을 그리게 하지 않고 감독 일을 맡긴 것은,
양반 출신인 그를 중인 신분의 화원畵員으로 만들지 않으려 했기
때문이다. 그러나 이런 대접조차, 역적의 자손에게 이런 일을 시
킬 수 없다는 상소로 인해 일이 채 시작되기도 전에 없던 일이
되고 말았다. 견딜 수 없는 모욕이었을 것이다.

끈질기고 정열적인 화가의 기질

그는 마음을 다잡아먹을 수밖에 없었다. 온갖 모욕과 고독을
그림에 쏟아 부었다. 유홍준은 다음과 같은 평가를 내렸다.

동시대 누구보다도 화가의 감정이 깊이 개입되는 철학적이고 명
상적이며, 때로는 시정詩情을 불러일으키는 반응을 그의 작품 속에
반영하게 되었다.

그에게는 가까이 지내는 벗이 없었지만 당시 화가인 김광수와
후배 화가 강세황 등은 그의 그림을 아주 높이 평가해서 후세에

그 이름을 전했다. 강세황은 드물게 그의 그림에 찬시贊詩를 붙여주었다.

그와의 교분은 예전 세속 밖에서 노닐 때였는데 헤어져 있으니 어찌 자주 만나볼 수 있겠는가? 지니고 있는 그림 중에 그의 것이 두어 장 있어서 때로는 펴보며 기뻐하네. 그림을 친구 삼으면서 비록 가난하게 살아도 나는 외롭지 않으리.

당대의 명평론가요 화가인 강세황이 이토록 알아주었으니 그는 죽은 뒤에도 그리 섭섭하지 않았을 것이다. 누군가는 이렇게 말했다.

"세상에서 어떤 사람은 현재의 그림이 제일이라고 추앙했고 어떤 사람은 겸재의 그림이 제일이라고 높였다."

그의 스승 정선과 당대에 맞선다는 평가를 받은 것은 바로 그림에만 열중하며 많은 작품을 남긴 덕이다. 오늘날 그의 그림은 1백여 점이 전하고 있어서 초기 작품부터 그림의 변화를 추적할 수 있다고 한다.

그의 그림에는 고독이 넘치고 때로는 분노가 들끓는다. 어느 그림에는 앙상한 나무등걸 아래에 있는 초정草亭에 두 사람이 무료하게 앉아 있다. 또 어느 그림에는 달마대사가 갈대잎을 타고 강을 건너는데 물결이 넘실대고 옷자락은 바람에 날리고 표정은 일그러져 있다.

물론 모든 그림이 다 이런 모습은 아니다. 한 사람의 예술가는

이렇게 고난 속에서 자라고 또 고독 속에서 예술이라는 유산을
남긴다. 그는 끊임없이 노력을 기울인 예술가였지, 번쩍이는 영
감으로 작품을 남겼다고 평가할 수 없을 테지만 만일 그가 부잣
집 자식으로 편안히 살았더라면 이런 예술작품을 남길 수 있었
을까?

최북
광기 어린 행동으로 일세를 풍미하다

오기와 기행의 삶

어느 벼슬아치가 한 초라한 화가를 앞에 두고 꾸짖고 있었다. 내가 그림 부탁한 것이 언제인데 이제까지 붓끝 하나 놀리지 않았느냐는 둥, 나한테 무슨 악감정이 있어서 이토록 오만하냐는 둥 별별 말로 겁을 주고 있었다. 이런 말을 듣고 있던 화가는 벽력같이 화를 내며 옆에 놓여 있던 송곳(다른 물건인지도 모른다)을 들고 소리쳤다.

"세상 사람들이 나를 깔보는 것이 아니라 내 눈이 나를 저버리는구나."

그는 들고 있던 송곳으로 한쪽 눈을 서슴없이 찔렀다. 이에 눈에서 피가 철철 흐르자, 그 벼슬아치는 놀라 황급히 자리를 떴다. 이토록 광인과 같은 행동을 서슴지 않은 화가는 누구인가?

이 화가가 바로 최북崔北(1712~?)이다. 최북은 중인 신분인 산원算員(관아에서 회계 따위의 일을 보는 구실아치)의 아들로 태어났다. 양반사회에서 중인의 지위는 새삼 말할 것도 없이 함부로 부림을 당하는 처지였다. 그러나 종이나 백정 신분보다야 사뭇 나았다.

이런 출신배경 탓인지, 그도 중인이 흔히 갖는 직업적인 화가가 되었다. 그의 처음 이름은 원래 식植이었는데, 어느새 북北으로 바꾸어 불렀다. 이 이름도 한번 새겨볼 만하다. '북'은 대개 북쪽이라는 뜻이니 임금의 자리 또는 귀인의 자리를 상징한다. 그렇지 않으면 패배의 뜻을 지니고 있기도 하다.

하찮은 자기 신분을 생각해서 오기로 높은 자리를 뜻하는 이름을 붙였는지 아니면 인생에서 실패한 사람이라는 뜻으로 붙였는지 본인의 설명을 듣지 않았으니 모를 일이다. 또 자字를 칠칠七七이라고 했다. 칠칠은 한자의 북北 자를 둘로 쪼갠 글자이다. 칠칠도 두 가지 뜻을 지니고 있다. '칠칠치 못하다'처럼, 행동거지가 도대체 보잘것없는 것을 뜻하기도 하고, 7×7=49로 49는 사람이 죽은 지 49일 만에 제를 지내니 죽은 운명을 상징한 숫자이기도 하다. 그는 마흔아홉에 죽었다고도 한다(실제 이 말은 맞지 않다. 확실하지는 않지만 예순이 넘어 죽었다고 한다).

그리고 호는 호생관毫生館이라고 했다. 호생관도 두 가지 뜻을 지니고 있다. 하나는 붓으로 먹고 산다는 뜻이고 또 하나는 '터럭 같은 인생살이'라는 의미이다. 그의 경우 두 가지 뜻이 모두 적용될 수 있다. 호는 흔히 자기 신세를 비유해서 지어 붙이는 경우가 있다. 19세기 중인 신분의 절름발이 시인이었던 장혼은 자신의 호를 '쓸모없다' 또는 반쪽 인생이라는 뜻으로 '이이암而已广'이라고 했다.

최북 역시 이런 화가였다. 그는 성질이 괴팍한데다 오기·고집·자만 등으로 똘똘 뭉쳐져 많은 일화를 남겼다. 대개 시인들도 술을 퍼마시고 기행을 벌이는 일이 흔했지만 이 점에서는 화가들을 따라잡지 못했다. 조선시대의 이징·장승업 같은 화가들이 이러했다.

붓으로 먹고 사는 터럭 같은 인생살이

최북은 자기의 눈을 찌른 뒤 애꾸가 되었다. 그러니 그림 그리는 데 여간 지장이 많지 않았을 것이다. 제 성질을 못 이겨 자해하지 않았던가? 이로 인해 늙어서 돋보기 안경을 한쪽 눈에만 끼고 있었으니 가히 볼 만한 모습이었다.

『호산외사壺山外史』라는 책에는 그가 산·물·집·나무를 잘 그렸다고 소개하고 이렇게 기록했다.

향을 피워놓고 깊은 구상에 잠기곤 하여 마침내 자기 뜻으로 일가를 이룬 사람이다. …… 사람됨이 기개가 있었고 밀쳐도 꿈쩍하지 않으며 작은 절도에 얽매이지 않았다.

그는 세상을 깔보고 살았으나 그림에는 남다른 정열과 독창성을 지니고 있었다는 것이다. 그에 관한 일화 몇 토막을 들어보자.

하루는 어떤 집에서 높은 벼슬아치와 맞닥뜨리게 되었다. 그 벼슬아치가 초라한 최북을 가리키며 말했다.

"저기 앉은 놈의 성이 무언가?"

이 말을 들은 최북이 낯을 똑바로 들고 노려보며 말했다.

"먼저 묻겠노니 자네의 성이 무엇인가?"

최북은 그 벼슬아치를 뻔히 알면서도 이렇게 대꾸했던 것이다.

한번은 금강산을 유람하다가 구룡연에 이르렀다. 최북은 그 경치에 도취되어 술을 진탕 마시고 울다 웃다 하다가 갑자기 울부짖으면서 "천하의 명인 최북이가 천하의 명산에서 죽는 것이 아주 걸맞다"고 하더니 연못 속으로 뛰어들었다. 동행한 사람들이 황급히 그를 끌어내어 죽음만은 면했다. 만일 이때 죽었더라면 중국의 시인 이백이 술에 취해 동정호에 비친 달을 잡으려다가 빠져 죽은 것과 같은 일화를 남겼을 게 아닌가? 물에 빠졌던 그를 떠메고 내려와 산 아래 반석 위에 눕혀놓으니 한동안 헐떡거리며 누워 있었다. 그러다가 갑자기 일어나 휘파람을 멋지게 불어대니 그 소리가 숲을 울리고 그 바람에 까마귀들이 까악거리며 날아다녔다.

어느 날 그는 어느 귀인 집을 어슬렁거리며 찾아들었다. 그 집 하인은 최북의 이름을 제멋대로 부르기가 뭣해서 상전에게 이렇게 여쭈었다.

"최 직장이 왔습네다."

식상은 낮은 벼슬아치 이름이다. 이에 최북이 꾸짖었다.

"너는 어찌 나를 최 정승이라 부르지 않고 최 직장이라 부르느냐?"

이 말을 들은 하인이 웃으며 말했다.

"언제 정승이 되었나요?"

"내가 언제 직장이 되었더냐? 헛벼슬을 부를 바에야 정승이라 부르지 않고 겨우 직장 따위냐?"

최북은 주인도 만나지 않고 휑하니 대문을 나가버렸다. 이런 기행과 일화는 범상히 보아 넘길 거리가 아니다. 가슴속에서 터져 나오는 오기가 발산된 것이다.

이런 최북을 사람들이 가까이하지 않았을 것 같지만 천만의 말씀이다. 그를 남달리 아껴주고 돌보아준 사람 중에 남공철이라는 양반집 벼슬아치가 있다. 그는 언젠가 이런 편지를 최북에게 보낸 적이 있다.

아침에 남쪽 동네에서 돌아왔네. 듣건대 왔다가 못 만나고 갔다하니 안됐네. 머슴아이들이 한결같이 말하기를 자네는 이미 술에취해 있어서 어지럽게 내 책을 꺼내 가득 흐트러놓고는 이내 미친듯이 부르짖으며 토하려고 해서 남들이 붙들어주고 나서야 그쳤다고들 하더군. 돌아가면서 길에 넘어져 다치지나 않았는지. 조자앙의 「만마도」는 진실로 명품이네. 이단전이 말하기를 비단이 아직 닳지 않은 것을 보아 필시 자네가 그려가지고 남을 속이려고 한 짓이라고 하더라도, 그림이 이처럼 좋다면 조자앙의 필치라 해도 해롭지 않겠네. 모름지기 이 진부는 논할 것이 못 되네. 그런데 이런 것을 남에게 얻었으니 이 모두가 평소 술을 좋아한 인연으로 생긴 것이네. 또다시 배를 두드리고 마침 술 한동이 마시걸랑 찾아오게나.

유홍준「호생관 최북―붓으로 먹고 살아간 칠칠이의 이야기」

이 편지에는 세 가지 사실이 나온다. 최북의 교유와 그림과 술 마시는 모습이다. 이단전은 미천한 출신의 시인으로 '남의 아래에서 따른다'는 뜻의 아재亞齋라는 호를 지니고 최북과 남다른 우정을 나누었다. 이단전이야말로 그의 예술을 이해하는 몇 안 되는 친우였다.

성격이 괴팍한 최북에게 여러 명사들이 어울려주었던 것은 아마도 그의 내면세계를 이해해서였을 것이다. 그 당시 양반 문벌 출신인 명필 이광사와도 어울려 그림을 그렸고, 또 최고의 시인으로 소문이 난 신광수도 그의 그림「설강도雪江圖」에 부치는 다음과 같은 시를 지었다.

장안에서 그림 파는 최북이를 보소
살림살이란 오막살이에 네 벽은 텅 비었네
유리 안경 집어쓰고 나무 필통 끌어내어
문을 닫고 종일토록 산수화를 그려대네

유홍준「호생관 최북―붓으로 먹고 살아간 칠칠이의 이야기」

그림을 팔아 밥을 얻어먹는 최북의 사정을 정겹게 읊은 것이

풍설야귀도 눈보라 치는 밤에 집으로 돌아가고 있는 나그네의 모습을 그린 최북의 그림. 세상의 허위와 위선에 맞선 그의 삶이 떠오른다.

다. 또 그가 통신사 수행원으로 일본에 간 적이 있는데 그가 떠날 적에 실학자로 유명한 이익이 송별시를 지어 헤어짐을 안타까워하기도 했다.

그는 술꾼이었다. 술이 취하면 광기를 부리고 호기를 부렸다. 그는 앞에 소개한 편지에서 '술 한 동이 마시걸랑'이라는 표현이 있듯이 말술을 마셨다. 가난한 그가 술을 어떻게 구했겠는가? 대부분 그는 명사들에게 얻어 마셨을 테지만 매일 5~6되씩 마시는 술을 모두 그런 식으로 해결할 수는 없었다.

그가 술을 좋아한다고 소문이 나니 종종 술장수 아이가 술통을 들고 그의 집으로 찾아왔다. 그러면 그는 보던 책이든, 그림 그리는 종이든, 옷 지으려고 두었던 옷감이든 닥치는 대로 집어 주고 술을 샀다.

허위와 위선의 세상 앞에 당당하게 맞서다

장승업이 술을 마시지 않고는 그림을 그리지 않았다고 하나, 그는 그림을 그리기 위해 술을 마신 것이 아니라 세상을 깔보며 사는 촉매제로 술을 마셨다고 해야 옳다. 그가 어느 날 어느 공자公子와 1백 냥을 걸고 내기 바둑을 두었는데, 공자가 한 수 물려달라고 조르자 바둑판을 쓸어버리고 다시는 그와 바둑을 두지 않았다. 구질구질한 짓거리를 못마땅해 한 그의 모습이 이 일화에도 나타나는데, 술이야말로 그런 기개를 나타내는 데 더없이 좋은 촉매제였던 것이다. 이렇듯 뜻 맞는 친구들과 어울려 술 마시고 투정 부리는 것이 그림 그리기와 함께 그의 생활의 중심이었다.

그에게는 술에 관련된 이야기만이 아니라 그림에 얽힌 이야기도 많다. 그는 직업적 화가였으니 그림을 그리지 않으면 존재 이유가 없다.

한번은 어느 재상집에서 그림을 그려 펼쳐 보였다. 그림을 구경하던 그 집 자식들이 말했다.

"우리는 도대체 그림을 모르겠네."

그러자 그가 발끈해서 쏘아붙였다.

"그림을 모른다고. 그러면 다른 것은 안단 말이냐?"

거들먹거리는 재상 자식들의 무식을 나무란 것이다.

또 어떤 사람이 산수화를 그려달라고 부탁했다. 그런데 최북이 그려준 그림에는 산만 덩그렇게 있고 물은 보이지 않았다. 왜 물은 그리지 않았느냐고 물으니 최북은 붓을 던지며 대꾸했다.

"종이 밖은 모두 물이 아니겠소!"

아마 물처럼 덕스럽지 못한 상대의 위인됨을 나무란 것인지도 모른다.

최북은 자신이 그린 그림이 썩 잘되었다고 생각하여 팔려고 할 때 쳐주는 값이 생각보다 적으면 화를 버럭 내고 욕질을 하고는 그림을 찢어버렸다. 이와 달리 그림이 제대로 되지 못했는데도 그림값을 넉넉하게 쳐주면 한바탕 웃어젖히고 돈을 돌려주면서 손가락질을 해대며 말했다.

"저치는 그림값도 몰라."

그는 언젠가 조선통신사를 따라 일본에 건너갔는데 그곳에서 그린 그림 몇 점이 전한다. 또한 만주 흑룡강 일대도 여행했다고 한다. 이런 곳을 다니면서 그는 고루하고 답답한 조선 땅을 어떻게 생각했을까? 그는 여행지에서 향수에 젖어 쓴 시도 몇 줄 남겼다.

그의 죽음은 여느 사람과 달랐다. 그의 친구 신광수의 동생 신광하는 그의 죽음을 이렇게 노래했다.

그림 한 폭 팔고 열흘을 주리더니
어느 날 대취해 한밤 돌아오던 길
성곽 후미진 모퉁이에 쓰러졌다네
무덤 흙 속의 송장들에게 묻노니
어찌하여 최북이는 세 길 눈 속에 묻혔는가?
아아, 그의 몸은 얼어 죽었어도
이름은 오래 사라지지 않으리

『이향견문록里鄕見聞錄』

이런 시구만이 그의 죽음을 알려주고 있다. 그의 작품 중에「풍설야귀인風雪夜歸人」이라는 그림이 있다. 나뭇가지가 바람에 휘고 초가의 사립문 앞에서 개 한 마리가 짖어대는데 한 구부정한 노인과 동자가 걸어간다. 이 노인이 자기 모습이 아니었겠는가?

최북을 광기 어린 화가로만 보아서는 안 될 것이다. 신분 차별과 양반들의 허위에 온몸으로 저항을 표현한 그는 이 척박한 현실에서 죽음조차 두려워하지 않는 삶을 살았고, 한 걸음 나아가 그림을 통해 그 고뇌를 표백했던 것은 아니었을까?

우리는 그에 관한 이야기를 들으며 깊은 감상에 젖는다. 차별과 압박은 어느 시대 어느 사회에도 있는 것이라지만, 최북의 삶을 통해 소외당하는 사람들의 처지를 그려보게 된다.

나운규
한국영화의 개척자

전국을 들끓게 한 민족영화 「아리랑」

1926년 초겨울, 서울의 거리에는 영화 「아리랑」을 선전하는 트럭이 돌고 있었다. 그 트럭은 영화를 선전하는 피리와 나팔소리를 요란하고 내뿜으며 「아리랑」의 주제가와 홍보문구가 적힌 전단을 골목골목에 뿌렸다. 이때 뿌려진 전단에는 나운규羅雲奎 (1902~37) 주연이라 적혀 있었고, 군데군데 허옇게 지워진 자국이 있었다. 조선총독부의 검열당국이 「아리랑」의 주제가와 민족의식을 자극하는 문구를 삭제했던 것이다.

개봉 날 종로 3가 단성사 앞은 아수라장이 되었다. 사람들이 몰려들어 아우성을 쳐댔고 표를 못 산 사람들은 물러날 줄을 몰랐다. 1시간 20분짜리 영화를 오전 오후 두 차례 상영하게 되어

있는데 극장측에서는 줄거리를 조금씩 빼서 1시간짜리로 줄여
오후에만 4~5회 상영했다. 그런데도 영화상영이 시작될 때나
끝날 때 극장 입구는 '민란떼'처럼 관객들로 들끓었다고 한다.
그리하여 경찰 기마대가 늘어서서 질서를 잡는데도 극장 출입구
는 눈물을 줄줄 흘리는 사람, 아리랑을 합창하는 사람, 조선독립
만세를 외치는 사람들로 범벅이 되었다.

극장 안은 더욱 볼 만했다. 변사가 "평화가 깊어 잠들었던 고
요한 촌락 넓은 들 가운데는 별안간 개와 고양이의 싸움이 시작
되었다"고 목청을 돋우면 화면에는 개와 고양이가 나와 싸움을
벌인다. 모든 사람들은 숨을 죽인다. 끝내 작달막한 키에 목이
짧고 광대뼈가 튀어나온 주인공(나운규)이 일본 순사의 앞잡이를

낫으로 찔러 죽이고 꽁꽁 묶어 아리랑 고개를 넘어 잡혀가는 장면에서 아리랑이 애잔하게 흘러나오자 객석은 온통 울음바다를 이룬다.

이렇게 해서 영화 「아리랑」은 전국을 들쑤셔놓았고 이 노랫가락은 전국 골골마다 퍼져나갔다. 그리고 나운규가 이 영화의 주연만이 아니라 각본을 쓰고 감독까지 맡은 사실이 알려지고부터는 나운규 개인에 대한 관심이 더욱 높아졌다.

이 영화는 조선 고유의 서정을 짙게 깔고 민족의 저항을 다루었다. 따라서 당국의 검열에 쉽게 통과될 리 없었다. 그래서 김창선이라는 한국명을 쓰는 일본 영화인이 각본 감독을 맡았던 것처럼 위장했던 것이다.

나운규는 이 영화로 인해 일약 최초로 민족영화와 고발영화를 만든 사람, 천재감독, 개성배우 등 여러 가지 이름을 얻게 된다. 그뿐만이 아니라 한국영화의 발전을 한 단계 끌어올렸고 사실주의 영화의 효시를 만들어낸 귀재라는 평가를 받는다.

영화로 연 제2의 인생

그러면 나운규의 출신 배경은 어떠한가. 그는 구한말의 군인 출신으로 나라가 망한 뒤 한약방으로 생계를 꾸려가는 회령의 중산층 집안 아들로 태어났다. 국경도시 회령은 우리나라에서 가장 오지로 꼽는 곳이다. 예전 같으면 이곳 출신은 아무리 능력이 뛰어나도 서울에서 벼슬자리 하나 얻을 수 없었다.

소년 운규는 회령의 신식 교육기관에 다녔으나 소년시절에 연애사건으로 퇴학을 당해 중국 땅 북간도로 건너가 그곳 명동중학교에 입학했다. 그는 이 학교에서 민족교육을 받았다. 명동중학교는 서일徐—과 같은 민족 지도자가 교육을 담당했고 뒷날 시인이 된 윤동주도 입학했다.

3·1운동이 일어나자 독립운동의 열기는 북간도 일대에도 크게 번졌고, 나운규도 어김없이 여기에 가담하여 활동한 탓에 몸을 피하지 않을 수 없었다. 그는 러시아 땅으로 건너가 멘셰비키 백군白軍의 용병이 되었다. 그는 아마 홍군과 백군이 왜 싸우는지, 무슨 이념을 지녔는지 몰랐을 것이다. 비록 살기 위해 용병이 되었으나 인종차별이 극심해서 더 이상 버티지 못하고 탈출했다. 주림과 목마름을 견디다 못해 러시아 촌아낙에게 물 한 컵을 얻어마셨는데, 돌아서자마자 그 촌부는 그에게 건넸던 유리컵을 쓰레기통에 던져버리는 것이었다. 그는 이를 똑똑히 보았다.

나운규는 이때의 일을 머리 속에서 지울 수가 없었고, 뒷날 잡지에 자신의 경험을 적은 글「나의 러시아 방랑기」를 싣는다. 나운규는 이때의 체험을 통해 민족의식에 제대로 눈을 떴고, 나라 잃은 백성이 어떤 것인지 똑바로 알게 되었다. 그는 서울로 진출해서 중동중학을 다니면서 문학에 새롭게 빠졌고 또 매일 영화관에서 살다시피 했다.

청년이 된 그는 일제 경찰에 체포된다. 청회선清會線(청진과 회령을 잇는 철도)의 철도 폭파를 계획했다는 혐의였다. 1년 6개월의 형기를 산 뒤 그는 다시는 학교로 돌아갈 수 없었다.

이때부터 그의 제2의 인생이 개척되었다. 이 시기부터 그는 춘사春史라는 아호로도 통하게 된다. 이제 춘사는 학교공부는 때려치우고 윤백남 감독 작품인 「운영전雲英傳」의 가마꾼으로 연기자가 되어 영화에 발을 들여놓았다. 이 작품의 가마꾼은 엑스트라와 다를 바가 없어서 천재 연기자치고는 출발이 신통치 않았다.

그런데도 나운규는 이 배역으로 연기력을 인정받아 「심청전」에서는 심 봉사역을 맡았고, 「농중조籠中鳥」에서는 조연을 맡아 개성 있는 연기를 유감없이 발휘하여 많은 관계자들의 감탄을 자아냈다. 특히 일본의 영화인 쓰모리 히데가쓰津守秀一는 조선 키네마를 운영하면서 춘사의 재능을 특별히 인정했다.

이렇게 하여 그는 「아리랑」을 기획하여 만들어냈고, 그 뒤 천재 감독이자 연기자로 약 4년간 '춘사시대'를 구가했다. 그가 1주일만 방 안에 있으면 시나리오 한 편이 나왔고, 배역과 촬영 모두 그의 머리 속에 그려져 있었다고 한다.

그는 영화에 은유나 비유라는 방법을 쓰지 않고 직설적인 표현을 썼다. 그런 탓에 검열에 잘려나가고 상연이 중지되고 제목이 바뀌었다. 식민지 백성인 그에게 시련은 끊임없이 이어지고 있었다.

1927년에 만든 시나리오 「들쥐」는 회령 시절 이루지 못한 사랑을 다루었으나 민족적 색깔이 너무 짙어 1권이(앞부분) 잘려나갔다. 이를 개작하여 상영했지만 흥행에 실패했다. 그리고 토지를 잃고 간도로 떠나는 유랑민을 그린 「두만강을 건너서」에서는 독립운동하는 늙은 나팔수를 내세웠다. 이 영화로 인해 체포될 뻔했지만 끝내 검열당국은 제목을 「저 강을 건너서」로 바꾸게 했고, 마지막에는 「사랑을 찾아서」로 정해주고는 그대로 따르라고 지시하고 여러 장면을 삭제하게 했다.

이렇게 검열에 걸리자, 그는 필름을 가방에 넣고 종로 1가에 있는 우미관 극장의 지붕에 올라가 "허가해주지 않으면 자살하겠다"고 악을 썼다고 한다. 그리하여 기마경찰까지 동원되는 사태를 빚었다.

하지만 옥죄어드는 이런 제약은 단지 그를 분노케 하거나 자기갈등에만 머물게 하지는 않았다. 영화 자본주들은 그를 멀리했고 또 검열에 걸리지 않고 흥행에 성공할 수 있는 작품만을 만들라고 강박했다. 더욱이 그가 만든 나운규 프로덕션에 후원이 제대로 붙거나 따를 까닭이 없었다.

불세출의 영화인

그는 극심한 경제난과 생활고에 시달렸다. 영화에 대한 의욕도 이제 한풀 꺾여 있었다. 표현의 길을 잃고 자유를 빼앗겼을 뿐만 아니라 비록 흥행에 성공하는 작품이 있더라도 그 이익은 모두 자본주에게 돌아가는 처지였다. 그는 작품 제작 의욕을 잃고 나서는 사생활도 무질서해졌다.

마지막 안간힘을 써서 「벙어리 삼룡」을 만들어 1929년 초에

개봉했다. 그러나 하는 일마다 꼬이더니 결국 나운규 프로덕션은 해산되었다. 다섯 편의 영화만 올려놓고 종지부를 찍었던 것이다.

춘사는 방황했다. 여성편력을 일삼았고 돈이 생기는 일이라면 닥치는 대로 해치웠다. 「아리랑 후편」을 만들기도 하고 「임자 없는 나룻배」에서 머리를 깎고 출연도 했지만 작품성이나 흥행에서 모두 실패했다.

그런데 그에게 또 한 차례 시련이 닥쳐왔다. 1932년 용산 철도 파업을 보고 이를 「철로공부鐵路工夫의 죽음」이라는 희곡으로 자신이 직접 주연을 맡아 무대에 올렸다. 일제 경찰당국은 불온하다며 그를 구금하고 극단을 해체했다. 그 뒤 그는 지방 흥행극단을 따라다니며 밥을 빌어먹었다. 이렇게 유랑한 지 2년 만에 다시 서울로 돌아왔다.

그는 마음을 다잡아먹었다. 다시 작품 제작에 몰두하면서 1인 3역과 같은 오만을 버리고 연출에만 전념했고 생활태도도 견실해지기 시작했다. 그리하여 이태준 원작의 「오몽녀五夢女」를 제작했을 때는 다시 많은 사람들이 관심을 보였다. 이 영화에서는 어촌의 서민생활을 그려 검열에도 크게 걸리지 않고 흥행에도 어느 정도 성공하여 재기의 발판이 되는 듯했다.

그러나 그의 몸에 폐결핵이 덮쳤다. 영양실조에 무리한 작업 탓이라 했다. 유민영 교수는 그를 이렇게 평가했다.

그의 영화사적 위치는 그대로 우리나라 영화 자체의 성장 과정이라 볼 수 있다. 그는 투철한 민족정신과 영화 예술관을 가진 최초의 시나리오 작가일 뿐만 아니라 뛰어난 배우 양성자이며 연기 지도자였다. 그는 민족영화의 선각자이며 「아리랑」이라는 불후의 명작을 남기고 영화의 정신과 수준을 크게 끌어올린 불세출의 영화작가로 평가된다.

『한국영화 백년』

이 정도의 표현이면 극찬이다. 그에 걸맞게 지금 남북한에서는 모두 그를 높이 평가하고 있다. 그러나 불우했던 시대는 한 천재에게 너무나 많은 시련과 좌절을 안겼다.

아울러 불후의 명작 「아리랑」의 필름 한 컷도 오늘날 전하지 않는 우리의 현실이 안타까울 뿐이다.

찾아보기